保健医療ソーシャルワークの知識と技術

キャリアアップ のための
実践力の構築

公益社団法人日本医療ソーシャルワーカー協会＝編集

中央法規

発刊にあたって

　公益社団法人である当協会の重要な公益事業のひとつに「生涯研修制度の整備と実施」が位置づけられています。申し上げるまでもなく、会員の多くは社会福祉士の国家資格を所持して現場の実践に携わっています。しかし、国家資格の取得により担保されるソーシャルワーク専門職としての力量は、基礎的な知識の一部に過ぎません。また、個人が優れた資質などを有するような場合には、その個人的な価値観や正義感、経験値等を頼りに支援にあたれるものと見間違うことがあります。しかし、それらは非専門職の支援に他なりません。私たちは、保健医療分野の真のソーシャルワーク専門職として支援にあたることが求められており、そのためには、国家資格取得後も系統立った学びを継続し、その学びをもって省察的実践を行うことが重要となります。

　当協会では、体系化された研修制度を立ち上げるために長い年月にわたり検討を重ね、現在の現任者研修の体系をつくり上げました。その研修体系のスタートに位置づけられている基幹研修Ⅰは、経験年数3年未満の方々を対象とした研修であり、医療ソーシャルワーカーとしての基礎を学ぶ大変重要な研修として、毎年、全国から大勢の初任者の方々に受講していただいています。この研修の歴史は古く、1948（昭和23）年GHQのブルガー女史の提唱により、1952（昭和27）年厚生省（現在の厚生労働省）が主催したところから始まり、当協会との共催の期間を経て2008（平成20）年から当協会主催の研修となりました。

　このような歴史と意義をもつ研修のテキストを、このたび、8年振りに見直すこととなりました。これを機会に基幹研修Ⅰに続く、基幹研修Ⅱでも活用できる内容に改訂いたしました。本書を初任期から中堅期に至るまでの大勢の皆様の実践のテキストとして活用いただき、皆様が、専門職である医療ソーシャルワーカーとしての学びを続けられることを願っています。

　最後になりますが本書作成にあたりご執筆いただきました皆様、また出版に際しましてご尽力いただきました中央法規出版株式会社の金沢　薫様にこの場をお借りして御礼を申し上げます。

公益社団法人　日本医療ソーシャルワーカー協会

会長　野口　百香

はじめに

　日本医療ソーシャルワーカー協会の研修事業は基幹研修を中核とし、Ⅰ（実務経験3年未満）、Ⅱ（実務経験3年以上）、Ⅲ（日本社会福祉士会との認証研修）を配置しています。本書は、2015（平成27）年に発行され、基幹研修Ⅰで使用されていた書籍を全面改訂したもので、「保健医療ソーシャルワークの知識と技術」として基幹研修Ⅰ・Ⅱの研修に対応できるものとして新たに生まれ変わりました。

　周知のとおり、医療領域の特性は、第一義的には生命を守ることであり、医療サービスが必要な対象者は、人種、性別、年齢を越えたすべての人々です。さらに子ども、家族、障害者、高齢者などそれぞれの対象者の課題に対して、保健医療の領域から、社会福祉に対応することが求められる分野です。これらの「保健医療」と「ソーシャルワーク」の双方から、その共通目標であるウェルビーイング達成のために、相互補完的関係性を理解し、医療ソーシャルワーカーの専門性を提示できることを期待し本書は作成されました。

　本書の内容は、必要になる専門知識として、保健医療にかかわる社会保障の動向、医療ソーシャルワークに関連した歴史、ソーシャルワークの価値と倫理、患者家族、生活機能障害、医学知識とソーシャルワークの関連性、さらに連携・協働とチーム医療、診療報酬などが盛り込まれています。医療ソーシャルワークの方法・技術に関するものとしては、実践理論とアプローチ、面接方法と技術、アセスメント、記録、実践事例検討の方法、ソーシャルワーク・スーパービジョン、業務改善・開発とマネジメント、ソーシャルワークリサーチが盛り込まれています。実務経験3年未満の初任者からそれ以上の中堅者が習得しなければならない専門知識、方法・技術は研修のレベルによって深めていけるように構成されています。

　本書が各都道府県の医療ソーシャルワーカー団体や社会福祉士資格取得後により深く医療ソーシャルワークを学びたい方々にも広く活用されることを願っています。また、本書を活用することにより、医療ソーシャルワークの「実践の知」を獲得し、利用者・地域・社会に役立つ専門職として貢献できることを期待します。

編集代表者（日本医療ソーシャルワーカー協会副会長）

小原　眞知子

目次

発刊にあたって
はじめに

第11章　医療ソーシャルワークにおけるアセスメントの理論と方法

第12章　ソーシャルワーク記録

第13章　医療ソーシャルワーク実践の事例検討の方法

第14章　ソーシャルワークのスーパービジョン

編集担当・執筆者一覧

第1章 医療における社会保障政策の動向

第1節 「21世紀モデル」の社会保障制度改革

　日本の社会保障制度の骨格は、第二次世界大戦後、公的扶助と社会保険が先駆け、追って社会福祉と公衆衛生が構築された。制度が構築される過程は政府が当時の国民の要望に応える形をたどったものの、様々な政治的影響を受けて寄木細工のような制度設計となった。しかし、少子高齢化社会の到来が危機的に叫ばれるようになった1990年代（平成初期）以降は、政府の社会保障制度改革に向けた動きは大きく変わった。それは「先んじて、かつ強い介入姿勢」となったのである。なぜなら、日本の社会は「21世紀モデル」の社会保障制度の構築を急ぐ必要性が高まったからである。

　理由は主に、①人口動態の変化、②世帯構造の変化、③社会保障給付費の増大、④疾病構造の変化、⑤医療の技術革新の5つがあげられる。①の人口動態の変化は、少子化、高齢化、長寿化、多死化と複数の変化が同時並行的に起きている事態への対応が迫られていることである。②の世帯構造の変化は、核家族化が進み、家庭内で家族のケアをしにくい環境への対応が必要になっていることである。③の社会保障給付費の増大は、高齢化と長寿化、疾病構造の変化、高額医療の増加に起因するものであり、この傾向は2040年代まで収束する見通しが立たないことである。④の疾病構造の変化は、糖尿病や認知症などの慢性疾患の増加、複合的疾患のために複合的なケアを要する患者の増加への対応が迫られていることである。⑤の医療の技術革新は、一部の抗がん剤や希少疾患の薬剤にみられる高額な医療の増加を含む、医療の技術革新に伴う費用の増加への対応が迫られていることである。

　政府が全世代型社会保障検討会議を設置し、あらゆる世代のために持続可能な社会保障制度改革を行う方針を示して30年が経った。本章では、医療ソーシャルワーカーが

理解しておくべき政策動向を示す。「21世紀モデル」の社会保障制度改革が進められるなかで、どのように患者、利用者と向き合っていくべきかを考える契機としてもらいたい。

第2節 現在生じている少子高齢化とその問題

① 世界に類をみない高齢化率の上昇と人口の減少

　日本の人口動態の変化についてみると、65歳以上人口の割合は1970（昭和45）年には7.1％であったが、1990（平成2）年は12.1％、2010（平成22）年は23.0％、2020（令和2）年は28.6％となっており、特に1990（平成2）年からの30年間の増加率は極めて高い。将来人口推計[1)]では2040（令和22）年に高齢化率は34.8％に達する見通しである。

　それを裏づけるように、平均寿命の延伸傾向も顕著である。日本の平均寿命は1950（昭和25）年には男性58.0歳、女性61.5歳であったが1990（平成2）年は75.9歳、81.9歳、2020（令和2）年は81.6歳、87.7歳となっており、諸外国に比して突出した長寿国である[1]。また、100歳以上の人口は2022（令和4）年9月時点で9万526人に達し、1990（平成2）年の3,298人の27.4倍となっている。

　ただし、高齢化率の上昇は単に高齢者の絶対数の増加にのみ起因するものではなく、少子化も大きな要因となっている。日本の合計特殊出生率は1950（昭和25）年には3.65であったが1970（昭和45）年には2.13、1990（平成2）年は1.54、2021（令和3）年は1.30となっており、これも諸外国に比して突出した少子国である[2]。

　また、高齢化社会は同時に多死社会の到来をも意味している。2020（令和2）年時点では1年間に約140万人が亡くなっているが、2030（令和12）年には160万人に達すると推計されている。

1：2020年時点でアメリカ合衆国は男性74.5歳、女性80.2歳、イギリスは79.0歳、82.9歳、スウェーデンは80.6歳、84.3歳である。（厚生労働省（2022）『令和4年版 厚生労働白書』資料編p.9）

2：2020年時点でアメリカ合衆国は1.64、フランスは1.83、スウェーデンは1.67である。（厚生労働省（2022）『令和4年版 厚生労働白書』資料編p.8）

これらの人口動態の変化から生じる問題として、①患者と要介護者の増加と長寿化に伴う家族の負担の増大と医療介護従事者の不足、②医療費と介護費の増加と年金受給期間の長期化に伴う保険財政の悪化、③現役世代人口の減少に伴う社会保障制度の持続可能性の危機の3つがあげられる。

患者と要介護者のケアは現役世代の家族か、社会資源である医療介護従事者に依存する。長寿化に伴い、家族の負担が長期にわたることは現役世代を疲弊させることになる。医療介護従事者についても現役世代人口の減少が進むことから、急増している都市部の患者と要介護者に対応しきれない可能性がある。また、費用についても高齢化と長寿化の影響は大きく、医療保険と介護保険、年金保険の財政状況を悪化させ、社会保障制度の持続可能性は脆弱なものになる。このため、日本の社会保障制度は、現行の制度体系では危機的状況を迎えているといえる。

② 非正規雇用労働者の増加と財政基盤の脆弱化

総務省の「労働力調査」では、近年、非正規雇用労働者の割合が増加していることが指摘されている。非正規雇用労働者の割合はバブル経済期にあった1989（平成元）年には19.1％であったが、1999（平成11）年は24.9％、2009（平成21）年は33.7％、2017（平成29）年は37.3％へと増加している。年齢別に非正規雇用労働者数をみると、65歳以上の労働者割合が一貫して増加傾向にある一方で、65歳未満の労働者数が大きく増加している傾向がある。

この要因として考えられることは、①景気低迷期に正規雇用の機会が得られないままに中年期を迎えた者の増加、②女性の社会参加の向上、③実質世帯所得の伸び悩みに伴う女性労働者の増加、④定年後の高齢者の就業率の上昇の4つがあげられる。

①はバブル経済崩壊後、非正規雇用労働者となることを余儀なくされた若年者が多かったことである。日本は約20年にわたって景気低迷期に陥り、この間、正規雇用の機会を得ることが容易ではなかった。2010年代後半に入って労働需要は高まりを見せたが、非正規雇用労働者の就業率が劇的に上昇することはなかった。

②は1985（昭和60）年に勤労婦人福祉法（現・男女雇用機会均等法）が成立し、社会の雇用風土の転換が進み、女性の社会参加の向上が図られたことである。ただし、実態として、主に専業主婦であった女性の多くは、家事や子育てに多くの時間を割かれるために非正規雇用労働者となることを積極的に選択した可能性がある。

③は景気低迷期、そしてその後も実質世帯所得が伸び悩む日本においては、専業主婦

を中心に女性が働きに出ざるを得なかったことである。つまり、家計の経済状況に鑑みて、女性が非正規雇用労働者となることを消極的に選択した可能性がある。

④は定年後の高齢者が生きがいを求めるため、あるいは家計の経済状況に鑑みて嘱託や非常勤として非正規雇用労働者となることを選択した可能性がある。

非正規雇用労働者の増加は、所得水準の低い労働者の増加と各種保険料納付額の減少をもたらすことから、社会保険財政の基盤を脆弱化させることが懸念される。

③ 家族機能の弱体化による社会負担の増加

厚生労働省の「国民生活基礎調査」では、近年、世帯数の増加と世帯人員数の減少が指摘されている。特に、単身世帯、夫婦のみの世帯、ひとり親と未婚の子のみの世帯の割合が一貫して増加する傾向にある。単身世帯の割合は 1989（平成元）年には 20.0％であったが、2016（平成 28）年は 26.9％まで増加し、夫婦のみの世帯は 16.0％から23.7％、ひとり親と未婚の子のみの世帯は 5.0％から 7.3％へと増加している。

世帯を分けることが必ずしも家族機能を弱体化させるとはいえないが、従来の多人数の家族が一世帯のなかで果たしてきた機能を、少人数世帯に期待することは難しい。これらの傾向は未婚率の上昇や出生率の減少とも無関係ではない。そして高齢夫婦世帯の増加は、必然的に外部の社会（医療・介護）資源の需要を高めることとなり、社会への負担を大きくすることにつながる。

特に深刻となるのは、高齢単身世帯の増加である。65 歳以上の者の家族形態のうち、単身世帯の割合は 1989（平成元）年には 11.2％であったが、2016（平成 28）年は18.6％まで増加している。日常的な健康状態の把握が難しい高齢単身者を、地域で見守るには限界がある。高齢化と長寿化の趨勢にあっては、高齢単身者を地域でいかに支えることができるかが課題となる。

④ 医療提供体制の構造的問題

日本の医療提供体制には構造的な問題が 3 つあると考えられる。それは、①人口あたりの病床数が多いこと、②総じて在院日数が長いこと、③真の応能負担が実現できていないことである。

①は、患者を病床で管理することを重視するケアの風土があったことに起因する。それは病院の成り立ちが療養所にあり、入所者を管理していたことが歴史的な背景となっている。結果として、日本は諸外国に比して人口あたりの総病床数（13.1 床[3]）も人口

あたりの急性期病床数も多く（7.8床[4]）、入院医療費を肥大化させることとなった。患者を病床で管理することは、医療従事者側にとって十分なモニタリング機能を発揮できる利点があるが、患者のQOLの回復が遅れる不利点もある。

　②は、①と同様の理由に起因する。結果として日本は諸外国に比して急性期の平均在院日数が著しく長い（16.2日[5]）ことになった。長期間、患者を病床で管理することは、途切れなくケアを継続できる利点があり、治療上の高い成果をあげてきたともいえるが、患者のQOLの回復が遅れる弊害もある。

　③は、日本の社会保障制度は財源確保において応能負担と応益負担を組み合わせる方法を採用してきた。応能負担は、所得比例による定率での社会保険料の納付制度にみられるように、支払い能力に応じて患者に負担させる方式である。応益負担は、定額の社会保険料や医療費の一部負担金制度にみられるように、社会保障サービスを受けることによって得られる便益に応じて患者に負担させる方式である。しかし、応能負担については患者の支払い時点での所得の多寡によって決定されるため、例えば、退職時に多額の退職金を有した者や多額の資産を有するが現在は所得のない者に対して応能負担を適用できていない実情がある。

　これらの問題に対して、①と②については地域包括ケアシステムのなかで患者のQOLを重視する施策を通じて対策が採られているものの、③については国民の理解と政治的な決定を要するため、対処されているとは言い難い。

3：OECD（2019）"OECD Health Statistics 2019"、総病床数／千人：アメリカ合衆国2.8床、イギリス2.5床、ドイツ8.0床、フランス6.0床、スウェーデン2.2床。

4：OECD（2019）"OECD Health Statistics 2019"、：急性期病床数／千人：アメリカ合衆国2.4床、イギリス2.1床、ドイツ6.0床、フランス3.1床、スウェーデン2.0床。

5：OECD（2019）"OECD Health Statistics 2019"、急性期平均在院日数：アメリカ合衆国5.5日、イギリス5.9日、ドイツ7.5日、フランス5.6日、スウェーデン5.5日。

① 政策の方向性

　日本の医療保険制度は、1958（昭和33）年の国民健康保険法改正（1961（昭和36）年施行）によって国民皆保険制度の確立をみた。これは、被保険者の対象拡大の要望に応えるために、全市町村で地域保険制度の設立の義務化と医療保険未加入者の国民健康保険の加入の義務化を図ったものである。高度経済成長期に国民の所得水準が向上し、医療保険制度の充実の要望が高まると、給付割合の引き上げや高額療養費制度の創設が行われた。

　1970年代に入り、当時の高齢者にとっての医療費負担が大きいことが取り沙汰されると老人福祉法が改正され（1972（昭和47）年）、70歳以上の高齢者（寝たきり等の場合は65歳以上の者）の自己負担額について国と地方自治体が付加給付を行う老人医療費支給制度が施行された（1973（昭和48）年）[6]。

　しかしながら、1990年代に入って高齢化の傾向が顕著になると、医療を筆頭に社会保障政策に対する政府の姿勢は、従来の国民の要望に応える形から先んじて戦略を講じ、介入を強める形に大きく変化した。医療については、1992（平成4）年の第2次医療法改正によって特定機能病院と療養型病床群制度が創設され、医療の類型化と在宅医療の推進が掲げられた。1997（平成9）年の第3次医療法改正では地域医療支援病院制度が創設され、医療機能分化が掲げられた。

　2000年代に入ると、診療報酬の評価体系が大きく改革された。具体的には、①急性期の入院医療へ包括医療費支払い制度の導入[7]、②回復期の入院医療へ成功報酬制度の

6：老人医療費支給制度は1983（昭和58）年に老人保健法が施行されるまで続けられた。この制度は「老人医療費無料化政策」と称されるが、実際には医療費は発生し、高齢者の自己負担額がゼロになった制度であるため、正しい呼称ではない。制度の施行によって治療を要する患者の安心感は高まったが、必ずしも治療を要さない者の受診を誘発した。このため、70歳以上の高齢者の受療率は1975（昭和50）年に5年前の1.8倍に急増した。この現象は、自己負担額がゼロとなる制度に加入することにより、健康に対する注意を怠る者や過剰に受診する患者を発生させるモラルハザードと呼ばれる。

7：2003（平成15）年、DPC/PDPS（診断群分類別包括支払制度）が導入され、医療費の適正化が本格化した。急性期の入院医療は、類似する医療資源の投入量ごとに診断群分類のもとに番号化され、それぞれ入院単価が入院期間ごとに設定された。手術などの診療行為は引き続き出来高支払いとなるが、包括支払いに含まれる診療行為は病院に医療費の節減を促す仕組みとなった。

導入[8]、③精神疾患患者の地域移行支援の推進[9]、④慢性期の入院医療へ包括医療費支払い制度の導入[10]、である。

そして 2014（平成 26）年の第 6 次医療法改正では、①病床の機能分化・連携の推進（病床機能報告制度の設立）、②地域医療構想の策定、③地域医療構想調整会議の設置、④在宅医療の推進といった方針が掲げられた。

こうした政府の姿勢の変化の背景にあるのは、急増する医療・介護に係る需要と費用に直面する医療保険制度や介護保険制度の持続可能性の危機である。

② 診療報酬による政策誘導の限界

診療報酬制度は本質的には、①保険診療上の公定価格を示す価格設定機能、②保険診療の範囲を示す給付対象の設定機能、③医療費の総額管理を目的とする医療費管理機能、④医科、歯科、調剤といった診療区分間での財源配分を調整する資源配分機能がある。

しかし、診療報酬制度には、これらに加えて政策誘導としての機能もある。それは、⑤質の確保機能、⑥機能評価分類の機能、⑦質の向上機能である。

⑤は、人員配置基準や施設基準の設置によって一定の質を確保する機能である。これは主に診療の構造に着目したものであるが、診療の過程に直接的にかかわるものは少なく、本質的には劣悪な質を排除する意義が大きい。

⑥は、医療機関の類型によって診療機能や役割を規定する機能である。これも主に診療の構造に着目したものであり、医療機関の医療機能を明確化することに寄与する。

⑦は、診療行為の実績や患者の管理体制、診療の成果を高めるための取り組みを評価する機能である。これは主に診療の過程に着目したものであり、本質的には質の向上を推進する意義が大きい。

こうしてみると、診療報酬制度には 7 つの機能が含まれ、政策誘導の効果は小さくない。特に、⑤質の確保機能と⑥機能評価分類の機能については有効性が高い。しかしな

---

8 ：2004（平成 16）年、リハビリテーションに対する診療報酬について疾患群別の成功報酬制度が導入され、その後も疾患群を拡大している。積極的なリハビリテーションの実施は入院期間の短縮化に寄与することが明らかとなったためである。

9 ：2004（平成 16）年、「精神保健医療福祉の改革ビジョン」が公表され、入院医療中心から地域生活中心へ転換することが示された。入院期間が長期化しやすい精神疾患の患者に対する従来の医療のあり方を見直すことによって、患者の早期社会復帰と入院医療費の適正化を図る意図がある。

10 ：2006（平成 18）年、療養病棟の入院基本料について ADL 区分と医療区分を組み合わせて患者を評価する包括医療費支払い制度が導入され、入院期間が長期化しやすい医療療養病床の患者の入院医療費適正化を図ることとなった。

がら、⑦質の向上機能については近年になって高められているものの、本来、医療が有するべき機能を政策誘導によって達成させることには限界もある。なぜなら、それは政策がより詳細に医療に介入し、監視することと同義であるからである。

例えば、術後患者に対する質の高い疼痛管理を推進する「術後疼痛管理チーム加算」（2022（令和4）年度新設）の算定要件を満たす病院の行動目的は加算の取得となる可能性がある。しかし、患者の疼痛管理を積極的に行うことが目的となるべきであり、加算の取得は手段となるべきである。医療機関が目的と手段を入れ替えて行動すれば、医療の本質を見誤りかねない懸念がある。

第4節　2040年に向けた社会保障制度改革

① 社会保障・税一体改革への幕開け

2013（平成25）年12月、社会保障・税一体改革の関連法が成立した。これは社会保障改革の全体像について、必要とされるサービスの水準と内容を含めた国民にわかりやすい選択肢を提示するとともにその財源の確保について一体的に議論する必要があるとの趣旨で、政府が3年をかけて議論した結果、まとめられたものであった。①児童（子ども・子育て支援）、②医療と介護、③年金を包括的に提供し、その財源を確保する必要があるとの方針を決めたのである。これは紛れもなく、社会保障給付費の増大に対する危機意識に基づくものであった。

①の児童分野では、待機児童の解消などの量的拡充と質の向上が掲げられ、0.7兆円の投入が予定された。政策は奏功し、多くの自治体において待機児童の解消が進む一方で、児童虐待の問題ではその増加に対処しきれていない自治体の対応が社会問題化している。

②医療と介護の分野では、主にサービス提供体制と保険制度の改革が掲げられ、1.4兆円の投入が予定された。サービス提供体制については、❶病床の機能分化と連携、在宅医療の推進、❷地域包括ケアシステムの構築の方針が示された。保険制度については❶医療保険の財政基盤の安定化、❷国民負担の公平性の確保、❸療養の給付の範囲の適正化、❹介護給付の重点化と効率化の方針が示された。

③年金分野では、低所得者や障害者への福祉的給付や受給資格期間の短縮、遺族年金の父子家庭への拡大を掲げ、0.6兆円の投入が予定された。②医療と介護、③年金分野における政策は一定の成果をあげ、さらなる改革が進められている。

② 社会保障制度改革を推進する具体的施策

社会保障・税一体改革は、2025（令和7）年問題を見据えた施策であった。すなわち、2025年以降は団塊の世代（1947（昭和22）～1949（昭和24）年に生まれた世代）が75歳以上の後期高齢者となり、医療と介護の需要の増加とそれに伴う費用の増大に対応する必要性が高まったのである。

しかし2020年代に入り、政府は2040（令和22）年を見据えた戦略を立てる時期に入った。これは、2040（令和22）年には高齢者人口は伸び止まるものの、少子化による現役世代の減少と団塊ジュニア世代（1971（昭和46）年から1974（昭和49）年に生まれた世代）が65歳以上の年齢になり、社会が直面する危機が高まっているためである。

保健医療に関する施策としては、健康寿命の延伸を目標として国民の健康増進の推進と健康格差の解消を推進するとしている。このため、生活習慣形成の徹底、疾病予防と重症化予防、介護予防、認知症予防を重点的に行うことが掲げられている。

また、医療・介護従事者の減少が見込まれることから、労働生産性の向上を推進するとしている。具体的には、時間あたりのサービス提供量の増加や、ロボット、ICTの活用、人材の育成と活用の促進、経営の大規模化・協働化を重点的に行うことが掲げられている。

③ 効率的かつ効果的な医療提供体制の確保

医療機能分化が叫ばれて20年以上が経過した。1997（平成9）年の医療法の第3次改正において掲げられたのを契機に、2006（平成18）年の第5次医療法改正では「医療計画制度の見直し等を通じた医療機能の分化・地域医療の連携体制の構築」、2014（平成26）年の第6次医療法改正では「病床の機能分化・連携の推進（病床機能報告制度）」と「地域医療構想の策定」が政策方針として示された。

また、2014（平成26）年度の診療報酬改定では、医療機関の機能分化の推進と在宅医療の充実、医療機関相互の連携や医療・介護の連携の評価が重点課題とされ、「地域包括ケアシステム」という用語が初めて政策上、明記された。この改定では、入院医療について、高度急性期と一般急性期の機能の明確化、急性期病床と長期療養を担う病床

の機能分化、回復期病床の充実と機能に応じた評価、有床診療所における入院医療の評価と機能分化を強力に推進する方針が掲げられ、さらに「地域包括ケア病棟」の新たな設置という大きな政策誘導が行われた。

2016（平成28）年には、厚生労働省が「地域医療構想に関するワーキンググループ」を設置し2019（令和元）年9月に公立・公的医療機関等の再編統合の対象を名指しし、政策上の明確な意思表示を行ったが、関係者や国民の理解は十分には進んでいない。

医療機能分化を進める目的は、効率的かつ効果的な医療提供体制を確保することであって、地域における医療機関を廃院へ追い込むことでもなければ、地域医療を崩壊させることでもない。地域の患者は急性期医療を集中的にケアする拠点病院で受け、回復期や慢性期に移行した場合には居住地の近隣にある医療機関でケアを受けることになる。このため、医療従事者と患者の双方が受ける便益は大きくなるのである。

④ 在宅医療・介護の推進

在宅医療の推進が方針として掲げられたのは1992（平成4）年の第2次医療法改正まで遡る。また、介護サービスの積極的な利用が推奨されたのも、介護保険制度が施行された2000（平成12）年まで遡るものとなる。

これらが一定の成果をあげたことは事実である。在宅医療が診療報酬上で評価される起点になったのは1981（昭和56）年に往診料が設定されたことであるが、近年の在宅医療の普及要因は主に2つある。ひとつは、2006（平成18）年に在宅療養支援診療所の設置が認められたことである。在宅療養支援診療所では在宅診療を担う常勤医が配置され、24時間の連絡体制と往診体制が確保されている。もうひとつは、国民の医療の利用姿勢の変化である。昭和前期までは日本において往診によるケアの文化は残されていたと考えられるが、その後は病院や診療所でのケアの文化へと転換した。近年は、通院が困難となる患者や在宅での生活を希望する患者が増加し、往診によるケアの文化は回復しつつある。これは、介護においても同様の傾向にあると考えられる。ただし、地域によってはサービス供給量の不足が生じている可能性や、必ずしも質の高いサービスが提供されていない可能性がある。

第5節 協働の時代のソーシャルワーク

　医療を中心として社会保障政策の動向をみると、ソーシャルワーカーは今、どのような時代に直面しているといえるだろうか。それは、協働である。これは単に協力関係のなかで業務に従事することを意味するわけではない。ソーシャルワーカーは、医療を強く意識し、理解し、患者とその家族を支援する時代に足を踏み入れている。

　地域包括ケアシステムにおいて、患者とその家族が関係する専門職種は多岐にわたる。しかし、彼らにとって最も関心のある治療について、ソーシャルワーカーが理解していることを伝えられることは、何よりも心強い支援となる。近年の医学教育に鑑みれば、医師の患者に対する接し方は変わってきているものの、患者が真の意思を表明できる医師から治療を受けているとは限らない。また、医師が患者に対して治療の選択権は患者側にあることを告げることは、判断能力の乏しい患者とその家族によっては突き放されたと感じる場合もある。

　このため、ソーシャルワーカーは患者とその家族の立場に立ち、医療に関する助言や代弁をする支援を「小さな口」によって行うことが何よりも重要になるだろう。これがひとつの医師や看護師との協働である。

注

[第2節]

1）国立社会保障・人口問題研究所（2023）「日本の将来推計人口（令和5年推計）」出生中位・死亡中位推計

第2章 医療ソーシャルワークの成立の経緯と今後の課題

第1節 医療ソーシャルワークの成立とその必要性 ——医療機関におけるソーシャルワークの確立のための100年

　医療ソーシャルワーカー（以下、MSW）は、主に医療機関においてソーシャルワークを業務として行う人を指す。医療職でも事務職でもなく、「福祉職」として存在する。制度の歪みをすり抜けて現在の形にたどり着くためには、後述するように様々な困難を乗り越える必要があった。我々のルーツを代表する人物でありMSWの職能集団の初代会長である浅賀ふさ[1]は、日本医療社会事業協会（現・日本医療ソーシャルワーカー協会）が1978（昭和53）年に発刊した『25年のあゆみ』で「（協会の設立の日を振り返って）日本の医療が患者のために真に役立つためには、福祉とつながらなければならないこと、これを果たすため戦後の民主社会が要請する社会事業専門職として役割の重要性に新しい感動と使命感を胸に、その眼はかがやきにみち、共通の目標に結ばれた会員相互の間には強い連帯感があった」と記し、当時の政策を批判したうえで「ケースワークの原理について『民主的社会でなければ意味がない』と言ったG.ハミルトンの言葉が忘れられない」と記した。続いて協会の2代会長である児島美都子は「（戦前）患者の人権がかえりみられなかった中でMSWをとおして人間と人権を尊重する近代的思想にふれたことは、多くのMSWたちに、一種の使命感をよびおこした」と述べている。

　第2章では、患者の人権を護るためにMSWという職業を選び取った人々が、我々の進む道をつくり発展させたこと、そしてその使命感は脈々と我々に受け継がれている、

1：1894（明治27）年愛知県生まれ。日本女子大学英文科に進学した。1917（大正6）年卒業、1919（大正8）年長兄のアメリカ留学に同行、兄の帰国後も滞米した。様々な職業を体験後、入院をきっかけに、シモンズ女子大学・社会事業専門学校（大学院）で学び1929（昭和4）年聖路加国際病院に着任。婦選獲得運動にも参加した。戦後MSW従事者講習会の講師を務め、その後日本社会福祉大学の教授として多くの論文、書籍を著した。

あるいは受け継がれるべきことを前提に、1929（昭和4）年に誕生したMSWの成立の状況と、その必要性にについて述べる。

① 戦前の医療社会事業

1）聖路加国際病院

　病院社会事業、医療社会事業は歴史的な経緯を踏まえ、その定義をどのように定めるのか、医療ソーシャル・ケースワークと医療ソーシャルワークもまた同様に、まったく同義ではないと考えるが、この章では医療ソーシャルワークを統一的に使用する。

　我が国の医療ソーシャルワークに大きな影響を与えたのは、アメリカのマサチューセッツ総合病院の医師R. C. キャボット[2]である。先述した浅賀ふさ（旧姓名：小栗将江）は、ニューヨークでキャボット医師の講義を聞き感銘を受け、聖路加国際病院院長のR. トイスラー医師に「日本においてはメディカル・ソーシャル・ウォークを創める必要があると思うが、あなたの病院こそは、これを進んで取り入れるべきであるから、私にその機会を与えていただきたい」[1]と手紙を書き採用に至った。浅賀はアメリカのシモンズ大学の社会事業大学院で、キャボット医師やマサチューセッツ総合病院のSocial Department Service（SSD）部長であったI. キャノン女史等からソーシャルワークを学び、ハーバード大学教育学大学院を経て、1929（昭和4）年1月に帰国した。帰国と同時に、2月につくられた聖路加国際病院医療社会事業部（SSD部）の新しいポストに就いたと、浅賀は自身の「私の仕事をかえりみて」に書いている[2]。浅賀は病院の結核相談所においてトイスラー院長がアメリカから招いた保健婦のC. ヌノと医師とともに地域を訪問し[3]、「薄いせんべい布団を板間に敷いて臥ていた全身のふしぶしの痛む患者のために、ふとんと畳を探し求めて歩いたこともありました。畳1枚を東京府社会事業協会の岡主事のお骨折りでいただいたことを忘れません」[4]とリヤカーで畳を運んだ思い出を振り返ってもいる。

　トイスラー院長は1926（大正15）年、聖路加国際病院のあるべき姿について「まず患者に高いスタンダードの治療を施すこと。看護婦の教育訓練。若い学校卒業者の教育。家庭訪問して医療とその知識を与える社会奉仕。学校衛生への参加。病院のスタッフの仕事のよき連絡即ちチームワークなどを行う施設」[5]と述べており、医療社会事業部は

2：1865年、アメリカマサチューセッツ州で生まれる。ハーバード大学医学部を卒業後、同大学で教え、マサチューセッツ総合病院の医務部長の時、同病院の外来職員としてソーシャル・ワーカーを加えた。

この家庭訪問して行う社会奉仕するものとして彼の構想にも合致していた。

　聖路加国際病院は、アメリカからスーパーバイザーとして H. シップスを部長として迎え、一時期は総勢 8 名の MSW が職員として活動していた。そのなかには、大畠タネ（旧姓名：神田多禰）、吉田ますみなど、医療社会事業部の中心となった人物のほかにも、戦後日本赤十字社でスーパーバイザーとして活躍した田村きみ、東京都公衆衛生部に所属し MSW の資格運動で活躍した中島さつきなど、戦前戦後を通して MSW の軸としてソーシャルワークを展開した人材がそろっていた。戦前のケース記録はすべて英文で記され、カルテにも添付され高水準の仕事が行われていた活動は、スラムを抱えている地域で行われていたのである。

　聖路加国際病院の MSW たちは戦前戦後の日本の貧困問題に立ち向かい、朝日訴訟や結核患者への支援などを通して、まさに患者の人権を護るソーシャルワークを展開していた。アメリカ流の洗練された方法論を駆使する恵まれた環境の MSW という評価では、本質を見誤る。

　しかし、聖路加国際病院という医療ソーシャルワークに理解のある病院でさえも、MSW の定着には困難があった。浅賀は後年、医療の専門職に教育の時点から社会福祉を伝えることの重要性を述べていた。つまり医学部の教授として MSW が存在することの重要性を医師に教えないと、なかなか MSW の定着は難しいというのである。それほど我が国では近代医療の実践体系のあり方と、福祉との接点はなかったといえる。

　そのなかで、淀川キリスト病院の MSW であり関西学院大学で教鞭をとった杉本照子と、杉本が招いた中島さつきの 2 人が、1972（昭和 47）年新設された兵庫医科大学医学部の教授として、医学生の講義を担当したことの意義は大きいことだった。

2 ）済生会本部病院

　キャボット医師の講義を聞き感銘を受けた日本人として、著名なのは生江孝之である。彼は著書でも医療保護の必要性を説き、済生会本部病院に MSW を置くことに努力した。戦前の社会体制の下では病院組織に位置づけることは難しかったが、済生社会部の職員として 1929（昭和 4 ）年 4 月清水利子が着任し、相談事業に従事した。田代国次郎は清水について、MSW の先駆的処遇をしたと評価している。済生会病院社会部の 1936（昭和 11）年の記録に「患者の行列は長く長く続いている。何時尽きるとも知れない。社会は今、積極的に打開を必要としている」とあるように、当時の結核患者は数十万人が入院も治療も受けることができずに亡くなっていった時期、済生会社会部は、人道主義

的精神に基づいたソーシャルワークを展開していた[6]。

3）医療ソーシャルワークの萌芽

　戦前の病院における社会事業は流れに例えれば小川ともいえないような、小さなものだったが、確かに大正年間に施療病院で開始された活動として、泉橋慈善病院（現・三井記念病院）や東京市療養所などにその萌芽をみることができる。しかし、慈恵的精神を発揮して行われた活動を、必要以上に MSW の原点だと評価することもまたできない。MSW の専門性を考えるとき、聖路加国際病院で浅賀ふさが開始した医療ソーシャルワークが原点であることを軸に後進を育成することは、教育機関においても職能団体においても重要な観点である。

　だが、そもそも民主的な社会体制でなければソーシャルワークは機能しない。1938（昭和13）年の社会事業叢書月報に牧賢一が、この年は「我が社會事業界にとつては變轉目まぐるしくも亦極めて意義深き出来事の多かった年である。國を擧げての聖戦第二年、一切が此の戦争目的達成への體制に動員させられたとき、我が社會事業も亦其の重要なる役割の一端を儘ふべく動員させられ再編成せらるるの光榮を有したのである」[7]とまで記すように、国の保健行政は厚生省を発足させ、戦力のための「国民体位の向上」を目途として、国家総動員体制に突き進んでいた。そのなかでは MSW の活動はわずかといわざるを得ないものだった。

　そして1945（昭和20）年の我が国の敗戦に伴い、占領下体制のなか、医療ソーシャルワークは新たな展開を迎えるのである。

② GHQ による医療社会事業の導入

　『25年のあゆみ』[8]には、川上武（1975）の『戦後医療の30年』を参考に、連合軍最高司令官総司令部（以下、GHQ）は進駐するに際し、ノミ、ダニの駆除、DDT の散布その他、麻薬・性病への対策をあらかじめ実行するように指令したとされ、1947（昭和22）年4月に保健所法の全面改訂に着手し、半年後に公布、4か月後に施行というスピードで行ったことが明記されている。GHQ が力を注いだのは米軍の将兵の健康維持、疾病の予防であると記載されている。こうしたことを考え合わせると、患者の人権を護る役割というより、自国の兵士を結核と性病から守るためを第一義として、医療社会事業に期待を寄せたとも考えられる。

　その保健所法の第2条第6号で示された業種の Medical Social Service「公共医療事

業」を唯一の法的根拠として医療社会事業が戦後開始されたのである。日本医療社会事業協会は、医療社会事業という用語は「未熟な訳語」として避け、言語の正確な意味が十分理解できないまま、Public Service の意味も含めて「公共医療事業」となったものと思われる、としている。

1）保健所の医療ソーシャルワーク

　GHQ のクロフォード・サムス准将の示唆により、1948（昭和 23）年には東京都杉並区保健所がモデル保健所として整備され、出渕みや子が医療社会事業係としてこの事業を担当した。続いて全国 46 の保健所で医療社会事業が開始され、1950（昭和 25）年 7月 19 日には都道府県知事および五大市長宛に、厚生事務次官通達として「医療社会事業の振興について」が発出され、同日出された公衆衛生保健所課長通知では、その施策を実行するためには専門家をもってあてるなど細かく指定した。しかし、それまでに医療社会事業に携わり専門的な教育を得た MSW は数えるほどしかおらず、人数を確保するためには保健婦、看護婦が医療社会事業家になることが歓迎された。1949（昭和 24）年には日本で最初の医療社会事業に関する講習が開始され、MSW を対象にした講習会は、全国社会福祉協議会主催、厚生省の後援、GHQ 公衆衛生福祉部推奨という形で約 3 か月にわたり行われ全国から 34 名が参加した。

　この講習会は厚生省が主催となり、形を変えながら 2010（平成 22）年まで持続し、現在の基幹研修 1 の基礎となった。研修は残ったが、当初の GHQ の医療社会事業に関する後押しも、1952（昭和 27）年に GHQ が引き上げたことにより事業自体の定着は、急速に衰退する。

　つまり我が国の MSW は、昭和初期に聖路加国際病院で誕生し、戦後はその相談室の MSW によって教育された MSW が GHQ によってまず保健所に位置づいたが、GHQ の撤退によって制度的な裏づけが脆弱であったため、医療機関への定着には当初より大きな課題が課せられていた、といえる。

　多々良紀夫が言うように「日本のソーシャル・ワークの専門職化（professionalization）と専門化（specialization）は、第二次世界大戦後の占領期になって初めて着手されたといって間違いではない。占領期の衛生福祉局の監督のもと、日本のソーシャル・ワークは専門的な職業（a specialized profession）になった」[9] のである。しかし、その監督がいなくなった時、専門的な職業を維持するための基盤創り、専門職たる背景を獲得するための「国家資格」獲得への道は次の目標になった。

1）日本医療社会事業協会の運動

　1953（昭和28）年に日本医療社会事業（家）協会が設立された（「家」は1956（昭和31）年に論争の結果外された）。

　GHQが引き上げ、後ろ盾を失ったMSWは前節で述べた「講習会」の修了者197名が会員となって職能団体を立ち上げた。その目的はMSWの「位置づけ」である。職能団体である日本医療社会事業協会（現・日本医療ソーシャルワーカー協会：以下、協会）の活動を中心に、資格化運動の要点を述べる。

　1956（昭和31）年、協会は医療ソーシャルワークの理解者であり、行政官で医師である村山午朔を副会長に迎え活動に取り組んだ。1966（昭和41）年には日本精神医学ソーシャル・ワーカー協会、日本ソーシャルワーカー協会と合同で「身分制度調査委員会」を発足させ、「医療福祉士法案」を作成した。が、当事者間の意見も一致せず、この案は案で終わった。

　社会福祉士についても、1971（昭和46）年、厚生省社会局長の私的諮問機関で「社会福祉士法制定試案」を発表したが、福祉業界も社会福祉関係学会も反対が多く、国会の法案レベルまでもいかなかった。

　その理由のひとつにあげられるのは、1960年代、昭和40年頃の日本の福祉界にあった制度論か技術論かという論争、イデオロギーの対立である。特に医療社会事業論争と呼ばれるようなケースワーク論争、専門性のあり方をめぐる議論が「医療と福祉」でも展開された。

　中島さつきは当時を振り返って「医療でも福祉でも優れた実践知、実践学であり、実践なくして批判は成り立たない。心理偏向だ、社会保障が先だという前にもっとケースワークを深く学ぶべきだと思う」と書いた[1]。つまりMSWの位置づけには実りのないといっても過言ではない、30年が流れていったのである。

　この間、1981（昭和56）年に協会は総会で「決議文」を採択する。決議文は、社会

情勢は MSW の存在をますます必要としているにもかかわらず、専門職としての資格・配置基準さえまだ制度化されていないとし、厚生省厚生科学研究によって MSW 業務の必要性が明らかにされたのだから、医療福祉職の制度化に取り組んでほしいと結んでいる。医療チームのなかでは徐々に MSW の有用性は認識されていった。1983（昭和 58）年に高齢者の診療報酬に関して退院時指導料の項目に「医療ソーシャルワーカー」という文言が明記されたことは、わずかでも MSW の位置づけに活動が前進している証でもあった。

このようにある程度社会の認知が進んだ背景には、協会の活動があった。しかし協会の会員数は 1963（昭和 38）年に 1000 名であり、それが 1992（平成 4）年に 2000 名になるまで実に 30 年を要したことが象徴するように、全体として自らの位置づけのために団結して行動する組織力は脆弱だった。1955（昭和 30）年に厚生省が初めて医療社会事業従事者調査をした時点で、全国に MSW は非常勤も含めて 2109 名存在したが、協会の会員数はその時 316 名であり、組織率はわずか 15％でしかなかった。MSW の発言権を確保するための「数の力」は弱く、MSW 自身の姿勢には多くの課題があった。

② 社会福祉士及び介護福祉士法の制定 —— 医療福祉士案の拒否と並行して

1987（昭和 62）年、社会福祉士及び介護福祉士法が政府提案として制定された。斎藤十朗が厚生大臣の時で、国家資格創設が当時であってもすでに困難な時期に、義肢装具士と臨床工学士と合わせて 4 資格ができたことは、大臣の強い熱意があったからだといわれている。

社会福祉士がソーシャルワーカーの資格として創設されるならば、長年医療分野でソーシャルワーカーとして活動している MSW も社会福祉士を取得できるはずだと考えていた協会の執行部は、同時に考案されていた「医療福祉士」と「社会福祉士」の区分に納得せず、MSW の国家資格化運動は混乱した。

厚生省は「医療福祉士」の対象は「患者つまり傷病者」であって「社会福祉士」の対象は「心身の障害がある者」と国会で答弁している。ソーシャルワーカーの資格が分野ごとに分断されることは、ソーシャルワーカーの基盤そのものを分断することにつながる。MSW たちは、厚生省案に反対を表明した。『日本社会福祉士会十年史』には「医療ソーシャルワーカーの専門性は社会福祉学にあるとして自らを『社会福祉専門職』であると確信する多くの医療ソーシャルワーカーたちは、このような厚生省の態度に強く

反発し、日本医療社会事業協会の会員を中心に『社会福祉士資格に医療ソーシャルワーカーを含め』ることを要求する運動を展開した」[2]と記載されている。社会福祉士には1987（昭和62）年時点でMSWは含まれず、この時厚生省から提案された「医療福祉士案」をめぐって協会の会員のなかでも激しい論争があった。その論争を経て、1990（平成2）年の総会で協会は資格化に向けた3原則を確認した。それは、①学問的基盤は社会福祉学、②4年制大学卒業の資格であること、③専門性を十分に発揮できる条件を整えること、とし、続けて6項目を決めている。そのひとつが現任者救済措置を講ずることであり、「社会福祉士以外の国家資格を求めない」ことも決議した。

この決議は、厚生省が提示する国家資格を全面的に拒否したことを意味している。医療分野の国家資格法と違って、社会福祉士及び介護福祉士法では現任者救済措置を取らなかった。MSWの専門性を護り社会福祉士を基礎資格とするMSWであるために、当時協会は極めて困難な国家資格に至る道を選択した。

③ 医療ソーシャルワーカー業務指針の制定

社会福祉士と医療福祉士をめぐる論争のなかで、厚生省案を拒否したにもかかわらず、指針が1989（平成元）年に定められた。これは医療機関におけるMSWの存在意義が高く、業務の内容を指針として定める必要を認めざるを得ないほどの仕事が行われていたことの証左だといえる。指針では、医療機関におけるMSWの業務のうち「受診受療援助」のみに「医師の指示」がかかる、言い換えればほかの業務に医師の指示はかからないことが明確に示された。

2002（平成14）年の改訂ではっきりと「社会福祉学を基とする」という文言が入ったが、この業務指針でMSWの基礎資格は社会福祉士であるという方向性が示されたのである。

④ 社会福祉士がMSWの基礎資格となるまで

1）福祉職俸給表

協会はまず医療機関に社会福祉学を基とする専門性をもつMSWが存在することを明らかにすることから、活動を始めた。具体的には当時新しく制定された「福祉職俸給表」を国立病院のMSWに適用することを求める運動を開始した。衆参両院の厚生委員へのロビー活動を行い、医師会の理解も得、2003（平成15）年に人事院規則が改正され、国立病院部長通達として、国立病院のMSWは社会福祉士、または精神保健福祉士とす

ることになった。この時点で、病院には医療職と事務職と、福祉職が存在することを国が認めたのだった。

　この運動の前、1997（平成9）年に精神保健福祉士法が制定された。この制定にあたっては、ソーシャルワーカーの資格の分断化につながるとして、MSWの有志による反対運動が起き、協会の臨時総会で法案に反対するか否かが問われたが、僅差で法案賛成派が多く、そのまま精神保健福祉士法の成立に至ったという経緯もあった。日本にはソーシャルワーカーの資格が2つ存在する、という事実は制度上の矛盾を生むことにつながることが多い。

2）社会福祉士の実習施設に病院が認可

　2006（平成18）年、社会福祉士養成実習施設として精神科の単科病院も含むすべての病院が認可された。先述した6項目の1つ、現任者救済措置はこの認可をもって成し遂げられたことになる。

3）社会福祉士及び介護福祉士法の改正

　2008（平成20）年、当該法律の改正があり、社会福祉士養成の指定科目に「保健医療サービス」が必修科目となった。それまでにあった「医療ソーシャルワーク論」等の読み替えも認められた。2019（令和元）年度のカリキュラム改正で科目名は「保健医療と福祉」になった。

4）診療報酬上の評価

　2006（平成18）年、診療報酬に初めて「社会福祉士」が明記された。1987（昭和62）年当時から始まる活動の分岐点として画期的なことだった。続いて退院支援業務の評価として、2008（平成20）年にMSW（社会福祉士）が実際に点数評価され、現在に至るまで次々と成果をあげている。

　MSWの資格は社会福祉士であることが制度上明確になるまでには、先述した4つの成果が必要不可欠であった。どの件も容易に達成することはかなわず、多くの会員の努力と、関係団体の理解、官僚の理解、さらには政治家の理解を得ることが必須であった。

⑤ ソーシャルワーク専門職団体との協働と役割

1）国際ソーシャルワーカー連盟（International Federation of Social Workers：IFSW）

　1956年にドイツのミュンヘンで結成された。129か国が加盟し（2020年現在）、約300万人のソーシャルワーカーを擁している。我が国は日本ソーシャルワーカー協会を中心に主に連盟の倫理綱領の制定に意見を述べ、日本語訳をソーシャルワークの職能団体4団体で共有する活動を通しIFSWと連帯してきた。2000年のモントリオール大会で倫理綱領を日本として採択し、2014年のメルボルン大会で倫理綱領の改訂にも参加した。

　2011年には第21回アジア・太平洋地域会議が日本の早稲田大学で開催された。世界には常に戦禍にみまわれる国があり、地域がある。政治的に偏向のある国では民衆の人権を守るソーシャルワーカーが投獄されることもある。加盟国のソーシャルワーカーは支援のために結束することが期待されている。IFSWは国際連合等から諮問資格を得ている団体であり、世界会議では、様々なジャンルの課題が討議されている。

2）日本ソーシャルワーカー連盟（Japanese Federation of Social Workers：JFSW）

　国際ソーシャルワーカー連盟への加盟は1か国1団体なので、我が国では当初、Coordinated Bodyとして日本ソーシャルワーカー協会、日本社会福祉士会、日本精神保健福祉士協会、日本医療社会福祉協会（現・日本医療ソーシャルワーカー協会）の4団体が2年ごとに交代でIFSWの窓口を担当していた。国際会議への連帯を基盤として成立していた社会福祉専門職団体協議会は、2017（平成29）年名称変更した。活動はソーシャルワーカーデーの企画運営や、ハンセン病の元患者への支援活動を担うハート相談センターの運営、その他各種委員会活動を行っている。

① 多職種連携の場である「病院」

　傷病が生活に与える影響は計り知れない。MSW は主に患者・家族の生活を支える専門職として、医療機関に存在している。医療の効果をあげるためにのみ、存在しているわけでもない。MSW は福祉と医療の接点で専ら患者・家族の Well-Being のために機能する職種として、病院に「存在」しているのである。

　病院は近代以降、多くの医療専門職を生み育ててきた。医学・医療の発展は発展するほどに多くの専門職を必要としてきた。病院ほど多くの職種が機能する場はないといってもよい。さらにチーム医療の概念も大きく変化した。メディカルスタッフとして、医師も看護師も多職種の連携のなかで、患者・家族を支えている。MSW はよほどの使命感をもって、患者・家族の支援に邁進しないと、職業としての MSW の存在意義を失うかもしれない。すでに多職種連携教育（Interprofessional Education：IPE）の定着も視野に入りつつある。医療と福祉の接点で機能する MSW は、自らの存在意義を他のメディカルスタッフにわかりやすく伝えることが必要である。

　何よりも患者・家族の人生の重要な場面に立ち合うものとして、知識と技術は常にブラッシュアップしていることが不可欠である。

　まず自らの能力を維持し向上するために、そして多職種の高度な能力と相互に影響し合えるために、研修等の予定を個人として立てるとともに、職場は MSW の教育スケジュールを組むことを、責務としなければならない。

② 認定制度の重要性

　ソーシャルワーカーを取り巻く環境は変化の速度をあげている。在宅医療の進展とともに、特定機能病院の医療技術の発達は、高度なテクニックと判断能力をスタッフに求めている。認定看護師は 2021（令和 3）年 12 月現在で 2 万 2,257 人、専門看護師教育課程修了者の総数（2019（令和元）年度は除く）は 3,616 人である。医師の認定制度は約 50 の学会が認定制度を有し、各学会で認定医、専門医を育成している。例えば学会のホームページによると、総合内科専門医は約 4 万人の名簿を公表し、日本プライマリ・

ケア連合学会が認定する認定医総数は 5,320 名となっている。このように学会あるいは
職能団体による認定制度は、今後ますます発展していくものと思われる。医師・看護師
等と日々連携する MSW も、認定制度を積極的に活用し、スペシフィックな分野ごとの
スペシャリストとなるべく、努力を重ねることが職種として求められている。

　現在、協会は「認定医療ソーシャルワーカー」を、日本社会福祉認定機構は「認定社
会福祉士」を、さらに日本保健医療社会福祉学会と臨床救急医学会は共管で認定機構を
立ち上げ「救急認定ソーシャルワーカー」を認定している。今後設立される「こども家
庭ソーシャルワーカー」の認定制度などの情報を積極的に収集し、患者・家族にとって
なおいっそう有益な MSW を目指してほしい。

注

[第 1 節]

1）浅賀ふさ（1948）「我が国に於ける初期医療社会事業の想出」『社会事業』第 31 巻第 6 号・第 7 号，p.9

2）浅賀ふさ（1959）「私の仕事をかえりみて——医療社会事業黎明の頃」『社会事業』第 42 巻第 6 号，p.48

3）聖路加国際病院八十年史編纂委員会（1982）『聖路加国際病院八十年史』p.218

4）前出 2），p.49

5）田代国次郎（1969）『医療社会福祉研究』童心社，p.74

6）前出 5），p.79

7）牧賢一（1938）「昭和十三社會事業の回顧」『社会事業叢書月報』第 2 号，pp.1-3

8）日本医療社会事業協会（1978）『25 年のあゆみ』p.22

9）Toshio Tatara，菅沼隆・古川孝順訳（1997）『占領期の福祉改革——福祉行政の再編成と福祉専門職の
　誕生』筒井書房，p.207

[第 2 節]

1）中島さつき（1996）「医療社会事業の今後——これからのソーシャルワーカー」賛育会ニュース，第
　440 号

2）日本社会福祉士会（2003）『日本社会福祉士会十年史』p.9

参考文献

・仲村優一（2003）『仲村優一社会福祉著作集第 8 巻 社会福祉講話』旬報社

・日本社会福祉学会編（2004）『社会福祉学研究の 50 年——日本社会福祉学会のあゆみ』ミネルヴァ書房

・中島さつき（1964）『医療社会事業』誠信書房

・堀越由紀子（2001）「病院にソーシャルワーカーがいる意味」日本医療社会事業協会編『保健医療ソーシャ
　ルワーク原論』相川書房

・笹岡眞弓（2004）「第 1 章保健医療分野のソーシャルワークの歴史と動向 第 4 節日本 1 保健医療分野の
　ソーシャルワークの歴史」日本社会福祉士会・日本医療社会事業協会編『保健医療ソーシャルワーク実
　践　1』pp.60-76

・児島美都子（1991）『新医療ソーシャルワーカー論——その制度的確立をもとめて』ミネルヴァ書房

第3章 医療ソーシャルワークの価値と倫理

第1節 価値

① ソーシャルワークにおける価値への注目

　ソーシャルワークにおいて「価値：value（s）」に関する議論は、その初期からある。ソーシャルワークは「社会」を掲げる学問と実践である以上、その社会が何に価値をおくのか、その価値をどのように実践するのかは、ソーシャルワークの根幹と不可分であった。ソーシャルワークは誕生当初から、慈善からの科学化、準専門職から専門職としての社会的承認の獲得を目指してきた。自らの仕事を価値づけすること、社会的使命と社会的承認への希求が一体化されるなかで、ソーシャルワークの価値を洗練させてきたのであろう。

　ソーシャルワークの価値と倫理について、全米ソーシャルワーカー協会（National Association of Social Workers：NASW）の倫理綱領の策定にかかわるなど、重要な業績を果たしている F. G. リーマーは、価値は時代、社会とともに移り変わるため、ソーシャルワークにおいても価値への問いはたびたび隆盛を見せていることを指摘している。リーマーは、『ソーシャルワークの価値と倫理』の冒頭で、「今日のソーシャルワーカーは、彼らの専門職としての先達がおそらく想像もしなかった価値と倫理を包含する問題に直面している」と述べている。この言葉は、20 年以上経った今でも十分同じ重みがあり、我々はますます、複雑で多様な価値の課題に直面しており、今後もそれは拡大する問いであろう。2014 年の国際ソーシャルワーカー連盟（International Federation of Social Workers：IFSW）・国際ソーシャルワーク学校連盟（International Association of Schools of Social Work：IASSW）のグローバル定義および 2020 年の日本版の新ソー

シャルワーカーの倫理綱領の策定に合わせ、現在も再び価値と倫理への問いが高まっているといえよう。

　S.バンクスは、「ソーシャルワークの価値」とは、ソーシャルワークの文脈のなかで、何を価値あるものとみなすのかについての一定の信念、善い社会とはどういうものであり、善い社会におけるソーシャルワークの役割は何かについての一般的な信念であると述べている。またC. S.レヴィは、「倫理とは、価値を運用することである」と述べている。

　ここで「価値：values」と「倫理：ethics」および「原理：principles」についての定義を述べておきたい[1]。

　「価値：values」とは、①物事の役に立つ性質、「よい」といわれる性質、②個人の好悪の対象となる性質、③個人だけでなく、集団や社会の構成員が共有する性質、④誰もが「よい」とする普遍的な性質、などといくつかの意味で定義することができる。

　「倫理：ethics」とは、①人として守るべき道、道徳：moralと同一視されるもの、②共同体において人と人との関係を律する規範、原理、本質など、倫理学として論じられる系統の2つがある。ソーシャルワークにおいては、倫理綱領があらわすように、後者の意味で、集団の構成員に求める規範ということができる。

　「原理：principles」とは、①ものの拠って立つ根本法則、②物事を成立させるきまり、とされている。ある種の規則や法則を、拘束する、ルールをつくるという意味が含まれているといえる。

　ソーシャルワークにおいては、原理から価値を区分する傾向にあり、原理は価値よりも拘束性があるもの、より絶対的でゆるがないものとして、2020（令和2）年版の新倫理綱領では「価値と原則」に代わって「原理」が用いられている[2]。ソーシャルワークにおいて価値が問題となるのは、ひとつには、価値の②の意味のように、ソーシャルワーカーとクライエントの個人間の好悪が異なる場面において、どちらの価値を優先すべきか、という問いが生じるからである。そして利害関係や介入を伴うなど、③の意味において、社会で共有する価値をソーシャルワーカーがある程度規定する場面と、社会の合意形成自体が難しいために、多様な議論が開かれるからである。そのため、ソーシャル

1：新村出編（2018）『広辞苑　第7版』岩波書店、加藤尚武編集代表（2008）『応用倫理学事典』丸善、など参照のうえ、筆者の要約による。

2：日本ソーシャルワーカー連盟（JASW）「改定「ソーシャルワーカー倫理綱領」の見どころ──変更したポイントから」を参照

ワーカーの共通基盤としての価値が求められてきた。それを明示したのが倫理綱領である。倫理綱領では、ソーシャルワークの客観性と普遍性を追求するための価値を明示しようとしてきたが、それもまた時代とともに変化し葛藤を生じさせるものとなっている。

② 新しい価値の台頭と葛藤

価値を巡る議論としてはいくつかの区分による議論がある。それは「主観性と客観性」、「相対性と普遍性」、そして「本質的価値」と「手段的価値」についての議論がある。

「本質的価値：intrinsic value」とは、それ自体に価値があるとし、それ以上は問わない立場である。何が価値あるものであるのかは、ここでは問わない。ソーシャルワークの場合、これに当たるのが2000年版までの倫理綱領で掲げられてきた「人間の尊厳」が該当するだろう。しかし、その後の社会の変化において、永らく同じ重みで掲げられてきた「人権」と「社会正義」は、文化・宗教・政治に深くかかわり、普遍的ではない価値となっている。例えば、国家間の戦争やテロとの戦いは、ともに「正義」を掲げた闘いとなっている。

「手段的価値：instrumental value」とは、それによって何かしらよい帰結がもたらされるために価値があるとする立場である。ソーシャルワークにおいては、より上位の概念として、自由や尊厳があり、それを達成するための手段的価値として、「自己決定」がその代表であると考えられている。

次に価値の問題は、古くから、主観性と客観性、相対性と普遍性をめぐる議論がある。20世紀を通じ、科学一般において、客観性や普遍性が「正しい」「善い」と解釈されてきた。ソーシャルワークは比較的後発の社会科学として、その専門性や科学性を高めることに格闘してきた歴史がある。学問としての体系化は、客観性や普遍性を提示し社会的承認を得る必要があったが、同時に自らの学問の客観性と普遍性を自明視することにつながってきた。

一方で、ソーシャルワークはクライエントの主体性や個別性の尊重を掲げ、中心的な価値としてきた。しかし、それは専門職による客観性とエビデンス、社会の普遍性を基本とする制度設計からは外れるものであり、ソーシャルワーカーがクライエントの個別性を抑圧してきたと、20世紀後半に様々な形で当事者らを中心とした社会運動で批判されることになる。

そして21世紀になりグローバル化と地域の固有性、個人の多様性を尊重する議論が進行すると、これまで自明視してきた西洋的な価値観が揺れ動くこととなった。フェミ

ニズムによって、宗教・政治・経済などあらゆる分野で男性中心的な価値観が支配し、制度設計がなされてきたことが糾弾され、LGBTQ など性的少数者、少数民族や伝統的文化は、それまでの西洋的な価値観では包摂されず、排除・抑圧があることが明らかになった。

　2014 年に策定された「ソーシャルワーク専門職のグローバル定義」では、そうした普遍性に基づく西洋中心的な価値観からの転換が図られ、「集団的責任」「多様性の尊重」「地域・民族固有の知」が並列されることとなった。「集団的責任」や「地域・民族固有の知」とは、西洋以外の地域や少数民族、伝統、キリスト教以外の宗教的文化や価値観を、これまでのソーシャルワークの掲げる「人権」や「社会正義」の価値からは一方的に支配しないことを意味する。「多様性の尊重」は、多様な価値を相対化し、普遍性とは対立する概念である。これら、相反する価値が、倫理綱領においてもより揺るがないものとしての「原理」として並列することとなったため、それを実践していくソーシャルワークとは何なのかは、ますます難題となったのである。

第2節　倫理

① ソーシャルワークの倫理と倫理綱領

　ソーシャルワークは貧者に対する宗教を基盤にした慈善活動から始まっているが、ケアの仕事と領域が近いため、親切やお世話といった日常的な行為から、専門職として確立する必要があった。バンクスの指摘によれば、ケアの仕事が「女の仕事」であったため、専門性が低く見積もられており、ソーシャルワーカーが専門職としてケアや世話でないあり方を希求してきたことを述べている。1950 年代後半には、専門職として確立するために倫理綱領をもつことが望まれるようになる。

　ソーシャルワーク専門職団体の倫理綱領は、オーストラリアのクィーンズランド赤十字協会によって 1954 年につくられたものが最初であるといわれている（Congress & McAuliffe, 2006）。日本では 1961（昭和 36）年に日本医療社会事業協会（現・日本医療ソーシャルワーカー協会）が倫理綱領を定めている。しかし団体としてその国家を代表するレベルであり、広範な影響を与えたのは、全米ソーシャルワーカー協会（NASW）

による 1960 年に策定された倫理綱領である。国際ソーシャルワーカー連盟（IFSW）の倫理綱領はそれより遅れて 1976 年に策定されている。

　NASW の 1960 年版倫理綱領は、たった 1 ページ、前文と 14 項目から成っていた。しかし制定後はすぐにその内容が検討され、積極的に社会的認知と地位の向上を目指す側面と、専門職団体が成員に対して統制する側面に向かうことになる。1967 年、1979 年と改訂版が出され、倫理的ジレンマや倫理規定違反などが言及されていく。倫理綱領自体は、すべてのソーシャルワーカーの行為を規定することはできないが、「倫理的な含みのある場面において、行動を導くための一般的指針」（1979 年版、前文）とされており、禁止事項やソーシャルワーカーの行動指針が広範に追加されていく。その後も NASW 倫理綱領は改訂のたびに長文化し、2008 年の改訂では、性的指向や移民差別に関する規定が加えられ 32 ページにも及んでいる。アメリカ以外の各国でもソーシャルワークの倫理綱領が次々と策定され、いずれも改訂のたびに項目が増え、2020 年代の最新版では、ICT 管理、アドボカシーの推進など、ソーシャルワーカーの行動を規定する事項が増える傾向にある。

　2014 年に IFSW により「ソーシャルワーク専門職のグローバル定義」が策定されたのを受け、倫理綱領も新たに改訂された。日本版は 2020 年に日本ソーシャルワーカー協会（Japanese Federation of Social Workers：JFSW）によって新倫理綱領が策定されている。「前文」「原理（Ⅰ～Ⅵ）」「倫理基準（Ⅰ～Ⅳ）」の 3 つのパートから成り、前文のなかに「ソーシャルワーク専門職のグローバル定義」を含む形になっている。また日本社会福祉士会と日本医療ソーシャルワーカー協会は、倫理綱領を実践するためにより詳述した「行動指針」も定めている。

　倫理綱領は時代を経て、社会の要請に応える形で追加されてきている。しかし誕生当初から、通底しているのが「人権」「人間の尊厳」にかかわる記述である。これはソーシャルワークの価値の根源にかかわるものである。そして、それを実践し、実現するために掲げられてきたのが、倫理基準にある「自己決定の尊重」である。

② 倫理綱領のジレンマとアドボカシー

　倫理綱領は長文化しながらソーシャルワーカーのあるべき姿を示してきたが、倫理綱領に従っても、如何に行動すべきか、答えが出ない場合がある。それが倫理的ジレンマ（dilemma）である。倫理綱領にはもともと相反する価値が存在しており、いずれの価値や倫理原則に従うべきか、またどれを選んでも不全感の残る場合がある。いわば倫理

綱領とはジレンマをそもそもはらんでいるものであるといえる。

　倫理綱領にある「原理」のなかには、西洋的な価値で考えられてきた「人権」「社会正義」と、対立しがちな価値である「集団的責任」や「多様性の尊重」が含まれていることは前述したとおりである。また「倫理基準」には、ソーシャルワーカーが果たすべき責任として、「クライエントに対する倫理責任」「組織・職場に対する倫理責任」「社会に対する倫理責任」「専門職としての倫理責任」の４つが掲げられている。このうち特に、倫理的ジレンマを生じやすい「クライエントに対する倫理的責任」を取り上げたい。

　倫理綱領では初期から、クライエントの利益の最優先と、自己決定の尊重が掲げられている。クライエントの利益と、自己決定が一致しない場合に、何を優先すべきかという問いは、対人援助の倫理綱領で通底した難題である。クライエントの参加の促進や、意思決定への対応、プライバシーの尊重と秘密保持、権利擁護など、追加されてきた項目は、いずれもクライエントの利益をどのように考えるか、価値の問題に根差しているといえる。例えば、クライエント本人の希望がリスクを抱えていたり、現実的には不可能そうであるとソーシャルワーカーが考える場合には、単純にクライエントの自己決定だからと、その方針に向かって支援することはためらわれるような場面はよくある。またクライエント本人の希望を、家族などが反対し、周囲が不利になる影響を受ける場合には、誰がクライエントか、本人以外の人を支援する観点からも、本人だけの自己決定を支援しがたい場合もある。

　2020年版倫理綱領では、「クライエントの自己決定の尊重」について、「〔前略〕クライエントの自己決定が本人の生命や健康を大きく損ねる場合や、他者の権利を脅かすような場合は、人と環境の相互作用の視点からクライエントとそこに関係する人々相互のウェルビーイングの調和を図ることに努める」という記述が新たに加えられた。これは、いわゆる自傷他害行為などは自己決定の尊重にあたらないと解釈することができる。しかし、クライエントと家族が対立するような場合には、利益と不利益、リスクをどう考えるかは、個人や当該社会の価値観がかかわるものである。障害をもつ人の自立生活運動では、地域生活を希望していても、危険と判断した親や専門職らに反対され続けたことや、地域で施設建設反対運動が起きたことを鑑みると、他者の権利や環境との調和という文言は、ソーシャルワーカーがパターナリスティックに働くこともあり得る。倫理的ジレンマはいずれかを選択しなければならない場面で起こるが、その際には、「人間の尊厳」が守られるよう、権利擁護、アドボカシーの観点に立って方針を選択すること

が求められる。自己決定の制限を当然視するのではなく、「関係する人々相互のウェルビーイングの調和」とされている点は、人間の尊厳という価値に照らして、関係する人のアドボカシーの推進が求められている。

③ ジレンマと意思決定のプロセス

リーマーは、倫理上のジレンマを解決する精密な方式は存在しない、としながらも、解決への段階的なプロセスとして以下を提示している。

Ⅰ．衝突するソーシャルワークの価値と義務を含む倫理的問題を特定化すること。

Ⅱ．倫理的意思決定によって影響を受けそうな個人、グループ、組織を特定すること。

Ⅲ．各々のすべての実行可能な行動の筋道や参加者を、潜在的な益とリスクとともに試験的に特定化すること。

Ⅳ．適切と考えられる各々の行動の筋道に対する賛成と反対の理由を入念に検証すること。

　a）　倫理的な理論、原則、方針（例として、義務論的および目的論的功利主義的な視点とそれらに基づく倫理的方針）

　b）　倫理綱領と法的原則

　c）　ソーシャルワークの実践理論と原則

　d）　個人的な価値観（宗教的、文化的、倫理的価値と政治的イデオロギー）、特に自分自身のものと葛藤を起こす価値観

Ⅴ．同僚や適切な専門家に相談すること（例えば、機関のスタッフ、スーパーバイザー、機関の運営者、弁護士、倫理学者）。

Ⅵ．意思決定をし、意思決定のプロセスを文書化すること。

Ⅶ．決定をモニター化し、評価し、文書化すること。

またR.ドルゴフらも倫理原則の対立が起きた時の優先順位を以下のように提示している。

1．生命の保護

2．社会正義

3．自己決定、自律と自由

4．危害の最小

5．生活の質

6．プライバシーと守秘

７．誠実さと開示

　倫理原則に優先順位をつける研究は数多くなされているが、いずれの論者も単純に適用すべきではなく、倫理的な意思決定過程を重視すべきことを強調している。緊急時の判断などは生命の保護が上位にきているが、尊厳死や延命治療拒否などの課題も含まれており、リーマーの項目Ⅳのように、賛成と反対を入念に、意思決定にかかわる筋道を検証することや、項目Ⅴの複数名のカンファレンスが欠かせないプロセスとなる。倫理的ジレンマは、倫理綱領に従っている場合のみならず、個人的価値観や組織との軋轢に由来するものも多くあるため、手続き的な情報共有や文書化、情報開示に備えた意思決定過程が重要であり、ソーシャルワーカー個人に責任を負わせることは極力避けたい。

第3節　倫理綱領に基づく実践

① 価値と倫理の体現

　NASW倫理綱領は、ソーシャルワーカーの非倫理的な行動や、倫理的ジレンマの道しるべとして、多くの説明を掲げている。倫理綱領や行動規範ですべてを答えられるわけではないが、倫理的課題に対しては、蓄積された類似事例を学び、新しく体制を整えていくことが必要となる。倫理基準では、Ⅱ．組織・職場に対して、Ⅲ．社会に対しての倫理責任を示しているが、個々の倫理的実践を積み上げていくことが、社会に対しての働きかけとなっていく。ソーシャルワーカーがスーパービジョン体制を整えていくことや、他機関・第三者による評価体制を取り入れていくことが必要となる。

② 事例理解

　最後に、葛藤を含む事例を通して、我々がソーシャルワークの価値と倫理に基づいた実践を進めていくことを、前述のリーマーのプロセスを参考に考えてみたい。

事例 ホームレス生活、AL 依存、家族連絡を希望する男性の例

　A 氏（60 歳代）は路上で血を流しているところを救急搬送されて入院した。診断は頭部外傷（軽傷）、AL 依存による肝硬変、全身の浮腫である。路上生活しているところ、酔って怪我をし、通行人によって 119 番依頼された。家族歴は複雑で、二度の離婚歴、娘が 2 人いるが、連絡先はわかるものの関係はよくない。生活保護受給歴があるが、過去 2 回廃止になっている。一度目は AL 依存入院先から無断離院し、帰宅先がないまま不明となり保護廃止、二度目は AL 依存入院から治療施設に移ったが、再飲酒、生活保護担当ワーカーと口論になるなどして再び路上生活に戻っている。今回、本人は生活保護を受給し 1 人暮らしを希望している。また身体状況が厳しくなったことと、孤独感から、次女に連絡を取って近くに住みたいと希望している。MSW はかつての生活保護担当ワーカーから、A 氏について「最初は決意が固いように見えるが、すぐに飲酒する、縛られずに自由に生活したい印象が強い。他者の言うことを聞かない。時々寂しくなって家族に頼ろうとするが、娘は何度も尻拭いをさせられていて気の毒であった」との話を聞いた。医師の話では、「精密検査をしないとわからないが、肝臓の機能からこのままでは生命の危険が近づいている。本人は心を入れ替えるから何とかしたいと言っているので、MSW で治療環境を整えることと退院支援を行ってほしい」とのことである。MSW は、自身の価値観と異なる A 氏に対して、どのように考えるべきか、思案している。

　この事例について、自身ならばどうすべきか、以下のステップをたどり、方法を検討していただきたい。

❶　この事例で倫理的課題は何か、構造の整理

　クライエントの述べている希望、自己決定、利益、意思決定能力など、課題となっていることと、それが倫理的ジレンマであるかを整理する。

❷　選択肢と影響を整理

　選択肢によって影響を受ける人や組織は変わるが、ここではどのような選択肢が考えられるか、またその場合、各々の倫理的根拠、影響を整理する。選択肢によって得られる利益と不利益、リスクについては特に詳しく検討する。

❸　選択の評価

　選択したものが倫理原則に従ってどう評価されるか、法的にはどう評価されるか、組織や関連機関としてはどう評価するかなど、視点を変えて評価を行う。社会資源や時間の制約、関連する人・機関の意見を整理する。また、ソーシャルワーカーのアプ

ローチが適切であるか、個人的な価値観によって恣意的でないかなど、権利擁護の観点からも評価する。

❹ 専門家、同僚、組織やスーパーバイザーからの確認

組織内や外部からの賛成、反対の意見を聞き、他者の価値観や、ソーシャルワーカーの感じる価値観、倫理的ジレンマについての整理を行う。

❺ 意思決定過程の開示

途中経過を含めて、できる限り文書化し、クライエントの参加や評価を記録化する。

上記の事例のような、クライエントの自己決定を単純に支援しがたい、という場面を多くのソーシャルワーカーが経験している。しかし、それが実現不可能である、と停止する前に、倫理的な課題を整理し、クライエントの権利擁護とともに、ソーシャルワーカーの抱える困難感の整理にも、倫理的ジレンマの検討と蓄積が望まれる。

参考文献 ....

・E. Congress & D. McAuliffe（2006），'Social Work ethics Professional codes in Australia and the United States'，International Social Work, 49（2），pp.151-164
・F. G. リーマー，秋山智久監訳（2001）『ソーシャルワークの価値と倫理』中央法規出版
・サラ・バンクス，石倉康次・児島亜紀子・伊藤文人監訳（2016）『ソーシャルワークの倫理と価値』法律文化社
・C. S. レヴィ，小松源助訳（1994）『ソーシャルワーク倫理の指針』勁草書房
・R. Dolgoff, D. Harrington, F. M. Loewenberg（2012），Ethical Decisions for Social Work Practice 9th Edition, Cengage Learning

第 4 章

医療における「患者・家族」へのソーシャルワーク

はじめに

　医療現場では患者への支援は、その家族とのかかわりを抜きにしては成立しない。患者には医療機関内外の多大なサポートが必要であり、その対応には家族からの協力は不可欠であった。

　本章では、医療現場での家族に焦点をあて、患者はその家族の一員であると捉え、患者の支援を包含した家族ソーシャルワークを取り上げ、家族の定義、家族ソーシャルワークの概念・理論・方法論、技術、家族システムズ論を適用し、その根拠に基づき、家族ソーシャルワークの必要性について概説する。

第 **1** 節　家族を支援対象にする視点

　本節では、家族ソーシャルワークについて考える。まず、家族の定義を精査し、患者個人への支援も家族ソーシャルワークに位置づける必要性について検討する。

① 家族の定義

　家族という用語について、まず、家族の捉え方、家族の構成メンバー、制度上の家族の規定を考え、その規定が家族ソーシャルワークに与える影響について考察する。

　医療現場での患者へのソーシャルワークでは、患者の家族のなかにキーパーソンを見つけ、援助計画への賛同を依頼し、主たる協力者として多くの依頼をしてきた。次の段階では、さらに家族を社会資源として活用する対策が打ち出され、患者へのケア全般を委ねることとなった。そして、現在では、患者を含めた家族全体を支援対象者と捉え、家族ソーシャルワークを行っている。しかし、ソーシャルワーカーも含めて医療スタッ

フや関係者にもこの家族ソーシャルワークの考え方がまだ十分に浸透せず、患者への支援が主という個別支援のミクロソーシャルワークの展開に集中している。

　まず、家族とは何かについて考える。家族は、視覚的に捉えることができない。形態も構成要素の数も様々である。社会学では、家族は社会の最小単位の集団であり、生物学的つながりがあるものとされていた。現在では家族の形態のみならず、関係性に変化が生じ、家族成員間に生物学的つながりがなくとも、共同生活をしている集団を、または制度規定に準じた生活形態をもった集団を家族と称するようになっている。

1）家族の概念規定のための諸要件

❶　家族は、その構成メンバーが生きていることを条件とするのだろうか

　親族がすべて亡くなっていて、1人暮らしをしている人は家族のいない独居生活者と称され、家族とは無縁のものとされる。生活形態から考えれば、確かに同居家族がいなければ1人であるが、ほかの地域に家族や親族がいるかもしれない。この場合、ソーシャルワークの展開にその人たちを呼び出し、支援の協力を願うことがある。それは生きているからというのが条件になっているだけでなく、亡くなっている家族メンバーが独居の患者にどのようなかかわりをもっていたのか、現在も心情や価値観に影響を与えているかどうかを考える。

❷　家族メンバー数は何人から成立するのか、制度上での家族メンバーの呼称は変化しているのか

　家族メンバーを考える時に、親族という概念を使えば、養子でない限り血縁関係がそこにある。拡大家族と核家族、母（父）子家族・家庭という名称において、例えば、兄や姉、母親、父親などの呼称が使えない場合が増えていると考える。それは、結婚・離婚・養子縁組等から考えると、そのつど、その状況下で家族を形成していく場合に、兄、姉、弟、妹などの呼称は使えず、名前で呼び合うことが一番適している。また、親といっても生みの親、育ての親との呼称が使われ、家族メンバーとしてのアイデンティティの形成が薄らいできていることは確かである。

　ここでは、家族とは社会のなかで個人を含む最小単位の集団であり、家族メンバー間に生物学的つながりだけではなく、制度的つながり、信念的つながりも存在するものと考える。

② 家族ソーシャルワークの歴史的変遷

❶から❹には家族ソーシャルワークの変遷として4形態を示す。

❶ 個人面接の実施。特定の家族メンバーが問題をもっていて、相談所に来談する。例えば、児童が問題をもっているとして、相談所に行く場合、その際に他の家族メンバーや知人などの関係者が付き添ってきても、別室で待たされ、相談面接は本児のみに行われ、相談終了時に相談結果として特定メンバーへの支援計画や期間などが他のメンバーや関係者に告げられて、それを了承する形をとる（図4-1参照）。

❷ 母子面接の実施。特定のメンバー、例えば児童に問題があり、相談所に出向くが、母親にも事情を聴きたいとして母親を面接室に入れる。他の家族メンバーや関係者はその部屋に入らず別室で待つ。事情などを他のメンバーや関係者には告げないことになる（図4-2参照）。

❸ 家族面接の実施。家族メンバー全員に同時に面接する。家族メンバーは特定のメンバーの問題について協力して解決する姿勢をとる。家族の団結が働き、よい結果を出

図 4-1

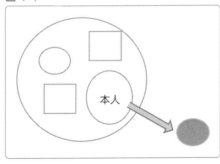

図 4-2

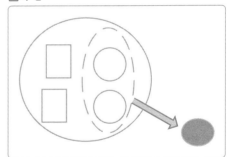

図 4-3

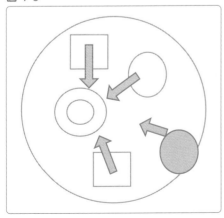

図 4-4

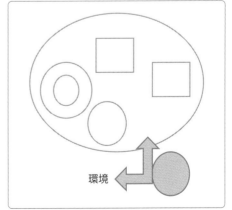

すこともあるが、特定メンバーは依然問題をもつものとみなされ、すべての家族メンバーからの支えという言葉の攻めを負う結果になることがある。これをスケープゴート化という（**図** 4-3 参照）。

❹　援助者は、問題を呈している特定のメンバーに焦点をあてず、家族全体をシステムと捉え、全体に働きかけ、環境との交互作用を活用し、家族の取り組みを援助する（**図** 4-4 参照）。

このような変遷から、各段階での家族ソーシャルワークに適用された理論の変遷が理解できる。①問題解決志向、課題達成アプローチ。②母子関係の影響を考え、関係論から援助を展開する。③家族療法的アプローチであるが、課題達成志向が中心になる。④家族システムズ論を適用し、家族全体に働きかける。

③ ソーシャルワーカーの機能としての家族支援

医療機関では患者を個人として捉えるのはなぜか。だが、支援を展開するときには、患者の背景にいる家族を前景に出してくる。その家族の一員が患者であるとの認識はあまりもたれないようである。常に、入院した患者を家族から引き離し、患者を個人として捉えている。

精神分析家のS.フロイトによると、人は幼児期に母親と親密な関係を築くことが必要であるが、母親がいない場合でも、身近に重要な役割を果たしてくれる人を必要とする。その人からの影響を受けて育つ。患者は、人間であり、社会の一員として存在してきているが、その背景には必ず家族、または家族同等の影響を与える人と文化を共有する。

最近、患者に対する自己決定支援が重要であるとされているが、患者の自己決定のパターンは、その背景の家族のそれに影響を受けていると考える。人間は有機体であり、生物であり、生きるために、環境に適応すべく秒速で変化し続けている。個で存在してきたというよりも、群れのなかで、家族という群れの一員として生きてきたものであり、家族メンバーは互いに交互作用して支えてきている。その意味では、患者個人にも影響を与えており、患者への自己決定支援には、その背景の家族の自己決定支援が含まれていることを理解することが重要である。

ここでは、M.ボーエンが提唱した家族システムズ論について概説し、家族ソーシャルワークによる協働実践の展開の必要性について考える。

① 医療機関での家族療法的視点の必要性 ——M.ボーエンの家族システムズ論

家族についてシステム論を適用して考える。ここでは、精神科医であり、家族療法家であるボーエンが生み出した家族システムズ論を取り上げ、患者理解と家族理解について考える。家族療法家は個人を個家族と称することから、患者を個人であり、家族の一員であると認識する。

ボーエンの家族システムズ論では、家族は1つの塊であり、システムであると考える。また、1つの有機体であることから、毎秒のごとく時間経過で変化しており、生きるために環境と取り組み挑戦していると考える。

家族システムは多くのサブシステムから構成され、そのサブシステム間で相互・交互に作用しており、その影響性は多様である。この家族システムが社会など環境のなかに存在し、環境にある多種多様なサブシステムが、この家族システムに相互・交互に作用していると考える。その交互作用から様々な事象が生み出される。ボーエンの創出した主要概念のなかから3つの概念を以下に示す。

① 三角形

家族システムの情動システムの考えでは、1人の家族メンバー（A）が不安をもつと、その不安を抱えきれなくなり、それを誰かに流そうとする。この時、距離的に近くにいる人に流す傾向がある。その不安を受け取ったメンバー（B）はその不安を処理できず、葛藤を抱えるようになり、また、次に流し得る他のメンバー（C）を探す。ここで、三角形が形成される。

この三角形が正三角形状態であれば、A、B、Cが拘束され、自由が利かなくなり、不安定さは増す。この時、そのなかの1人のメンバーが少し遠ざかり、二等辺三角形が形成されると、ある種の安定を生み出すことも可能となる。この三角形の概念は、医療

機関という組織のなかでも発生するものであり、医療ソーシャルワーカーがこの三角形に巻き込まれることもある。

　この例として、患者が診断結果を聞いた後、医師にその後の治療を受けたくないと告げた。医師が、思いもかけない患者の言葉に反応し、近くにいた看護師に指示を出す。ここで、患者と医師と看護師が三角形を形成する。医師が患者に近づけば、患者は医師と看護師の間に引き込まれ、そこから回避できなくなり、いっそう治療を拒むようになる。この場合、看護師が患者から遠ざかると患者は医師に再度近づくことになり、患者は自分の心配を医師に話し出す。このような力動は3人以上の集団では必ず発生するものであることをソーシャルワーカーが理解しておくと患者への対応が明確になると考える。

② 個体性と一体性のバランスと分化度

　人間は有機体であり、個体性と一体性の2つの生命力を機能させ、その時の状況に合わせて、バランスを取っていると考える。人間は、1人でいたいと思うとき、個体性の生命力を使い、他の人たちから遠ざかる。別の状況下では、人間は他の人たちと群がりたいと考え、楽しい時を過ごす。このバランスを取ることが難しくなる状況がある。他者が自己のバランスの取り方に注文をつけるので、自己のコントロールが難しくなる。分化度が高い人というのはこれらの2つの生命力のバランスを他者に影響を受けずに保つことができる人である。ところが、家族の分化度が低い場合、常に他の家族メンバーがこのバランスを取ることに干渉する。この例として、退院支援では患者・家族の見解の多様性から困難が生じる時がある。家族メンバー個人である患者と家族の要望とのギャップが患者の分化度を高めたり、低めたりする。自己決定支援を行う家族ソーシャルワークでは、このような力動を考慮に入れると家族の取り組みが見えてくるだろう。

③ 世代間伝承

　家族システムは、3世代ほど遡るとその家族システムの文化や物事の取り組み方のパターンにその独自性を見出すことができる。例えば、糖尿病などの疾病では、3世代での糖尿病との取り組みパターンを理解し、その取り組みを詳細に尋ねることで、実際に、患者の疾病に対する恐怖心をより理解できるだろう。また、患者を取り巻く家族メンバーの取り組みの内容も見えてくる。このパターンを活用することでより建設的な家族システムの取り組みを導き出せるかもしれない。

家族システムズ論では、1つの家族にシステム的視点をもってソーシャルワーク、あるいは家族療法的理解をするならば、家族の変化するさまが捉えられる。その変化は家族メンバーの総和以上の効果であり、つまり総和プラスアルファの効果が出て現状の取り組み策を練ることができる。つまり、4人家族にシステム的視点をもって家族ソーシャルワークを展開すれば、4人が総力を出す以上の効果を引き出すことができ、その変化はメゾレベル以上の効果を出すと考えられる。

問題解決志向などの因果論的志向では、家族の抱える問題に焦点をあて、それを解決するために、対策を練るが、家族システムの外部者であるソーシャルワーカーがリードして実践しようとすることで、家族に起こる変化は、ミクロレベルの効果に終始してしまう。特に、家族のこれまでの取り組みに問題があるとみなし、いわば取り除く方策として新しい策を提示することになる。これは、患者・家族が生きるためにこれまで取り組んできた方法を認めず、否定することになる。これは患者・家族の尊厳の保持をしていないことになる。一方、家族システムズ論的支援では、家族の尊厳を保持し、これまでの取り組みを認め、さらに積み上げる、いわば足し算的に取り組むことにより、家族は変化し、危機を乗り越え、多様な課題の達成をも可能にする。家族にもたらされる変化は、ミクロレベルだけでなく、メゾ、マクロレベルにまでの相乗効果を生むと考える。

医療機関での家族ソーシャルワークがもたらす家族の変化は、家族が直面している危機への対応力を高め、ポジティブに進化し続けることを可能にする。

② 家族ソーシャルワークの協働実践

医療現場のソーシャルワーカーは、家族システムズ論を適用し、その支援行動を精査することにより、ソーシャルワーカーの役割や機能を包括的に効果的に発揮することができるのではないかと考える。

医療ソーシャルワーカーは、専門職としての自律性を活用する。家族ソーシャルワークにおいて専門職としての知識や技術を駆使し、判断力を発揮して実践することが求められている。医療機関という組織を1つのシステムと捉え、そのなかのサブシステムの1つがソーシャルワーカー部署であり、部署メンバーであると考える。これらすべてのサブシステムが交互・相互に作用して、医療機関の組織としての機能や役割を果たすことができると考える。

医療ソーシャルワーカーが行う多職種との協働実践は、職場のほかのサブシステムとの交互作用を展開することになり、その効果はメゾからマクロレベルの莫大な効果を産

出する可能性を含んでいると考える。その意味では、患者本人や家族は医療機関内のサブシステムであり、有機体としての我が身のことをよく理解している専門家でもある。彼らは、医療機関の協働実践の展開に参画している。これが家族ソーシャルワークによる患者・家族システムへの働きかけが求められる根拠である。

第3節　家族療法的アプローチによる支援展開例

事例❶ 緊急時の介入──意識障害の患者とその家族

　救急車で、高齢男性（80歳代）が脳梗塞で搬送されてきた。意識がない。妻（80歳代）が付き添っている。病院では、救急対応後、できるだけ早く胃瘻造設術を実施したいとの医師の説明後、妻に同意を取る必要から、ソーシャルワーカーが妻に面談をした。医師からは、妻が動揺しているようであるが、少し理解力が低いように見えたとの報告を受ける。ソーシャルワーカーは、妻の動揺が強く、少し認知も低下しているようにも見受けられたが、妻から同意を得る必要を説明した。

問題解決志向を適用した場合の自己決定支援

　ソーシャルワーカーの考えとして、夫が意識不明であることから、妻に自己決定を促す必要があるが、その時間が限られている。妻に面接し、いつもの対応として、来院への経緯を尋ねた。妻は当惑しており、「奥さんはこの手術についてはどのように思われるのかお聞かせください」との問いかけにも反応がない。「奥さんの同意が必要なので」と言ってみたが、とにかく「わかりません」を妻が連発してそれ以上の話ができない状況である。少し落ち着いてからと考えるが、時間がない。この夫婦には子どもがいない。また旅行先での病院である。妻に自己決定能力がないと判断するべきかどうかとソーシャルワーカーは迷った。

家族システムズ論を適用した家族ソーシャルワーク

　旅行中の出来事であることと妻が救急車を手配したとの情報に基づけば、40年以上の夫婦であるので、この夫婦の自己決定支援と捉え直すことはできないだろうか。いわゆる家族ソーシャルワークとしての自己決定支援として妻に尋ねてみる。「旅行計画を立てたのは、ご主人ですか」「救急車を手配されたのは、ご主人の指示でしたか」と尋ねる。妻は、姿勢を正し、しっかりと話し出した。「旅行はいつも主人が計画をしてくれて、私は主人を信じすべて任せていました。主人は、旅行保険にも入っているからと

言っていました」。ソーシャルワーカーは、妻を夫のベッドの脇に導き、「それでは、ご主人なら胃瘻手術をすることについてはどのようにおっしゃると思われますか」と尋ねた。「主人は医学を信じている人ですから是非してほしいと言うと思います」と夫の顔を見ながら妻ははっきりと答えた。そこで、同意書への手続きを妻に依頼した。

事例❷ がん患者と家族への支援介入

　導入期：夫ががん患者として入院し、今年いっぱいもつかどうかはわからないとの医師からの説明を聞いた妻は、是非夫を早く退院させて自宅で看取りたいと申し出た。夫の母親や兄弟は医療関係者で、病院で治療を受けさせたいと決定し、母親は病院の近くに宿を取り、毎日のように見舞いに訪れて看病している。この夫婦は独立して暮らしており、子どもたちもいる。妻は、自分の計画にほかの家族から同意を得たいと考え、相談室を訪れた。

問題解決志向を適用した自己決定支援

　妻は、親族間で看取りの取り組み方に相違があると言い、妻としては、治療の限界を考えて夫と相談して、在宅ケアに移行させることがよいと考えている。しかし、それが100％正しいかどうかについてはわからず、悩んでいるという。これを夫婦の意思決定支援と考えるならば、妻の意見は妥当であり、全面的に実行できるように促すべきだろう。しかし、夫の疾病は医師の宣告どおりにいくかどうかはまだわからず、治療の可能性も考慮すべきであろう。あるいは、親族が妻の看取りケアの権利を認めていないことは問題であるともいえない。夫婦と親族が話し合い、よい方法を見つけていくことになるだろう。

家族システムズ論を適用した家族ソーシャルワーク

　夫はこの疾病に対してなにがしかの知識や情報をもっているだろう。夫の父親が同じ疾病で死亡している。そのことが影響して、夫の兄弟は医者になった。だから、治療を勧めていることが理解できる。母親は、家族の生活を支えるために仕事をしていたので夫の看取りに間に合わなかった。このことを長く後悔していた。だからこそ、今息子のために頑張りたいと考えている。妻の側の親族にも同じような経験があるのかもしれない。ならば、拡大家族の自己決定支援であると捉えることはできないだろうか。おそらく取り組みプロセスの段階ごとに夫婦や親族の考え方が変化すると理解すれば、そのつど拡大家族で対策を練ることになるだろう。

おわりに

　ソーシャルワーカーの機能の1つである退院支援や自己決定支援においても、どの家族を支援対象にするかによっては支援プロセスや関係機関との協働実践の内容が異なってくるだろう。私たちソーシャルワーカーは問題除去よりも彼らのこれまでの取り組みの積み重ねの効果を上げることで、患者・家族の尊厳の保持をして、しかもソーシャルワーカーの専門職としての尊厳の保持をすることでかなりの建設的家族ソーシャルワークを稼働させることができると信じたい。

参考文献

・V. D. フォーリー，藤縄昭・新宮一成・福山和女訳（1984）『家族療法——初心者のために』創元社
・エダ・ゴールドシュタイン＆メアリーエレン・ヌーナン，福山和女・小原眞知子監訳（2014）『統合的短期型ソーシャルワーク——ISTT の理論と実践』金剛出版
・マイケル・E. カー＆マレー・ボーエン，藤縄昭・福山和女監訳（2001）『家族評価——ボーエンによる家族探究の旅』金剛出版
・日本家族研究・家族療法学会編（2013）『家族療法テキストブック』金剛出版
・日本家族研究・家族療法学会編（2003）『臨床家のための家族療法リソースブック——総説と文献105』金剛出版

第5章 生活機能障害とソーシャルワーク

はじめに

国際生活機能分類（International Classification of Functioning, Disability and Health : ICF）は「人が生きることの全体像」を捉え、それを支援場面の「共通言語」にする目的をもつ。ICFで考えると、「生活機能障害」は「心身機能・身体構造」に影響を与える傷病が生じたことで「活動」に支障が生じ、「参加」に制約が出た状態である[1]。この章では、傷病や障害をもつに至ったクライエント（以下、Cl）の、生活機能障害（生活のしづらさ・生きることの困難）に対する医療ソーシャルワーカー（以下、MSW）の支援について述べる。

第1節 ソーシャルワークにおける生活支援

① クライエントの全人的理解・ニーズ把握

医師をはじめとする医療職は、傷病・障害を医学的原因と結果で捉え治療を行う（医学モデル）。MSWは、Clと環境との交互作用で生じる不都合な状況を把握して介入し、Clが望む生活の実現を支援する（生活モデル）。患者理解には「BPS（生物 - 心理 - 社会）モデル」「トータルペイン」、倫理的ジレンマに対しては「ジョンセンの4分割法」などを活用して全人的理解を進め、当事者中心の医療や生活機能障害の緩和・解決を図る。現在では、医学モデルと生活モデルの融合や多職種によるチーム医療で、Clを全人的に理解する努力がなされる[1]。

岡村は「人間の社会生活上の基本的欲求」を、①経済的安定、②職業的安定、③家庭的安定、④保健・医療の保障、⑤教育保障、⑥社会参加・社会的協同の機会、⑦文化・

娯楽の機会で整理した[2]。傷病・障害はこの基本的欲求の充足を妨げる。

　経済的安定には労働収入の確保が重要だが、傷病・障害が原因で就労困難な場合は、保健・医療の保障を含む様々な社会保障制度を活用する。乳幼児期・学童期・青年期・成人期・老年期などのライフサイクルに沿った施策やサービスがあるが、すべての人に十分ではない。その限界と可能性を把握し支援する。

　家族的安定では、傷病・障害による家族構成や役割への影響、心理状態、住宅状況などにも注目する。働き手の変化・離婚の危機・介護の重責・傷病や障害を受け入れられない、適した住環境がないなどが安定を阻害する。イギリスのケアラーズ法（認識とサービス）では、介護の持続性や介護者の自己実現の可能性などをアセスメントするが日本では未だ介護の多くを家族が担い、配慮は不十分である。また昨今問題となっている「身寄りのない患者」では、殊に患者が自己決定できない場合に、支援への不全感や不安が募る[3]。厚生労働省発出の事例集などを参考に、院内での対応策、院外での行政や関係機関との連携が求められる[4]。

　教育保障では学校教育に加え社会教育（公民館の講座・通信教育・図書館利用など）が生活を豊かにする。傷病・障害が社会教育を阻まないことは重要で、職業準備性の獲得や資格取得なども含めて支援できるとよい。

② 障害の自己理解と社会受容

　MSW は、Cl や家族が傷病や障害を受容できず苦しむ状況に多く遭遇する。例えば脳血管疾患で片麻痺・失語症・高次脳機能障害をもった場合、生活のしづらさ・生きることの困難が増す。Cl の動揺・不安や受容困難は容易に理解できる。

　医学的リハビリテーションでは、障害を負う苦しみの受容への変容（自己受容）を重視する。障害受容は「自己受容」と「社会受容（他者や社会から受ける苦しみの変容）」があり、障害者が再び生きる意味を見出すのは、自己受容ではなく社会受容にある[5]。能力主義的障害観（感）により「できることがよい」という社会的価値、障害に否定的な価値が障害者に押しつけられることもある[6]。

　1960 年代のアメリカでは、公民権運動・フェミニズム・自立生活運動などで、マイノリティが自らの人権を社会に問い闘った。障害をもつ仲間（ピア）による自立生活運動は、1981 年の「国際障害者年」を契機に日本に流入し、傷病観・障害観を変化させた。この文脈に社会モデル（障害は社会的に構築されたとする社会環境的要因の重視）の考え方があり、障害者基本法の根幹となり障害者総合支援法などに盛り込まれた。

精神疾患をもつ人々の回復では「リカバリーモデル」がある。人生に主導権をもちユニークさを認め、価値あるものとしてコミュニティーに属し参加し、希望・夢を実現する過程である[7]。リカバリーには、患者の個人的回復・医学的症状回復・対人関係などの社会的回復を含むが、リカバリーストーリー（傷病・傷病などで生じる困難を経験した人の語り）は回復に役立ち、様々な病気や障害をもつ人々の生活にも参考になる。MSW は当事者やピアの力、ピアサポートの重要性も意識しながら支援する。

③ 生活再構築に向けた支援

大きな集団（学校・病院・工場など）では Cl の個人的欲求の発見は難しいが、それを満たすことは MSW の重要な役割である[8]。この個別化は、ライフサイクルに応じ、また過去・現在・未来の時間軸を考えて行う。MSW の支援目標は「退院」ではなく、「どう生きるか」であり（**表 5-1**）、A. H. マズローの 5 段階説・E. H. エリクソンの発達理論・D. E. スーパーのキャリア発達理論など人間理解のための理論を活用して、Cl の人生をともに考える。ジェノグラム・エコマップ・タイムラインを Cl と一緒に作成することは個別化にも役立つ。

また MSW は、フォーマルサービス（法・サービス・専門機関・専門職など）中心に支援しがちだが、インフォーマルサポート（家族・ピア・地域住民・ボランティアなど）にも注目する。

地域の社会資源としての病院は、自治会・民生委員・行政などとのつながりを生かした地域の問題収集、必要に応じた調査などで、地域の問題解決に貢献する役割も担う。行政への提言などソーシャルアクションも意識して地域にかかわる。

表 5-1　支援で陥りやすい MSW の面接・態度

・MSWが語り、Clの話を聞かない
・ClのペースではなくMSWがリードする
・MSWが決める（パターナリスティックな態度）
・MSWが用意周到すぎる
・Clのことを類型化し、個別化しない
・Clの感情・思い・希望などを受け止めず、具体的な話を先行させる
・「あなたのため」「制度で決まっている」といったニュアンスの説明を先にする
・病院・施設・在宅・職場など場所の選定を最優先し、人生の目標を考えない

ソーシャルワークにおける就労支援

就労は経済的安定に加え、社会参加・自己実現のためにも重要で、「医療ソーシャルワーカー業務指針」では「社会復帰援助」として示される。一般的な就労検討の流れを図5-1 に示す。経済的な相談から就労支援につながることも多く、復職や新規就労の問題は生活機能障害の１つとして捉える。

① 治療と仕事の両立支援（復職支援）と新規就労支援

日本の労働人口の約３人に１人が、何らかの疾患を抱えて働く。病気・障害をもつ労働者の気持ちに配慮しつつ適切な労働環境を提供し、安定的な労働力確保が必要である。2012（平成24）年に「治療と職業生活の両立支援」（以下、両立支援）が、「仕事で治療機会を逃さず、治療で職業生活が妨げられずに、適切な治療を受けつつ就労継続すること」と整理された[1]。2017（平成29）年の厚生労働省「働き方改革実行計画」は、「両立支援」において、①会社の意識改革・受入れ体制整備、②トライアングル型支援の推進、③労働者の健康確保のため産業医・産業保健機能強化を、また「障害者の就労」では障害者等の希望・能力を活かす就労支援推進を定めた。支援を担う両立支援コーディ

図 5-1　復職検討の流れ（例）

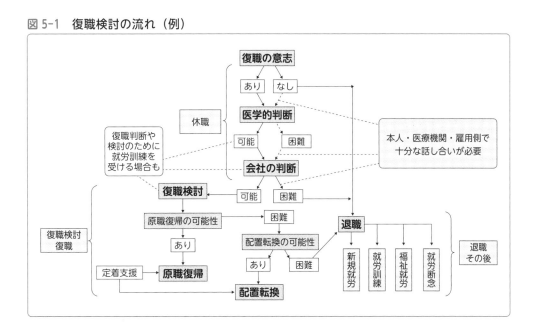

ネーター（以下、両立 Co）養成研修が開始され、企業の人事担当者・社会保険労務士・社会福祉士・看護師など多岐にわたる職種が受講、2022（令和4）年度は5,600人が受講した。

両立支援では、患者－企業－医療機関が協力する「トライアングル支援」が強調される。仕事内容・職場環境・休職期間などの情報を、患者（労働者）・雇用者双方から得られると支援しやすい。企業（人事担当者・産業医・両立支援 Co 等）と医療機関（主治医・看護師・作業療法士・MSW・両立支援 Co 等）が患者を中心に連携する。両立支援を希望する患者と雇用者は「勤務情報提供書」を協働して作成、医療機関に提出する。企業は医療機関から助言（禁忌・環境配慮・時短勤務・休養など）を得て両立支援プランを立案し検討する[2]。がんや脳卒中など7疾患では2018（平成30）年以降「療養・就労両立支援指導料」を、また両立支援 Co 養成研修を修了した看護師・社会福祉士・精神保健福祉士・公認心理師は「相談支援料」を算定できる。外来のみ・3月のみの算定が両立支援の実際に合致するかは、検証が必要である。

MSW には、所属機関の実情に応じた就労支援体制の構築・産業保健の理解・情報収集ツール作成・社会資源整理・院外の関係機関との連携などが求められる。一方、支援なく Cl が雇用者と協議して復職することも多い。介入の必要性は、Cl の希望とアセスメントを根拠に判断できるとよい。大企業は復職の仕組みをもつことが多い一方で、50人未満の企業では産業医配置がなく、産業保健総合支援センターへの相談も検討する。

復職できなかった場合や初めての就労では、Cl の考えなどを含めたアセスメントのうえに、公共職業安定所の紹介・職業訓練の受講・障害者雇用の検討など、地域の機関や専門職を活用する。あわせて家族が患者に代わって就労可能か、障害年金などの経済的保障の検討も行う。

② 障害者の雇用促進

障害者雇用促進法は障害者の雇用促進と職業の安定を目的に、①事業主の雇用義務（障害者雇用率）、②雇用に伴う事業主の経済的負担軽減（障害者雇用納付金制度）、③職業リハビリテーションの実施（公共職業安定所・地域障害者職業センターなど）を定め、2016（平成28）年には差別禁止と合理的配慮が加えられた。しかし2019（令和元）年に中央省庁の8割に当たる行政機関で障害者雇用の水増し（3,460人）が起こった。障害者枠・採用予算・法定雇用率による納付金支払いが省庁にはなく、雇用率算出の基本となる障害者数の把握の不十分さも関連したと考えられる[3]。

障害者雇用数は増加しているが、平均勤続年数は身体障害者 10 年 2 か月、知的障害者 7 年 5 か月、精神障害者は 3 年 2 か月と低く課題である[4]。

新型コロナウイルス対策では、活用できる制度や日常生活の注意点などを伝える場合、障害者の理解度に注意する。テレワークの拡大が見込まれるが、そのノウハウが十分に理解されていない懸念があり、再度構築する。在宅勤務での心身のフォローは、本人許可を得て家族などの社会的背景を雇用側も理解して行うなどの対策が必要である。

③ 他機関・他職種との連携・協働

両立支援を含む就労支援では、必要に応じて医療機関外の他機関や他職種と連携・協働する。ここでは 4 つの専門機関について述べる。

① 公共職業安定所 (ハローワーク)

民間の職業紹介事業等では就職につながりにくい人々を中心に、職業紹介・雇用保険活用・雇用対策などを行う。入院や外来継続中に退職に至る Cl は少なくない。治療中には雇用保険の基本手当の延長手続きを行い、就労可能になれば延長を解除し基本手当を受給して求職活動を行う。ハローワークの社会福祉士などとの連携も効果的である。

② 地域障害者職業センター

障害者雇用促進法で各県 1 か所 (5 都道府県は 2 か所) 設置されている。精神障害者リワーク事業、高次脳機能障害や発達障害への支援にも技術と知識が豊富で、障害者職業カウンセラーやジョブコーチは障害者・雇用者の双方に支援できる。上位機関の障害者職業総合センターでは、職業リハビリテーション研究・支援構築や訓練機器開発も行う。研究成果はホームページで確認でき、MSW 支援にも役立つ。

③ 障害者総合支援法の就労系障害福祉サービス

就労移行支援、就労継続支援 A 型、就労継続支援 B 型、就労定着支援を活用した支援を必要に応じて検討する。両立支援でも、行政判断が得られたことで就労移行支援を利用して復職できた例がある。また B 型から A 型への移行は Cl の状況に応じて行い、就労機会の拡大につなげられるとよい。2021 (令和 3) 年度では、最低賃金が保障される A 型の時間額は 926 円、保障されない B 型は 233 円である。また月額平均工賃は A 型 8 万 1,645 円、B 型 1 万 6,507 円で、さらなる改善が求められる[5]。

④ 障害者就業・生活支援センター

　身近な地域で雇用・保健・福祉・教育等の関係機関と連携して就業と生活を支援する。障害者、雇用者の双方に支援できる。2022（令和 4）年 4 月では全国で 338 か所設置、地域障害者職業センターやハローワークなどとの連携も盛んである。

第3節　生活自立へのソーシャルワーカーの支援

① 障害者の現状と心理社会的問題

　障害者基本法では、障害者を身体障害・知的障害・精神障害（発達障害を含む）その他の心身の機能障害があるものとし、障害や社会的障壁で日常生活や社会生活に継続的に相当な制限を受けるとする。医学モデル中心から脱却し社会モデルで説明される。

　障害者の概数は、身体障害者（児含む）436 万人（2016 年度）、知的障害者（児含む）108 万 2,000 人（2016 年度）、精神障害者 419 万 3,000 人（2017 年度）で、複数の障害をもつ者もおり、国民の約 7.6％が何らかの障害を有する[1]。

　WHO の国際疾病機能分類（ICD-10）では、高次脳機能障害・認知症・発達障害も精神疾患に含む。障害が視覚的には理解しにくく、脳機能の障害から自身の障害把握もしにくい。発達障害やてんかんを除くと成年期以降の発症が多く、障害以前のイメージにより障害を受け入れにくい。加えて精神疾患に対する長期の隔離政策の影響で、根強い偏見が社会復帰を阻む側面もある。国立障害者リハビリテーションセンターの高次脳機能障害情報・支援センター、発達障害情報・支援センターのサイトなどで、障害の理解や支援などの情報を得ることができる[2]。

② 障害者と法

　第二次世界大戦での人権侵害や抑圧の反省から、人権保障は平和の根幹とされ、「国際連合憲章」（1945（昭和 20）年）や「世界人権宣言」（1948（昭和 23）年）などが国連総会で採択された。しかし、障害者の人権への意識は大きく変化しなかった。

　1982（昭和 57）年、国際障害者年の翌年の総会決議で「完全参加と平等」とそのテーマに沿い「国連障害者の 10 年」が設けられた。2006（平成 18）年には「障害者権利条約」

が採択され、ICF や社会モデルの反映が見て取れる。すべての障害者の人権や基本的自由の完全で平等な享有と促進・保護・確保を目的とし、日本は2014（平成26）年に批准した。

　2022（令和4）年8月、国連の障害者権利委員会による条約実施状況審査（建設的対話）が行われた。分離教育中止・精神科への強制入院を可能にする法律廃止・障害者団体との緊密な協議など、日本政府に対し多くの勧告等が出され、国は2028（令和10）年2月20日までに勧告実施についての報告を提出しなければならない。

③ 自己決定困難と意思決定支援

　人権を守る1つの方法にインフォームド・コンセントがある。これは患者－医師関係のみならず、医療機関や地域におけるソーシャルワーク実践でも重視される。十分な説明のうえに、強制されることなく Cl が同意や拒否を行う。障害者権利条約では"Nothing about us, without us"（私たち抜きに私たちのことを決めないで）という言葉が大きな影響力をもったが、これも自己決定の大切さを表現している。意思決定支援の重要性も倫理綱領に明らかで、権利侵害を受けやすい障害者などの支援では、自己決定や意思決定支援について十分に配慮する。昨今では、意思決定支援に関する様々な動きがあり、ガイドラインの発出も多い。MSW のさらなる意識と支援技術の向上が望まれる（**表5-2**）。

表5-2　自己決定・意思決定に関する動き

年	内容
2007（平成19）年	終末期医療の決定プロセスに関するガイドライン
2015（平成27）年	人生の最終段階の決定プロセスに関するガイドライン（名称変更）
2016（平成28）年	成年後見制度利用促進法施行
2017（平成29）年	成年後見制度利用促進基本計画
2017（平成29）年	障害福祉サービス等の提供に係る意思決定支援ガイドライン
2018（平成30）年	人生の最終段階における医療・ケアの決定プロセスに関するガイドライン（改定）
2018（平成30）年	身元保証人等がいないことのみを理由に医療機関において入院を拒否することについて
2018（平成30）年	認知症の人の日常生活・社会生活における意思決定支援ガイドライン
2019（令和元）年	身寄りがない人の入院及び医療に係る意思決定が困難な人への支援に関するガイドライン
2020（令和2）年	意思決定支援を踏まえた後見事務のガイドライン
2022（令和4）年	同上ガイドラインに基づく事例集

① 高次脳機能障害者の自助グループ「エール」から学ぶ[1]

　受傷時16歳・20歳・23歳だった当事者3人とその家族に20年経過後、インタビューを試みた。受傷後の経過や在宅復帰後の活動をまとめたなかでの気づきのうち3点を示す。

❶　高次脳機能障害と身体障害があり、家族や公的サービスに支えられて生活している。

❷　受傷から約10年を経過した頃から、喜びや楽しさを感じる経験が増えた。

❸　受傷から20年が経過し、人々や社会とのかかわりが大きく広がっている。

　支援や介護を多く受ける当事者だが、人との多様なかかわりのなかで、自己受容や社会受容の経験が増えていた。郵便局で絵の展覧会を開催、障害者スキューバダイビングに参加、高齢者施設入所者との交流、地域の人に提供する野菜づくり、朗読ボランティア等々のなかで、当事者は支えられ、かつ支える存在ともなっていた。障害とともに生きる大変さは消えないが、多くのリカバリーストーリーとともに、地域で生きる姿が印象的である。

② 身寄りがなく自己決定困難な患者の調査とヒント集[2]

　医療機関では身寄りのない患者が増え、加えて自己決定困難な患者も多い。福岡県医療ソーシャルワーカー協会で行ったMSW調査の結果の一部を示す。

　支援で「不安に思ったこと」は、①選択・支援が患者本人の意向に沿っていたか、②支援方法が確立されていない、③院内にMSWとともに判断してくれる人がいない、④倫理的問題はないか、⑤法に適っているかの順に多く、MSWは悩みつつ支援していた。

　また、「必要なこと」では、①院外の他職種との連携構築、②院内のサポートシステムの構築、③困ったケースやその解決法の情報共有、④院内外のMSWのネットワーク構築、⑤その他（行政関与・行政の支援体制づくりなど）の順に多かった。一医療機関では解決できない問題を地域や行政に提言していく重要性が感じられた。

　この調査をもとに、「身寄りのない患者」「身寄りがなく自己決定困難な患者」の支援に役立つヒント集を作成した[3]。ミクロレベルで多くの支援困難例が生じたことを、ミクロ・メゾへと視点を広げて活動し、生活機能障害をもつCIへの支援の一助とした。

注 ···

[はじめに]

1）上田敏（2005）『ICF（国際生活機能分類）の理解と活用——人が「生きること」「生きることの困難（障害）」をどうとらえるか』萌文社

[第1節]

1）杉山章子（2003）「医療における実践モデル考（その2）——社会福祉の方法と「医学モデル」『日本福祉大学社会福祉論集』第109号，p.66

2）岡村重夫（1983）『社会福祉原論』全国社会福祉協議会，p.82

3）大塚文・森川尚子ほか（2020）「自己決定困難で身寄りのない患者への支援に関する一考察——福岡県医療ソーシャルワーカー協会会員調査とヒント集作成から見えてきたこと」『医療と福祉』第54号第1号，pp.61-69

4）厚生労働省（2022）「「身寄りがない人の入院及び医療に係る意思決定が困難な人への支援に関するガイドライン」に基づく事例集について」（令和4年8月12日事務連絡）

5）南雲直二（2002）『社会受容——障害受容の本質』荘道社

6）田島明子（2009）『障害受容再考——「障害受容」から「障害との自由」へ』三輪書店

7）C.ブラウン編，坂本明子監訳（2012）『リカバリー——希望をもたらすエンパワメント』金剛出版，p.3

8）R. C.キャボット，森野郁子訳（1969）『医療ソーシャルワーク——医師とソーシャルワーカー』岩崎学術出版社，p.6

[第2節]

1）厚生労働省（2012年8月）「治療と職業生活の両立等の支援に関する検討会報告書」

2）労働者健康安全機構両立支援マニュアル
https://www.johas.go.jp/Portals/0/data0/kinrou/ryouritu/ryouritumanyuaru_2022_4_.pdf（最終アクセス2022年11月27日）

3）NHK福祉情報サイト ハートネット「なぜ起こった？国の障害者雇用水増し問題」
https://www.nhk.or.jp/heart-net/article/129/（最終アクセス2022年11月27日）

4）厚生労働省（2019）「平成30年度障害者雇用実態調査」

5）厚生労働省「障害者の就労支援対策の状況」
https://www.mhlw.go.jp/stf/seisakunitsuite/bunya/hukushi_kaigo/shougaishahukushi/service/shurou.html（最終アクセス2023年2月10日）

[第3節]

1）「参考資料 障害者の状況」内閣府編（2022）『障害者白書 令和4年版』

2）国立障害者リハビリテーションセンター
http://www.rehab.go.jp/（最終アクセス2022年11月27日）

[第4節]

1）高次脳機能障がい者の会エール・佐々木千穂（2019）『僕たちのエール——高次脳機能障害者のことを知りたい全ての方へ送る一冊』

2）前出4），p.63，p.66

3）福岡県医療ソーシャルワーカー協会（2019）「身寄りのない患者さんを支援するために——よくある悩みへのヒント」

第6章 医療ソーシャルワーカーに必要な医学知識とソーシャルワーク

第1節 疾患の理解とソーシャルワーク

1 糖尿病

1) 病態と分類

　生活習慣（食事、運動、休養、喫煙、飲酒など）が発症や進展に深く関係していると考えられている疾患を生活習慣病という。糖尿病は、高血圧症、肥満症、脂質異常症、心臓病、高尿酸血症・痛風などと並んで、生活習慣病の代表的な疾患である。なお、糖尿病は都道府県に地域保健医療計画の作成が義務づけられている5疾患の1つである。

① 病態

　糖尿病は、膵臓から分泌されるホルモンであるインスリンの作用不足により血糖値が持続的に高くなり、さまざまな合併症を引き起こす疾患である。厚生労働省によると糖尿病が強く疑われる人が約1,000万人、また糖尿病の可能性を否定できない人も約1,000万人と推計されている（2019（令和元）年発表）。

② 分類

　糖尿病は大きく1型糖尿病と2型糖尿病に分けられる。小児に多い1型糖尿病は、膵臓からのインスリン分泌が枯渇するために発症するもので、これは生活習慣病ではない。一方、中高年に多い2型糖尿病は生活習慣病の代表的疾患であり、糖尿病の約95％を占める。2型糖尿病の病態は、インスリンが効果を発揮しないインスリン抵抗性（インスリンが効きにくい）と、分泌するインスリン量が不足するインスリン分泌低下である。

2) 診断

空腹時血糖 126 mg/dL 以上または随時（食後）血糖 200 mg/dL 以上の時に「糖尿病型」と判定し、後日再検査にて「糖尿病型」と判定された時に糖尿病と診断する。また、血糖値で「糖尿病型」と判定され、HbA1c（ヘモグロビンエーワンシー）が 6.5% 以上の時には即日に糖尿病と診断できる。HbA1c とは過去 1 ～ 2 か月の平均血糖値を反映するもので、正常値は 4.6 ～ 6.2% である。HbA1c は糖尿病の診断だけでなく、血糖コントロール指標としても重要である。

3) 症状

高血糖による症状は、口渇（のどがかわく）、多尿（尿量や回数が多い）、多飲（よく飲む）、体重減少（食べてもやせる）、易疲労感（疲れやすい）などがあるが、糖尿病初期にはほとんど症状はない。無症状であっても合併症予防のために治療は必要である。

4) 治療

① 治療目標

糖尿病の最終的な治療目標は、糖尿病のない人と変わらない寿命と QOL の実現である（図 6-1）。そのために必要なことは、血糖、血圧、脂質代謝、体重の良好なコントロール状態の維持と、禁煙である。また、無症状でも治療が必要なことを、患者が理解し納得することが治療の第一歩である。「やらされ感」が強いと治療が長続きしない。

血糖コントロール指標としては HbA1c を用いる。合併症予防のため HbA1c 7.0% 未満を維持することを目標にする。しかし腎機能が低下している、あるいは透析療法を行っている患者では、血糖コントロール指標として HbA1c でなく GA（グリコアルブミン）を用いる。GA は 20% 以下を目標とする。

血圧は収縮期血圧 130 mmHg 未満、拡張期血圧 80 mmHg 未満を目標とする。脂質は LDL コレステロール 120 mg/dL 未満、中性脂肪 150 mg/dL 未満を目標とする。体重は、「［身長（m）^{2}］× 22 ～ 25」の計算式で求めた目標体重（kg）を目指すが、肥満症の人は当面は現体重の 3% 減を目指す。

② スティグマとアドボカシー活動

スティグマとは、語源的には奴隷や犯罪者の身体に刻印された負の烙印という意味だが、これが転じて「差別」や「偏見」として使われている。具体的には、糖尿病がある

図 6-1 糖尿病治療の目標

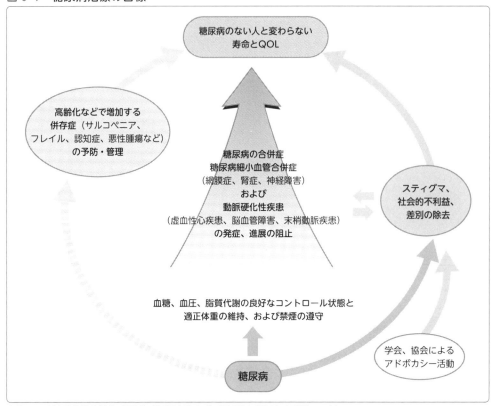

出典：日本糖尿病学会編著（2022）『糖尿病治療ガイド 2022-2023』文光堂, p.31

ために住宅ローンや生命保険に加入できない、就職や昇進に影響するなどの差別や不利益であり、また「怠け者」や「自己管理ができない人」などの偏見に悩むこともある。このため患者が糖尿病であることを周囲に隠すようになり、医療機関への受診の放棄や中断で治療の機会を失い、糖尿病やその合併症が悪化する場合もある。

　このようなスティグマを放置せず、糖尿病であることを隠さずにいられる社会をつくろうというのがアドボカシー活動である。社会における糖尿病の知識不足や誤ったイメージを解消するとともに、医療従事者も患者への意識や言葉遣いに今まで以上に留意することが大切である。

③ 食事療法

　糖尿病治療の基本は食事療法である。目安となるエネルギー摂取量の計算式は、「エネルギー摂取量＝目標体重×エネルギー係数」である。目標体重を「［身長（m）^{2}］×22〜25」で求め、エネルギー係数は軽い労作で 25〜30、普通の労作で 30〜35、重い

労作で 35 以上である。幅があるので、年齢、肥満度、病態、患者の生活様式などを考慮して決定する。栄養素の構成は、一般的には炭水化物を 40 ～ 60％とし、食品の種類を多くし、食物繊維を多く含む食品が推奨される。

④ 運動療法

　運動の効果として、血糖値が低下する、体重が減量できる、筋肉や骨が強くなる、心肺機能や運動能力が向上する、爽快感など日常生活のQOLを高めるなどが知られている。
　運動の種類には、有酸素運動とレジスタンス運動がある。有酸素運動では、運動強度はやや弱いものの長時間行うことにより、インスリン抵抗性が改善される。歩行、ジョギング、水泳などの全身運動が該当する。レジスタンス運動は、運動強度が強い運動で、抵抗負荷に対して動作を行うため、筋肉量や筋力を増強させる。腹筋、スクワット、ダンベル、腕立て伏せなどの運動のことである。

⑤ 薬物療法（内服薬）

　糖尿病治療薬は作用機序からインスリン分泌非促進系とインスリン分泌促進系に分けられ、さらにインスリン分泌促進系は、血糖依存性と血糖非依存性に分けられる（**表6-1**）。薬剤の選択に関しては、できるだけ低血糖を起こさないように留意し、原則として少量から開始し、血糖値や HbA1c 値を確認しながら増量する。
　【ビグアナイド薬】インスリン抵抗性を改善させるなど多彩な機序により血糖値を低下させる。安価であり体重も増加させないため、肥満2型糖尿病の第一選択薬として使用されることが多い。副作用として胃腸障害や乳酸アシドーシスがある。
　【SGLT2阻害薬】尿中に糖分を排泄させることにより血糖値を低下させ、体重も低下する。副作用として、尿路感染症（膀胱炎など）・性器感染症（膣炎・亀頭炎など）に注意し、尿量が増えることから脱水にも注意が必要である。最近では心臓や腎臓の保護効果もあることがわかり注目されている。
　【αグルコシダーゼ阻害薬（α-GI）】腸管からの糖分の吸収を遅らせることにより食後の血糖値を低下させる。必ず食事の直前に服用する。副作用として腹部膨満感、放屁、下痢などがある。
　【チアゾリジン薬】インスリン抵抗性を改善させ血糖値を低下させる。体内に水分を貯留する傾向があるため副作用として浮腫がある。心不全患者あるいは心不全の既往がある患者には使用できない。

表 6-1　経口糖尿病薬の種類と特徴

機　序	種類	主な作用	代表的な薬剤名（販売名）	低血糖のリスク	体重への影響
インスリン分泌非促進系	ビグアナイド薬	肝臓でのインスリン抵抗性の改善	メトホルミン（メトグルコ）	低い	なし
	SGLT 2 阻害薬	尿中ブドウ糖排泄促進	ダパグリフロジン（フォシーガ）、エンパグリフロジン（ジャディアンス）、カナグリフロジン（カナグル）、イプラグリフロジン（スーグラ）、トホグリフロジン（デベルザ）など	低い	減少
	αグルコシダーゼ阻害薬（α-GI）	腸管での炭水化物吸収遅延	ボグリボース（ベイスン）、ミグリトール（セイブル）、アカルボース（グルコバイ）	低い	なし
	チアゾリジン薬	筋肉や肝臓でのインスリン抵抗性の改善	ピオグリタゾン（アクトス）	低い	増加
インスリン分泌促進系　血糖依存性	DPP-4阻害薬	インスリン分泌促進とグルカゴン分泌抑制	シタグリプチン（ジャヌビア・グラクティブ）、ビルダグリプチン（エクア）、アログリプチン（ネシーナ）、リナグリプチン（トラゼンタ）、テネリグリプチン（テネリア）、オマリグリプチン（マリゼブ）など	低い	なし
	GLP-1受容体作動薬	インスリン分泌促進とグルカゴン分泌抑制	セマグルチド（リベルサス）	低い	減少
	イメグリミン	インスリン分泌促進とインスリン抵抗性改善	イメグリミン（ツイミーグ）	低い	なし
血糖非依存性	スルホニル尿素薬（SU）	インスリン分泌促進	グリメピリド（アマリール）、グリクラジド（グリミクロン）、グリベンクラミド（オイグルコン）	高い	増加
	速効型インスリン分泌促進薬（グリニド薬）	速やかなインスリン分泌促進	ミチグリニド（グルファスト）、ナテグリニド（スターシス・ファスティック）、レパグリニド（シュアポスト）	中等度	増加

注：血糖「依存性」とは、血糖値が高い時に血糖低下作用を発揮することであり、単独使用では低血糖のリスクは少なく、一方、血糖「非依存性」とは、血糖値によらず血糖低下作用を発揮するため、低血糖のリスクが高くなる。

【DPP-4 阻害薬】血糖依存的インスリン分泌促進作用により血糖値を低下させる。低血糖を含めた副作用が少ないため、最も使用されている薬剤である。週1回の服用により効果を発揮するものもある。

【GLP-1 受容体作動薬】血糖依存的インスリン分泌促進作用により血糖値を低下させる。胃の動きを低下させるため、吐き気・便秘・下痢などの副作用がある。内服に際しては、空腹時に水とともに服薬し、服薬後 30 分は飲食や他の服薬を避ける必要がある。GLP-1 受容体作動薬の注射薬もある。

【イメグリミン】血糖依存的インスリン分泌促進作用とインスリン抵抗性改善作用の2つの作用により、血糖値を低下させる。ビグアナイド薬とは作用機序の一部が共通している可能性があるため併用は慎重に行う。

【スルホニル尿素薬（SU）】血糖非依存的インスリン分泌促進作用により血糖値を低下させる。体重増加作用があるため肥満者には使いにくく、また低血糖になりやすいので注意が必要である。

【速効型インスリン分泌促進薬（グリニド薬）】血糖非依存的インスリン分泌促進作用により血糖値を低下させる。1日3回食事直前に服用することにより食後の血糖値が低下する。

⑥ 薬物療法（注射薬）

【インスリン】インスリンを皮下注射することにより血糖値を低下させる。ほとんどが患者自身による自己注射である。インスリンは、その作用時間により超速効型・速効型・中間型・持効型などの種類があり、患者の病態に合わせて種類や投与量を決定する。注射する回数は1日1回から1日4～5回の場合もある。

【GLP-1受容体作動薬】血糖依存的インスリン分泌促進作用により血糖値を低下させる。胃の動きを低下させるため、吐き気・胸やけ・便秘・下痢などの副作用があるが、体重低下作用もある。1日1～2回と、週1回の薬剤がある。

⑦ 高齢者糖尿病の治療

高齢者糖尿病の血糖コントロール目標はカテゴリーや使用薬剤、年齢により異なる（**表6-2**）。認知機能の低下した糖尿病患者ではHbA1c 8.0～8.5%を目標にする場合もある。また服薬管理ができない状況であれば、介護者の負担を軽減するために週1回の内服薬や注射薬を使用したり、インスリン注射回数をできるだけ減らす。独居高齢者や高齢者世帯が増加している昨今、内服薬を定期的に服用できているか、注射薬を指示どおりに使用しているかなど主治医の心配は尽きない。

5）急性合併症

① 糖尿病性ケトアシドーシス

極度のインスリン欠乏による高血糖やアシドーシスを主体とする急性代謝失調である。意識障害から昏睡に至ることもあり、専門医のいる医療機関での入院治療が必要である。

表6-2　高齢者糖尿病の血糖コントロール目標（HbA1c）の原則

患者の特徴・健康状態		【カテゴリーⅠ】①認知機能正常かつ②ADL自立		【カテゴリーⅡ】①軽度認知機能障害〜軽度認知症または②手段的ADL低下、基本的ADL自立	【カテゴリーⅢ】①中等度以上の認知症または②基本的ADL低下または③多くの併存疾患や機能障害
重症低血糖が危惧されるインスリンやSU薬などの使用	なし	7.0％未満		7.0％未満	8.0％未満
	あり	【65歳以上75歳未満】7.5％未満（下限6.5％）	【75歳以上】8.0％未満（下限7.0％）	8.0％未満（下限7.0％）	8.5％未満（下限7.5％）

注：治療目標は、年齢、罹病期間、低血糖の危険性、サポート体制などに加え、高齢者では認知機能や基本的ADL、手段的ADL、併存疾患なども考慮して個別に設定する。ただし、加齢に伴って重症低血糖の危険性が高くなることに十分注意する。

資料：日本糖尿病学会編著（2022）『糖尿病治療ガイド2022-2023』文光堂，p.107を一部改変

② 高浸透圧高血糖状態

　著しい高血糖と高度な脱水を主体とする急性代謝失調である。意識障害から昏睡に至ることもあり、専門医のいる医療機関での入院治療が必要である。

③ 低血糖

　動悸・発汗・脱力・意識障害などの症状があり血糖値が70 mg/dL未満の場合には低血糖と診断する。糖尿病治療中に時々みられる緊急事態であり、ブドウ糖や砂糖を摂取することが必要である。意識障害のある場合はブドウ糖やグルカゴンの注射を要する。

④ 感染症

　糖尿病患者は尿路感染や皮膚感染など各種感染症にかかりやすく、肺結核もまれではない。そのため肺炎球菌感染症やインフルエンザや新型コロナウイルスなどのワクチンの接種が推奨される。

6）慢性合併症

　慢性合併症は細小血管症である網膜症・腎症・神経障害と、大血管症である冠動脈疾患・脳血管障害・末梢動脈疾患などに分類される。

① 糖尿病網膜症

網膜の血管障害を原因として眼底出血を起こし、その後網膜や硝子体に新生血管が生じ、徐々に視力が低下してくる疾患である。失明の原因では緑内障に次いで第2位となる。視力を失うと ADL は極端に低下する。治療は血糖や血圧のコントロールとともに、光凝固療法や硝子体手術を行うこともある。

② 糖尿病性腎症

タンパク尿から始まり、徐々に腎機能が低下してきて最終的には透析が必要となる。透析導入の原因疾患の第1位である。治療は血糖や血圧のコントロールが基本であり、最近では SGLT 2 阻害薬や GLP-1 受容体作動薬に腎機能障害の進行を抑える可能性が指摘されている。

透析患者に使用できる糖尿病治療薬は限られる。速効型インスリン分泌促進薬、αグルコシダーゼ阻害薬、DPP-4 阻害薬、およびインスリン注射薬と GLP-1 受容体作動薬の注射薬だけとなる。

③ 糖尿病性神経障害

よくみられるのは多発神経障害で、主に下肢の感覚障害である。具体的には下肢のしびれ、痛み、触覚低下、異常知覚などとなる。進行すると足潰瘍や足壊疽を引き起こす。また、自律神経障害として、無自覚性低血糖、起立性低血圧（立ちくらみ）、無痛性心筋梗塞、吐き気、嘔吐、便秘、下痢などがある。治療は良好な血糖コントロールを維持することである。

④ 動脈硬化性疾患

糖尿病は動脈硬化の危険因子の1つであり、高血圧、高コレステロール、肥満症、喫煙などが合併するとさらにリスクが増える。これらの危険因子をコントロールすることが動脈硬化性疾患の予防には重要である。

【冠動脈疾患】糖尿病患者の心筋梗塞ははっきりとした症状がないことが多く、診断に苦慮することがある。また発症時にはすでに病変が進行していることも多く、心不全や不整脈を起こしやすい。

【脳血管障害】糖尿病は脳梗塞の独立した危険因子であり、脳梗塞は非糖尿病患者の2～4倍の高頻度でみられる。アテローム血栓性脳梗塞だけでなくラクナ梗塞も多くみ

られる。

【末梢動脈疾患（PAD）】末梢動脈、特に下肢の動脈が狭窄や閉塞を来し、皮膚温の低下や足背動脈拍動減弱が診断の参考になる。重症な虚血がある場合には血管内治療や外科的バイパス手術が行われることもある。

⑤ 糖尿病性足病変

糖尿病性足病変には足や爪の白癬症（水虫）、足趾の変形や胼胝（たこ）、足潰瘍、足壊疽まで幅広い病態が含まれる。重症な足病変（潰瘍・壊疽）の発症には、多発神経障害、血流障害、外傷、感染症などが複雑に関連している。糖尿病患者自身が、毎日自分の素足を観察し、感染、外傷、爪の変形、水虫、たこなどがあれば主治医や看護師に報告するようにする。また、低温やけどのリスクを減らすため、あんかや湯たんぽの使用を禁止する。

⑥ 歯周病

歯周病は慢性炎症による歯肉腫脹であり、触れると出血しやすく、進行すると歯が抜けることもある。血糖コントロール不良は歯周病を重症化させ、逆に歯周病が重症であるほど血糖コントロール不良となる。

⑦ 認知症

糖尿病患者ではアルツハイマー型認知症が 1.5 倍、血管性認知症が 2.5 倍と多くなっている。認知症があると、薬の服用やインスリンなどの注射が不確実になることが多く、家族や周囲のサポートが必要となる。また重症低血糖の頻発は認知症発症のリスクを高める。

7）シックデイ

糖尿病患者が発熱、下痢、嘔吐を来し、または食欲不振のために食事が十分にできない時をシックデイと呼ぶ。主治医に連絡し個別に指示を受けるようにする。インスリン治療中の場合は食事が取れなくても自己判断でインスリンを中止してはならない。また内服薬のビグアナイドと SGLT 2 阻害薬は一時中止する。そして水分を十分に摂取し脱水にならないように注意する。

② 脳卒中

1）脳血管障害と脳卒中

　脳血管障害は、脳への出血や脳動脈の閉塞など脳の血管に原因があって、脳組織に障害が生じる疾患である。脳血管障害により突然に意識がなくなったり、手足が動かなくなったり、ろれつが回らなくなったりすることを脳卒中という。つまり「脳血管障害を原因として突然発症するものを脳卒中」という。現実的には脳卒中も脳血管障害もほぼ同じ意味で使われている。脳卒中は、都道府県に地域保健医療計画の作成が義務づけられている5疾患の1つである。

　1950（昭和25）年頃から1980（昭和55）年頃までは、脳血管障害は我が国の死因別死亡率の第1位を占めていた。現在では悪性新生物（がん）、心疾患、老衰についで第4位となっている。しかし患者数は年間110万人前後と多く、これは脳卒中後に様々な後遺症とともに生活する患者が多いことを意味する。脳血管障害には、脳梗塞（74％）、脳出血（20％）、くも膜下出血（7％）がある（図6-2）。

2）脳梗塞

　脳梗塞は、脳動脈が閉塞して血流が途絶えることにより、その先の神経細胞に血液が供給されなくなり様々な障害が出現する疾患である。脳梗塞には次の3種類がある。

図6-2　脳血管障害の分類

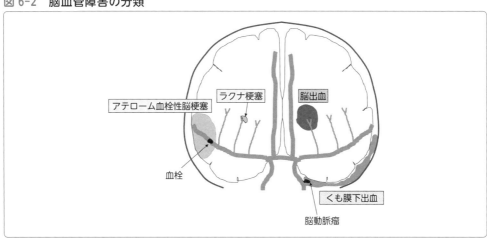

筆者作成

① アテローム血栓性脳梗塞（脳梗塞の32%）

❶　病態と疫学

　比較的太い血管に動脈硬化（アテローム硬化）を来し、動脈壁に形成されたプラークが破れて動脈を狭くしたり詰まらせてしまうものである。高血圧症・糖尿病・高コレステロール血症などの生活習慣病の増加とともに増えてきている。喫煙、大量飲酒も危険因子である。

❷　症状

　安静時に比較的緩やかに発症することが多く、身体の半分が動かなくなる片麻痺や、意識障害、感覚障害、構音障害（ろれつが回らない）などの症状がみられる。数日のうちに症状が階段状に悪化することもある。

❸　治療

　急性期の全身管理とともに、発症4.5時間以内であればrt-PA（遺伝子組換え組織プラスミノーゲンアクチベーター）の投与による血栓溶解療法を行う。rt-PAにより脳動脈内の血栓（血の固まり）を溶かし、血流を再開させる。発症4.5時間を超えると合併症の脳出血の可能性が高くなるので行わない。また発症8時間以内であれば血管内カテーテルを用いた血栓回収療法の適応になる場合がある。慢性期には生活習慣病などの危険因子の管理や抗血小板薬の投与が行われる。

② ラクナ梗塞（脳梗塞の28%）

❶　病態と疫学

　脳の細い動脈が詰まって起こる梗塞である。「ラクナ」とはラテン語で「小さな窪み」を意味する。高血圧が危険因子となる。

❷　症状

　軽度の運動障害・感覚障害・構音障害などがみられるが、無症状のこともある。繰り返すと脳血管性認知症やパーキンソン症候群を来すこともある。

❸　治療

　急性期には発症4.5時間以内であればrt-PAの適応がある。慢性期には血圧コントロールならびに抗血小板薬の投与をする。

③ 心原性脳塞栓症（脳梗塞の29%）

❶　病態と疫学

心臓でできた血栓（血の固まり）が脳に流れて動脈を閉塞し、脳梗塞を起こす。脳の病気だが原因は心臓である。心房細動、心筋梗塞、弁疾患などが危険因子となる。

❷ 症状

日中の活動時に突然発症し、片麻痺・意識障害・構音障害などを来し、短時間で症状が悪化する。

❸ 治療

急性期の全身管理とともに、発症 4.5 時間以内であれば rt-PA の投与による血栓溶解療法を行い、発症 8 時間以内であれば血管内カテーテルを用いた血栓回収療法を行う。慢性期には心房細動に対する治療を行い、抗凝固療法（直接経口抗凝固薬（DOAC）あるいはワルファリンの投与）も行う。

3）脳出血

① 病態と分類

脳動脈が破れて出血し様々な障害を来す疾患を脳出血という。出血する部位により、被殻出血（脳出血の 29％）、視床出血（26％）、脳幹出血（9％）、小脳出血（8％）、皮質下出血（19％）などがある。危険因子は高血圧症である。

② 症状

出血する部位により症状は異なる。被殻出血や視床出血では頭痛・片麻痺・意識障害・感覚障害・失語などを来す。脳幹出血（橋出血）では意識障害・四肢麻痺・呼吸障害・除脳硬直などがみられ、小脳出血では後頭部痛・回転性めまい・嘔吐などがみられる。皮質下出血（脳葉出血）では、頭痛・てんかん・運動麻痺などがみられる。生命予後が悪いのは視床出血と脳幹出血である。

③ 治療

急性期の全身管理とともに、切迫する脳ヘルニア（脳幹に対する損傷）がある場合には血腫除去術の対象となる。血腫除去術は被殻出血・小脳出血・皮質下出血の時に適応となり、視床出血や脳幹出血では行わない。また出血が脳室内まで達して急性水頭症を併発した場合には、頭蓋内圧の低下を目的として脳室ドレナージが行われる。慢性期には生活習慣の改善と確実な血圧コントロールが重要となる。

4）くも膜下出血

① 病態と疫学

　脳動脈にできた動脈瘤（膨らみ・コブ）が破裂し、くも膜下腔に出血するものである。比較的若い40〜60歳に多く、男女比は1：2で女性に多い。死亡率は30％と致死的な疾患である。

② 症状

　今まで経験したことのないような突然の激しい頭痛を来すことが典型的である。意識障害・けいれん・嘔吐がみられることもある。頭部CTでくも膜下腔に出血が確認できる。ただし頭痛が軽い場合や、CTで出血が確認しにくい場合には、誤診する可能性もあり医療訴訟に至ることもある。

③ 三大合併症

　くも膜下出血の三大合併症として再出血、脳血管攣縮（れんしゅく）、正常圧水頭症がある。再出血は発症後24時間以内に多く、死亡率50％と生命予後不良である。脳血管攣縮は72時間〜2週間後に多く、血流が途絶え脳虚血（脳梗塞）を来す。正常圧水頭症は数週〜数か月後の慢性期に多く、歩行障害、認知症、尿失禁の症状がみられ、脳室の拡大が認められる。

④ 治療

　急性期の全身管理とともに、再出血を予防するために、開頭し動脈瘤の元をクリップではさんで止血するクリッピング術や、血管カテーテルを用いて動脈瘤内にコイルを詰めて血流を遮断する動脈瘤コイル塞栓術を行う。慢性期には血圧コントロールが必要である。

5）後遺症

　脳卒中後に様々な後遺症とともに生活し、社会復帰する患者数が増えてきており、社会福祉士や医療ソーシャルワーカーの活躍が期待されている（図6-3）。脳卒中後遺症には、身体障害、精神症状、高次脳機能障害、てんかんなどがある。

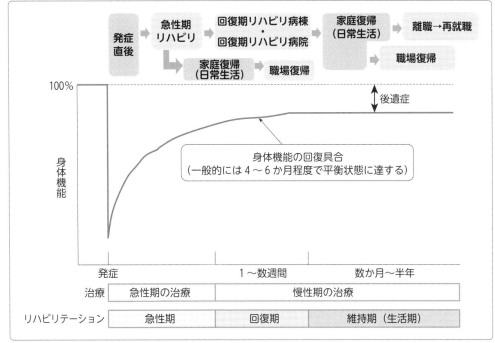

図 6-3　脳卒中の発症からのリハビリテーションの経過（一例）

筆者作成

① 身体障害

脳卒中後の身体障害には麻痺、痙縮（けいしゅく）、誤嚥性肺炎がある。

❶　麻痺

　脳卒中の代表的な後遺症が麻痺である。左右のどちらかの運動機能が低下するため片麻痺とも呼ばれる。運動機能を司る神経線維は脳幹部で左右交差するため、脳の障害部位と反対側の手足が麻痺する。麻痺に対する治療の柱はリハビリテーションである。かつては脳卒中の急性期には安静にしていたが、現在では発症直後の急性期からリハビリテーションを開始する。急性期を経て発症後 1〜数週間を回復期と呼ぶ。この時期に回復期リハビリテーション病棟に移る、あるいは回復期リハビリテーション病院に転院することもある。運動そのものを行う運動療法だけでなく、電気刺激や物理療法などがある。必要に応じて歩行補助具や装具を用いる。発症後 3 か月以内にどれだけ回復するかが重要となるが、リハビリテーションは入院中だけでなく退院後も、体力維持や機能維持のために必要である。リハビリテーションは関連職種がチームを組んで行うチーム医療が特徴である。患者の抱える様々な問題に対し多方面から支援し、解決へ向かって歩む。医師（主治医・リハビリテーション医師）、看護師、理学

療法士、管理栄養士などだけでなく社会福祉士や医療ソーシャルワーカーもチームの一員となる。

❷ 痙縮

痙縮とは麻痺した筋肉が異常に緊張して硬くなり、伸びにくくなったり逆に曲がりにくくなったりする症状である。麻痺が長期化すると痙縮になる可能性が高くなり、脳卒中患者の40％に発症するといわれている。痙縮が起こると、腕が動かしにくいため着替えることができなくなったり、指が動かしにくいため物をうまくつかめなくなったり、手のひらを開くことができなくなったりする。足では膝や足関節の痙縮により歩行困難に陥ることがある。痙縮が進行して慢性化するとさらに硬直して拘縮になる。拘縮になると、筋肉は固まった状態で固定化し元に戻ることはない。そのため痙縮の段階で早期に治療を始める必要がある。痙縮の治療にはリハビリテーションに加えて薬物治療（硬直した筋肉をやわらかくする内服薬）や神経ブロック治療やボツリヌス治療（ボツリヌス菌毒素を筋肉内に注射）などがある。

❸ 誤嚥性肺炎

脳卒中の後遺症として生命にかかわる危険なものが誤嚥性肺炎である。口から食道に入るはずの飲食物が誤って気管から肺に入り、化学的反応や口内常在菌の感染症により誤嚥性肺炎が起こる。大脳や脳幹の障害で嚥下機能が障害されると起こりやすく、寝たきりの状態ではさらに起こりやすくなる。口腔内を清潔に保つと誤嚥性肺炎のリスクが下がるため、ブラッシング（歯磨き）や口腔清拭が欠かせない。リハビリテーションとして嚥下機能訓練は重要であり、とろみをつけたりゼリー食にするなどの食事形態の工夫や食事中や食後の姿勢（頭部を上げた適切な状態に保つ）なども予防に大切である。誤嚥性肺炎の症状は、発熱、咳、痰などである。診断がついたら抗生物質の投与を行い、肺から痰などを出すために体位ドレナージ（体位を変えて痰を出しやすくする）も行う。

② 精神症状

身体障害に比べると精神症状はわかりにくい面があるが、精神症状に適切に対応しないとリハビリテーションの効果も上がりにくくなる。脳卒中後の精神症状にはうつ病と血管性認知症がある。

❶ うつ病

脳卒中後うつ病は、脳卒中患者の20～40％に起こるといわれている。特に麻痺な

どの身体症状が重いほど、うつ病も重症化することがわかっている。脳卒中という疾患を発症し、日常生活や将来への不安からうつ病を発症することや、脳の障害そのものによりうつ病を発症するともいわれている。脳卒中後うつ病の症状は抑うつ気分、不安、意欲や活動性の低下、倦怠感、不眠など多岐にわたる。リハビリテーションに対して意欲が低下してしまうと、身体障害の回復にも影響が出てしまう。そのため脳卒中後うつ病は早期に発見し治療する必要がある。治療には抗うつ薬が用いられる。副作用に注意しながら少量から開始し、徐々に増量していく。

❷ 血管性認知症

　血管性認知症は、小さな脳梗塞を繰り返すなどして気づかないうちに少しずつ進行していく。症状は抑うつ、自発性低下、見当識障害（今はいつか、ここはどこか、この人は誰かなどの状況が判断できない）、遂行機能障害（物事を考え、計画し、実行に移す能力が障害される状態）、情動失禁（感情が不安定で些細なことで泣いたり笑ったりする）などで、日常生活や社会生活に支障を来すようになる。現時点では有効な治療薬はない。原因となる脳血管障害を予防するため、生活習慣病をしっかり治療し、喫煙を避けることが大切である。

③ 高次脳機能障害

　高次脳機能とは、言葉を話す、計画を立て実行する、集中する、論理的に考える、記憶するなどの知的な機能をいう。このような機能に障害が起きることを高次脳機能障害と呼ぶ。最も多くみられるのは言葉が出てこなくなったり言葉の意味がわからなくなる失語症である。高次脳機能障害に最初に気がつくのは一緒に生活する家族や、社会生活に復帰してからの職場の人々である。主治医が気がつくことは少ないため「見えない障害」とも呼ばれている。治療は言語療法、作業療法などのリハビリテーションが中心となる。

④ てんかん

　てんかんとは脳神経の一部が異常に興奮することにより、けいれんなどの発作症状を反復することである。全身がけいれんして突然に倒れるようなことはまれで、局所の比較的軽度の発作が数分間続くことが多い。側頭葉てんかんでは、自律神経発作として上腹部不快感や、精神発作として不安感・既視感、嗅覚異常として幻臭などがみられる。また1点を凝視して動作が停止し、口をもぐもぐさせるなどの行動がみられる。発作中

に意識はなく、発作後にもうろう状態になることも特徴である。これらは脳卒中発症後に早くて1週間以降から多くは2～3年以内に起こる。てんかんの治療は抗てんかん薬の内服が基本である。抗てんかん薬には多くの種類がありそれぞれ特徴もある。また眠気・めまいなどの副作用にも注意が必要である。

てんかん患者が自動車運転免許を取得・更新する場合には、発作が過去5年以内に起こったことがなく、医師が「今後、発作が起こるおそれがない」と診断した場合や、発作が過去2年以内に起こったことがなく、医師が「今後、2～3年程度であれば発作が起こるおそれがない」と診断した場合などに限られる。

6）脳卒中の予防
脳卒中の再発は10％ほどである。

① 脳梗塞が再発する原因
脳梗塞が再発する原因で多いのは薬の飲み忘れである。うっかり飲み忘れたり、体調がよくなったと自己判断し内服を中止したり、通院自体をやめてしまうことも少なくない。そして脱水も脳梗塞の再発のリスクとなる。特に猛暑になる夏場にはこまめに水分を摂取することが重要である。

② 脳出血が再発する原因
脳出血が再発するのは血圧が高い場合である。塩分の過剰摂取や薬の飲み忘れ、自己判断で内服を中止するなどである。医療機関受診時には血圧が通常より高めに出る場合（白衣高血圧）があるため、普段から自宅で落ち着いた時に血圧を測定（家庭血圧）し、記録することが大切である。

③ くも膜下出血が再発する原因
くも膜下出血の再発の原因となるのは脳動脈瘤である。まだ破裂していない動脈瘤があるのか定期的に検査し、一定の大きさになった時には未破裂の状態であっても予防的に動脈瘤コイル塞栓術をすることもある。

　循環器疾患とは、血液を全身に循環させる臓器である心臓や血管などが正常に働かなくなる疾患のことで、高血圧・心疾患（不整脈、急性心筋梗塞などの虚血性心疾患、心臓弁膜症や心不全）・脳血管疾患（脳梗塞・脳出血・くも膜下出血）・動脈瘤などに分類される。心疾患は日本における死因の第2位であり、脳血管疾患は第4位である。心疾患は、高血圧を代表とした生活習慣病などをリスクとして、虚血性心疾患や心不全へと進展していく（図6-4）。循環器疾患全体にかかる医療費は国民医療費の19.7％（2017（平成29）年）を占め、第1位となっている[1]。生活習慣の改善による予防だけでなく、治療が長期化し患者の生活への影響も大きいことから、生活の質（QOL）の向上も重要視されるようになっている。また、入院患者の将来推計からも、2050年まで心疾患患者は増加の一途をたどることがいわれている[2]。本項目では、ソーシャルワークを行ううえでの心疾患の理解を深めることができるよう概説していく。

1）高血圧

　我が国において高血圧症は4300万人いると推定され、そのなかでも血圧をコントロールしている人はわずか1200万人である。まずは血圧値の分類の理解が必要となる。**表6-3**に「高血圧治療ガイドライン 2019」での成人における血圧値の分類を示す。ここ

図 6-4　心疾患について

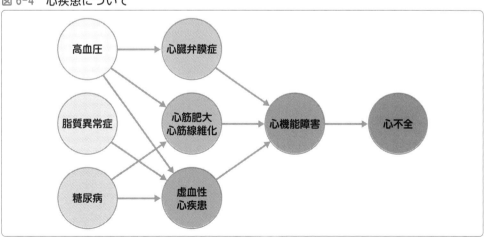

高齢化によりその象徴ともいえる動脈硬化をもつ患者が多くなり、その発展ともなる心臓弁膜症、心筋肥大、虚血性心疾患者が増え、例えば心筋梗塞によるステント治療の発展により以前であれば亡くなっていた人、また植え込み型除細動器留置術の普及により、今まではこの段階で亡くなっていた人が、生き長らえ、心不全患者が増えている。

表 6-3 　成人における血圧値の分類

分類	診察室血圧 （mmHg）		家庭血圧 （mmHg）	
	収縮期血圧	拡張期血圧	収縮期血圧	拡張期血圧
正常血圧	<120 　　かつ　　<80		<115 　　かつ　　<75	
正常高値血圧	120-129 　かつ　　<80		115-124 　かつ　　<75	
高値血圧	130-139 　かつ/または　80-89		125-134 　かつ/または　75-84	
Ⅰ度高血圧	140-159 　かつ/または　90-99		135-144 　かつ/または　85-89	
Ⅱ度高血圧	160-179 　かつ/または　100-109		145-159 　かつ/または　90-99	
Ⅲ度高血圧	≧180 　かつ/または　≧110		≧160 　かつ/または　≧100	
（孤立性）収縮期高血圧	≧140 　　かつ　　<90		≧135 　　かつ　　<85	

出典：日本高血圧学会高血圧治療ガイドライン作成委員会編（2019）『高血圧治療ガイドライン2019』特定非営利活動法人日本高血圧学会，p.18

では診察室血圧と家庭血圧で分けて記載されている。血圧は1日のなかで変動し、睡眠、起床、食事、入浴、運動など行動や環境によって変化している。そのため、診察室で測定する血圧だけでなく、家庭で測定する家庭血圧が重要視されている。実際に、ガイドラインでは、日常診療において家庭血圧のデータを優先して使用することが推奨されており、仮面高血圧（診察室血圧は正常、家庭血圧は高値）は高血圧として判断し、白衣高血圧（診察室血圧は高値、家庭血圧は正常）はハイリスク対象者として理解し、慎重にフォローしていく。以上からも、普段からの血圧測定を習慣づけることが大切であり、その測定結果を日常診療に取り入れて、治療を行う。次に血圧測定の方法についてであるが、表6-4に示す。ここで血圧測定するタイミングに「起床後」とあるが、寒い時期などは値が平常より高くなってしまうことがあり、起床後から「朝食前」の、部屋も暖かくリラックスした状態での測定を勧めることもある。

　高血圧の基本的な治療の考え方は、血圧を正常血圧に近づけることで、循環器疾患の発症・進展・再発による死亡やQOLの低下を抑制することである。日本高血圧学会の基準では、診察室血圧では収縮期血圧140 mmHg以上、拡張期血圧90 mmHg以上、家庭血圧では収縮期血圧135 mmHg以上、拡張期血圧85 mmHg以上を高血圧としている（表6-3）。一般的に家庭血圧のほうが低くなる傾向があるため、このような基準となっている。高血圧の治療は、まずは生活習慣の修正が主であり、それでも効果が認められない時に降圧薬を使用することになる。

　生活習慣の修正では、食塩摂取6 g/日未満、適正体重の維持、有酸素運動、野菜や果物の摂取などが掲げられている（表6-5）。このなかで最も効果的なものは減塩である。しかし、「漬物やみそ汁は控えましょう」という一般的な指導では、効果が乏しいこと

表 6-4　血圧測定方法

1．測定する位置
上腕部（上腕カフ血圧計による）。 心臓の高さに近い上腕部での測定値が、最も安定している。
2．測定時の条件
朝：起床後1時間以内、排尿後、朝の服薬前、座った姿勢で1～2分間安静にした後。 晩：就床前（飲酒や入浴の後）、座った姿勢で1～2分間安静にした後、歩いたり、飲食したりすると血圧は上昇する。血圧測定時には椅子などに腰掛け、体の力を抜いて1～2分間安静にしてから測定する。
3．測定回数
朝晩各1回以上。 医師の指示によっては複数回測定し、平均値を記録することもある。

表 6-5　高血圧の生活習慣の是正

- 食塩摂取6 g/日未満
- 野菜や果物の積極的摂取
- 多価不飽和脂肪酸や低脂肪乳製品の積極的摂取
- 適正体重の維持
- 軽強度の有酸素運動を毎日30分または180分/週を実施
- 節酒（エタノールで男性30mL/日以下、女性20mL以下）
- 禁煙

もある。このため、より具体的な減塩の方法を指導していく。例えば、「調理の際には塩、醤油はできるだけ最後に加える、酢や胡椒など塩の入らないスパイスを入れる、お弁当の食塩（NaCl）量を測定できるようにする」などがある。

　降圧目標については、75歳以上の後期高齢者に関しては、診察室血圧＜140/90、家庭血圧＜135/85となっている。一方で、フレイルや要介護状態、エンドオブライフの状態にある高齢者ではエビデンスが少ないこともあり、個別判断や降圧薬の中止も検討する。薬物治療においてはアドヒアランスの問題があげられる。家庭血圧の測定をきちんと行い、患者指導を行うこと、また降圧薬の錠数や経済的負担も意識し、配合剤の使用や後発品の使用を行い、アドヒアランスを維持していく。

2）虚血性心疾患

　虚血性心疾患とは、心臓の筋肉（＝心筋）に血液を送る冠状動脈がせまくなったり（狭窄）、塞がったり（閉塞）して、心筋への血液の流れが悪くなり、心筋が酸素不足に陥る状態を呼ぶ。

　虚血性心疾患には、冠動脈の血液の流れが悪くなる「狭心症」と、冠動脈の血管が完全に詰まってしまい、心筋に血液がいかなくなる「心筋梗塞」がある。狭心症は、多く

の場合、冠動脈の動脈硬化によって血管がせまくなり、血流障害を起こすことが原因となる。心筋梗塞は、喫煙、飲酒、ストレスなどの生活習慣や、肥満、高血圧、糖尿病、脂質異常などの生活習慣病、高尿酸血症、慢性腎臓病（CKD）などの疾患が原因となる。

　狭心症の症状は一時的で数分から15分以内で治まる。心筋梗塞は、症状は狭心症よりも激しく、ほとんどの場合30分以上から、時には数時間続くこともある。夜間から早朝にかけて繰り返し胸痛を自覚する症例は、冠攣縮性狭心症（スパスム）を疑う（図6-5）。冠動脈に器質狭窄がないことを確認し、亜硝酸薬による診断的治療も考慮に入れる。

　急性心筋梗塞は命にかかわる問題が多く、緊急の対応が必要になる。病歴の聴取が最も重要となる。胸痛の部位、性状、誘因、持続時間などに注意する。胸膜痛、体位により変化する、鋭い痛みと表現、乳房の下、労作とは無関係といった訴えは、虚血性心疾患の可能性が低いことがいわれている[3]。「高齢」「女性」「糖尿病患者」は非典型的な症状を呈しやすいため注意を要する。

　検査には、心電図検査、冠動脈CT、心エコー（心臓超音波検査）、冠動脈造影（心臓カテーテル検査）がある。心臓カテーテル検査による冠動脈造影は入院を必要とするが、確定診断のためには必要な検査となり、同時にカテーテル治療も可能となる。しかしながら、侵襲的な検査でもあり、慢性腎臓病や認知症などを伴う高齢者においては、その適応を考える必要がある。典型的な症状の動脈硬化リスクをもつような高リスク患者については病院受診を促すことはいうまでもないが、典型的な症状だが低リスク患者、非典型的症状の高リスク患者、においても専門医受診を促す必要がある。

図 6-5

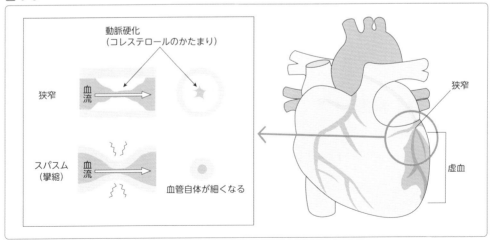

表6-6　虚血性心疾患の治療メリットとデメリット

	メリット	デメリット
薬物治療	・体を傷つけない ・症状を和らげることが可能	・症状回復に限界がある
カテーテル治療	・体への負担が比較的少ない	・抗血小板薬を服用 ・血管の場所によっては治療不可
バイパス手術	・再狭窄の確率が低い ・完治率がカテーテル治療より高い	・全身麻酔による開胸手術 ・合併症の可能性

　治療には、薬物治療、カテーテル治療、バイパス手術（外科的手術）があげられる（**表6-6**）。薬物治療は、悪玉コレステロール（LDL）を抑えることで動脈硬化の進行を遅らせたり、薬剤で冠動脈を拡張させて血流を増やしたり、心臓の負担を減らすことで、狭心症発作を予防し症状を軽減させる。しかし、薬物治療だけで症状が改善しない場合や、冠動脈の狭窄が非常に強い場合、冠動脈が完全に詰まっている場合は、冠動脈カテーテル治療や冠動脈バイパス手術が選択される。

3）心不全
① 定義とステージ

　医療の発展、超高齢社会により、心疾患の行く末でもある心不全患者は増加している。心不全の特徴は、多くは高齢者であり、増悪を繰り返しながら、病状が進展していくことである。最近のJROADHFのデータからも心不全患者の平均年齢は78歳、再入院率21％／年に及んでいる[4]。

　心不全の定義が一般向けに示されている。「心不全とは、心臓が悪いために、息切れやむくみが起こり、だんだん悪くなり、生命を縮める病気である」。心不全は臨床症候群であり、症状がなければ厳密には心不全とはいわないが、無症候であってもすでに器質的疾患を有し、有症候に進展する可能性があり、早期の治療介入が必要である。このため、心不全ガイドライン（日本循環器学会／日本心不全学会合同ガイドライン「急性・慢性心不全診療ガイドライン（2017年改訂版）」2018年3月23日発行、2022年4月1日更新）では、心不全とそのリスクの進展のステージと治療目標を示している（**図6-6**）。器質的心疾患はあるが、心不全症候のない患者をステージB、器質的心疾患があり、症状を有する患者をステージC、入退院を繰り返し、治療抵抗性のために心臓移植や補助人工心臓などの特別な治療、または強心薬持続点滴に依存している状態、終末期ケアが適応となる患者をステージDとする。

図 6-6　心不全の重症度ステージ

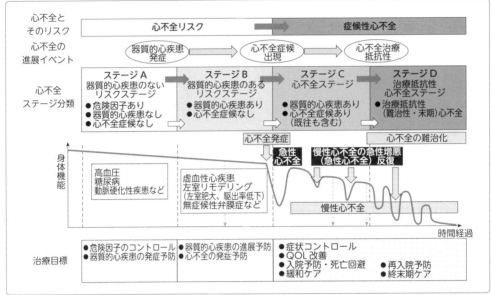

心不全は増悪と改善を繰り返しながら、少しずつ進行していく。ステージA・Bはリスク、ステージC・Dは症候性となる。心不全の特徴は、増悪をしてそのまま亡くなるケースもあれば、また改善して元の生活に戻ることもある。また、予後をよくする適切な治療自体が、症状緩和にもつながるため、末期や終末期においても、積極的な治療が行われるケースが多い。在宅医療の視点でいうと、再入院をいかに抑え、穏やかに過ごし続けることができるかは大切である。

出典：日本循環器学会／日本心不全学会合同ガイドライン「急性・慢性心不全診療ガイドライン（2017年改訂版）」

② 診断フローチャート

　心不全ガイドラインに診断フローチャートが明記されている（図6-7）。心不全の診断では、症状、身体所見、胸部X線などをまず検討する。心不全を疑う所見があれば、採血にて血中BNP/NTproBNPを測定する。心不全のカットオフ値を超えていれば、心エコー検査を行う。このように示されているが、心不全症状は多様であり、かかりつけ医が容易に診断できるわけではなく、見過ごされている可能性もある。

③ 心不全治療のアルゴリズム

　心不全ガイドラインでは心不全治療のアルゴリズムの改訂が随時されている[5]。図6-8でその一部を提示する。左心室駆出率（LVEF）に基づき分類に沿って治療が選択されており、それを標準治療としている。しかしながら、心不全患者の多くは高齢者であり、どこまで生命予後を期待した治療を継続するかは議論されているところでもある。特に末期から終末期になると、治療の目的は、「症状緩和」「QOLの向上」となるため、治療薬の減薬や症状緩和薬の導入などを検討することとなる。また薬物治療だけではな

図 6-7　慢性心不全の診断フローチャート

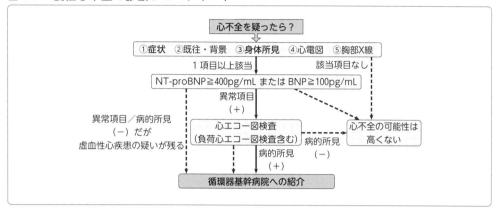

出典：日本循環器学会 / 日本心不全学会合同ガイドライン「急性・慢性心不全診療ガイドライン（2017 年改訂版）」

図 6-8　心不全治療アルゴリズム

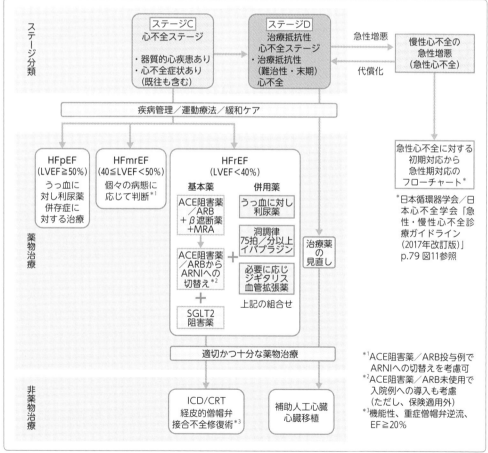

出典：日本循環器学会 / 日本心不全学会合同ガイドライン「急性・慢性心不全診療ガイドライン（2017 年改訂版）」

く、看護ケアやリハビリテーションなどの非薬物治療ケアも考えていく。

④ 心不全予防

　心不全は進行性の病気であり、食事や運動などの生活習慣管理に加えて、心不全の危険因子や併存症への介入により、発症、進展、増悪、再発を予防していく。心不全の病態や管理は多様であり、医師だけではなく、看護師や薬剤師など多職種でのチーム医療が参加し、また地域全体でみるために病診連携、診診連携が重要である。最近では、心不全による増悪・再入院予防、そして QOL の改善を図ることを目指して、多くの専門職が取得できる資格である心不全療養指導士認定制度がある。また、心不全教育資材を有効に活用し、心不全の正しい知識を医療スタッフや患者家族で共有していく必要がある[6]。

　心疾患は、我が国でこれから確実に増加し、入退院を繰り返す代表的な疾患である。治療も多岐にわたり、どこまで積極的な治療を行うべきか、患者家族、病院と地域医療者のコミュニケーションを取りながら、共同意思決定支援が必要となってくる。医療ソーシャルワーカーは、その人らしい LIFE は何か、その視点で本人を中心とした医療・介護・福祉チームをつなぐ大切な役割を担うことになる。人々が安心して過ごせる社会づくりに貢献いただければと思う。

④ 神経難病

1）神経難病全般

① 神経難病の概要

　2015（平成 27）年に施行された難病新法において、指定難病 338 疾患のうち 84 疾患、小児慢性疾患 788 疾患のうち 97 疾患が神経疾患すなわち神経難病である（2021（令和 3）年 11 月現在）。神経難病の成因は神経変性疾患、免疫性神経疾患、代謝性神経疾患、感染症等があり、遺伝性を有するものもある。

　神経難病に共通する課題は、当該疾患の治療が困難であることに加え、合併症や併存疾患、治療上の有害事象への対応が必要なことである。神経系は多くの臓器機能に関与しているため、神経難病では運動や感覚の異常のみならず、消化器系や心臓血管系、泌尿器系等生命維持にかかわる内臓機能に支障を来すこともある。認知症を伴う場合には生活機能が著しく損なわれ、介護者の負担が重いために在宅療養が破綻することも多い。

また、遺伝性疾患の場合には、個人情報の取り扱いなど特段の配慮を必要とする。

② アセスメントとアドバンス・ケア・プランニング（Advance Care Planning：ACP）

　神経難病のアセスメントは、心身の状態と病状だけでなく、家族関係や経済状態などの生活環境と地域社会も含めて実施される。神経難病の経過は概して進行性・難治性である。しかし、各疾患の病型により臨床経過は異なるため、病の軌跡を予測することは難しい。また、人工呼吸管理を行えば大幅に延命可能となる。重要な点は、これらの治療により、その人がどのような生活を営み、人生を送るのかを見極めることである。アセスメントは各職種が各々の専門的立場で実施するため、職種間で隔たりが生じる場合がある。各専門職種間が共通する価値観を有し、アセスメントを共有することが理想である。

　医療を受ける様々な場面において、患者は意思決定を行っている。医学的観点、介護的観点、社会的観点から支援を行うことにより、その人がその人らしく生きることが可能となる。厚生労働省の「人生の最終段階における医療・ケアの決定プロセスに関するガイドライン」には、人生の最終段階における医療およびケアのあり方において、「医師等の医療従事者から適切な情報の提供と説明がなされ、それに基づいて医療・ケアを受ける本人が多専門職種の医療・介護従事者から構成される医療・ケアチームと十分な話し合いを行い、本人による意思決定を基本としたうえで、人生の最終段階における医療・ケアを進めることが最も重要な原則である」と記載されている。

　神経難病では、球麻痺症状が生死に影響し、胃瘻造設や人工呼吸管理に関する治療方針を早い段階で決断する必要が生じる。これらの治療を実施しなければ予後不良であるが、胃瘻から投薬や水分栄養管理を行い、気管切開を行ったうえで人工呼吸器を導入した場合、年単位の延命が可能となる。一方、生存期間は延伸するが、日常のケアの負担は増大し、治療による合併症を生じることもある。神経難病では患者や家族とよく話し合うそのプロセスが大切である。

③ 治療とケア

　神経難病の多くは治療法が確立していない。そのため治療の目標は、障害の進行を遅らせることや生命予後を延伸させることである。しかし、患者自身や家族にとってさらに重要な治療目標は生存期間中の生活の質（QOL）の改善と生きがいを見出すことで

ある。

　リハビリテーション医療は発症早期から寝たきり状態に至るまで適応がある。早期の障害が軽度の段階では、自立して社会生活を送ることができるよう身体機能を強化することを目指す。病状が進行し、介助を要する時期においては、心身機能を維持し安全に生活を送ることができるよう、生活の場での実地訓練が有効である。個人の状況に応じた個別の対応が必要であり、身体機能改善だけでなく、生活の自立や介護負担の軽減のために福祉用具や家屋改修についても検討する。特に摂食・嚥下機能、心肺機能の強化につながる訓練メニューも考案する。さらに病状が進行した場合、生きる希望を持ち続けるための支援が重要となる。医療や介護保険では不十分で、友人と一緒に取り組んだりボランティアによるインフォーマルなサービスが有用な場合がある。生活期のリハビリテーション医療では、家庭や地域における活動の向上、社会への参加につながる可能性を広げることがテーマとなる。食べること、眠ること、働く（遊ぶ）ことがQOLにとって重要な要素である。

　近年、神経難病の根本的治療につながる新規治療が開発され、患者の生きる希望につながっている。これらの治療のなかには長期的に在宅医療で提供される可能性が生まれている。このような新規治療が在宅で提供される場合、専門医と在宅医が連携することに加えて、多職種の専門職の連携が不可欠である。

２）パーキンソン病

① 疾患の概要・診断基準

　パーキンソン病は、黒質のドパミン神経細胞の変性を主体とする進行性変成疾患である。４大症状として①安静時振戦、②筋強剛（筋固縮）、③無動・寡動、④姿勢反射障害を特徴とする。精神や睡眠、自律神経の障害に基づく非運動症状は介護負担やQOLに大きな影響を及ぼす。

　診断は臨床症状やL-ドパの反応性および画像診断（頭部CTやMRI）で行われる。放射性薬剤を用いた心臓交感神経機能シンチグラフィー（MIBG心筋シンチ）やドパミントランスポーターシンチグラフィー（DATスキャン）を行って診断精度を上げる。

② 病の軌跡とACP

　進行性疾患であるパーキンソン病は患者により進行速度に個人差がある。初期には投薬治療により普通に生活を営むことができるが、10年程度を境に介護が必要になるこ

とが多い。生命予後は比較的良好で、平均余命は一般に比べて2～3年短いだけである。進行期パーキンソン病患者では不顕性誤嚥を来していることが多く、延命目的ではなく、安定的に投薬と水分・栄養投与を行うために胃瘻を造設し、日常生活機能とQOLの維持向上を図るという選択肢もある。認知症を合併する場合、病の軌跡に大きな影響を及ぼす。

③ 治療とケア

　パーキンソン病において現在行われている治療法は対症療法であり、病期と症状によって適切な薬物療法や手術療法を選択する。治療の主流はドパミン受容体に働きかける薬物療法であり、ドパミン神経以外の作用薬やドパミン代謝に作用する薬剤を症状の出現の程度、治療効果、副作用などに応じて選択する。

　パーキンソン病のリハビリテーション医療は、障害の軽い人から重度の人まで適応がある。治療目的は筋肉や関節をはじめとした身体機能の低下予防、生活動作や歩行機能を強化し、事故を予防し、介護負担を軽減することである。居宅においてリハビリテーション治療を行うことは、実際の生活能力を再構築することにつながる。在宅リハビリテーションの最終目標は、患者自身が望む人生を送れるよう支援することである。

3）筋萎縮性側索硬化症

① 疾患の概要・診断基準

　筋萎縮性側索硬化症は大脳から脊髄、末梢神経に至る運動ニューロンが選択的かつ進行性に変性する疾患である。主に中年以降に発症し、人工呼吸器を用いない場合2～5年で死亡することが多い。病型は、①上肢の筋萎縮と筋力低下が主体で、下肢は痙縮を示す上肢型（普通型）、②構音障害、嚥下障害といった球症状が主体となる球型（球麻痺型）、③下肢から発症し、早期から腱反射低下・消失といった二次運動ニューロンの障害が主体となる下肢型（偽多発神経炎型）の3種類に分けられる。全体の約5％が遺伝歴をもつ家族性筋萎縮性側索硬化症といわれており、SOD1遺伝子をはじめとした関連遺伝子が知られている。

② 病の軌跡とACP

　症状の進行は比較的急速で、発症から死亡までの平均期間は約3.5年といわれている。進行の個人差は大きく、発症から3か月以内に死亡する例から進行が遅く呼吸補助なし

で 10 数年の経過を取る例もある。

　人工呼吸法や経管栄養法の実施により、年単位の寿命の延伸も可能である。これらの治療の長所と短所を正確に伝え、生存期間に患者や家族に何ができるか、どのようなことが起こり、いかに対処するかなどを正直に説明する。多様な経過を取る筋萎縮性側索硬化症患者の ACP は病状の変化に応じ、患者と家族の心情に寄り添って、比較的早い時期から丁寧かつ繰り返し実施する必要がある。

③ 治療とケア

　筋萎縮性側索硬化症の治療薬として、進行を遅らせる可能性のある薬剤であるリゾール（内服）とエダラボン（内服、注射）がある。エダラボン（注射）は通院が困難な状況では、訪問診療や訪問看護で実施することも可能である。

　安定した療養生活を送るためには、身体活動を通して廃用症候群を予防し、良好な栄養状態を維持し、精神を安定させて心身の休息を取ることができるよう支援することが重要である。在宅におけるリハビリテーション医療では、身体活動を継続するための運動機能訓練だけでなく、呼吸機能を維持・向上する呼吸リハビリテーション、食べる機能をできるだけ温存するための摂食・嚥下リハビリテーション、人とつながる喜びや尊厳を守るための文字盤や意思伝達装置を使用したコミュニケーション手段の習得などが行われる。

4）多系統萎縮症

① 疾患の概要・診断基準

　多系統萎縮症は、中枢神経細胞内に α シヌクレインという異常物質が蓄積することで発症する神経変性疾患である。初発症状が小脳性運動失調であるものがオリーブ橋小脳萎縮症、パーキンソニズムであるものが線条体黒質変性症、起立性低血圧などの自律神経症状であるものがシャイ・ドレーガー症候群と称されている。いずれも進行すると 3 大症候は重複し、画像診断、病理所見も共通する。

　頭部 MRI で小脳・脳幹・橋と被殻の変性と萎縮を認める。脳 PET/SPECT で小脳・脳幹・基底核の脳血流・糖代謝低下を認める。

② 病の軌跡と ACP

　多系統萎縮症では線条体が変性するためパーキンソン病治療薬の効果は乏しい。小脳

症状や自律神経障害も加わり ADL は増悪し、家族の介護負担が増大する。摂食・嚥下障害の進行とともに栄養障害と誤嚥のリスクが増大する。本人の意思決定に沿って、胃瘻や気管切開、人工呼吸法の導入を検討する。呼吸障害は、声帯外転障害に加え呼吸中枢の障害に起因することがあるため、気管切開しても突然死があり得ることを説明する必要がある。我が国の研究では罹病期間は 9 年程度と報告されている。

③ 治療とケア

　パーキンソン病治療薬や昇圧剤、排尿障害治療薬が対症療法として用いられるが、治療効果は限定的で一時的である。

　リハビリテーション治療による機能訓練の効果は乏しいが、廃用症候群に伴う二次障害の予防には有効であり、福祉用具の利用や療養環境整備、家族指導などを行って、安全かつ快適に生活を送ることができるよう支援する。

　咀嚼や嚥下にかかわる筋力が残存している場合には、気管喉頭分離術などの誤嚥予防手術を行い、食を楽しむことを選択する可能性がある。排便管理や排尿管理は看護師によるケアに依存することが多いが、各科専門医師の助言を得て実施することが大切である。

5）脊髄小脳変性症
① 疾患の概要・診断基準等

　脊髄小脳変性症は緩徐進行性の運動失調あるいは痙性対麻痺を主症状とし、いずれも小脳症状のみが目立つもの（純粋小脳型）と小脳以外の病変・症状が目立つもの（多系統障害型）に大別される。発症形式は遺伝性と孤発性に大別され、遺伝性には優性遺伝が多い。頭部 MRI では小脳や脳幹萎縮を認めるものが多いが、病型によって大脳基底核や大脳皮質の萎縮を認めることもある。

② 病の軌跡と ACP

　症候は緩徐進行する失調症候を主体とするが、付随する周辺症候は病型ごとに大きく異なる。優性遺伝性の場合、純粋小脳型と多系統障害型に大別され、劣性遺伝性の多くは多系統障害型であり、後索障害を伴う場合がある。

　予後は、病型により大きく異なる。一般的に小脳症候に限局する型の予後はよい。遺伝性の場合、世代に受け継がれるにつれて症状がより早く現れ、深刻な経過を示す表現

促進現象がみられる場合がある。家族歴のない症例に対し遺伝子診断を行う場合、優性遺伝性疾患の際には未発症の血縁者にも影響を与えるため、特に配慮した説明と同意を要する。

③ 治療とケア

　薬物療法はすべて対症療法であり、失調症状に甲状腺刺激ホルモン放出ホルモン（TRH）や TRH 誘導体が使われる。

　純粋小脳型では、小脳性運動失調に対する集中的なリハビリテーション治療が効果的で、バランス、歩行など、個々の ADL に添った治療プログラムに沿って実施する。一方、多系統障害型では、身体機能の向上が困難な場合が多く、福祉用具貸与や住宅改修を行い療養環境の改善を行う。比較的早期から人工的栄養管理や呼吸管理を必要とする重症例もある。

６) 多発性硬化症／視神経脊髄炎
① 疾患の概要・診断基準

　多発性硬化症と視神経脊髄炎は炎症性脱髄性の中枢神経疾患である。

　多発性硬化症は中枢神経系の慢性炎症性脱髄疾患であり、時間的・空間的に病変が多発するのが特徴で、MRI による病変の証明が重要な診断根拠となる。

　視神経脊髄炎はかつてデビック病と呼ばれ、視神経と脊髄を障害する炎症性再発性の疾患で、血清中に存在する抗アクアポリン４抗体が発症に関与している。視神経炎は重度であり、失明することもまれではない。脊髄炎は、MRI 矢状断ではしばしば３椎体以上に及ぶ長い病変を呈することが多い。

② 病の軌跡と ACP

　多発性硬化症は病状の経過により、再発寛解型、一次性進行型、二次性進行型に分類される。再発を繰り返しながらも障害がほとんど残らない患者がいる反面、発病した最初から寝たきりとなる予後不良の経過をとる場合もある。そのため診断後速やかに再発予防の治療薬を開始することが推奨される。

　視神経脊髄炎は再発型とされている。再発した場合、視力障害や脊髄障害などの症状が重篤になる。経過が長いため、発作間欠期に服薬治療を継続することが難しく、治療中断が再発を招くことがしばしばみられる。

③ 治療とケア

多発性硬化症／視神経脊髄炎の治療は急性増悪期の治療、再発防止あるいは進行防止の治療、急性期および慢性期の対症療法、リハビリテーション治療からなる。

多発性硬化症の急性期には、ステロイド大量点滴静注療法（パルス療法）や、血液浄化療法を施行する。特に抗 AQP 4 抗体陽性視神経脊髄炎では血液浄化療法が有用なことが多い。

ストレス、過労、感染症などが多発性硬化症の再発を促進する因子として知られているため、患者に対してこれらを回避するよう生活指導することが重要である。近年、免疫機能に働きかける新規薬剤が実用化されている。再発により視力障害や脊髄症状などの神経症状が重篤になり、生活機能に大きな影響を与えるため、再発予防の治療は生涯にわたって行われることが推奨される。

リハビリテーション治療は身体機能の強化と生活機能の改善や生きがいの獲得に通じる治療である。再発予防治療と合わせて、回復期から慢性期にかけて継続的に提供されることが重要である。

7）筋ジストロフィー

① 疾患の概要・診断基準等

筋ジストロフィーは骨格筋に発現する遺伝子の変異・発現調節異常により、骨格筋の壊死・再生を主病変とする遺伝性筋疾患で、現在 50 以上の原因遺伝子が解明されてきている。代表的な病型としては、ジストロフィン異常症（デュシェンヌ型／ベッカー型筋ジストロフィー）、肢帯型筋ジストロフィー、顔面肩甲上腕型筋ジストロフィー、福山型先天性筋ジストロフィー、筋強直性ジストロフィーなどがある。

② 病の軌跡と ACP

筋ジストロフィーは運動機能低下を主症状とするが、病型により発症時期や臨床像、進行速度には多様性がある。骨格筋障害のほか、関節拘縮・変形、呼吸機能障害、心筋障害、嚥下機能障害、消化管症状、骨代謝異常、内分泌代謝異常、眼症状、難聴、中枢神経障害等を合併する全身性疾患である。

病型によって予後は異なる。特に生命予後に強い影響を及ぼすのは呼吸不全、心不全、不整脈、嚥下障害等である。定期的な機能評価と合併への適切な介入が生命予後を左右する。

③ 治療とケア

　いずれの病型も根本的な治療法はない。デュシェンヌ型に対する副腎皮質ステロイド薬の限定的効果、リハビリテーション治療による機能維持、人工呼吸管理や心臓ペースメーカーなどの対症療法が行われている。近年、遺伝子治療であるエクソンスキッピング治療を保険で実施することが可能となった。

⑤　在宅医療

１）地域医療と在宅医療

① 地域医療の現状

　地域医療という言葉はその定義が難しい。一般的には、目の前の患者のみならず、地域全体の幸福の向上を目指して行われる医療活動のことで、各種疾患の予防や、啓発活動、妊産婦への支援、精神疾患患者、家族への支援、ひいては青少年のひきこもり問題や、ヤングケアラーの問題、貧困への対処なども含まれる。これらの活動自体は医療機関単独で行うことは非常に難しく、行政と医療機関、市民、介護団体、場合によっては警察や法律家など各種専門家が協力し合ってその地域全体の社会的包摂を実現し、各個人の社会的健康、精神的健康、身体的健康を守る活動ともいえるだろう。

　国は高齢社会の対策の中核に地域包括ケアを推進している。これは、地域医療をそのなかに包含する概念で、ある個人が住み慣れた地域で最期まで生活できるよう、地域の諸機関で連携して個人を支えていくことを目的とし、中学校区ごとを想定している。そのなかでは在宅医療は重要な位置を占めるとされており、在宅医療は保険点数的にも優遇され、推進されている。

② 在宅医療の歴史

　江戸時代以前の医療はほぼすべて在宅医療だった。患者がクリニックに訪れるのではなく、医師が患者宅を訪れるというのが一般的な診療の方法で、入院はもちろん、外来という考え方すらなかった。これは日本だけでなく欧米でも同様で、18世紀までではHospitalは本来医療を提供するというよりも、動けない患者を収容し、看護、介護を提供する場でその多くを宗教団体が運営していた。したがって、今の在宅医療の推進は医療の原初的な方法への先祖帰りともいえる。

　日本で現在の形の在宅医療が制度化されたのは、故・佐藤智医師の功績が大きい。

　佐藤医師は患者を病院に収容するのではなく、自分の住み慣れた自宅という環境で過

ごすことの優位性に気づき、1981（昭和56）年、会員制のライフケアシステムを設立し、24時間の電話対応を開始。市民自らも参加して自分たちの健康を守っていくという仕組みをつくりあげた。佐藤が勤務する白十字診療所と連携して、必要とする患者への定期的な訪問診療、訪問看護、緊急時の往診等も行っていた。実際には、訪問診療に先行して訪問看護が実践されており、佐藤らの在宅医療にも大きな影響を与えていた。そして、彼の真摯な取り組みに共感した各方面の尽力もあり、在宅医療が制度化されていった。

　そのような経緯でつくられた在宅医療の仕組みは丁寧な診療を保障するだけの保険診療上の単価をもった患者宅での診療として位置づけられ、高齢化の進展とともに全国に普及していった。

　しかし、当初の理念とかけ離れた高い単価を狙った、訪問診療も横行しており、各家庭に10分ととどまらずに、多人数で1日20〜30件もの件数を診療の質を度外視して次々に訪問するスタイルの在宅医療機関なども存在している。また、在宅医療の教育システム自体が全く未整備であることから、今後は在宅医療の質の向上が喫緊の課題である。

2）在宅医療の枠組みと推移

① 在宅医療を担う在宅療養支援診療所・在宅療養支援病院

　国は、在宅医療を提供する診療所を在宅療養支援診療所として申し出に応じて認可しており、強化型、単独強化型、通常型に分類され、それぞれ、診療報酬が異なっている。国はそれらの在宅療養支援診療所に対して、以下の4点の機能を期待している。

❶　退院支援

❷　日常の療養支援

❸　急変時の対応

❹　看取り

　具体的には、**表 6-7** に示すように、機能強化型在宅療養支援診療所、機能強化型在宅療養支援病院、従来型在宅療養支援診療所、従来型在宅療養支援病院の4類型があり、さらに、機能強化型在宅療養支援診療所（病院）には、単独型と連携型の2種類がある。

　在宅療養支援診療所（在支診）は2020（令和2）年の段階で、1万4,615か所、うち、機能強化型在支診（連携型）3,302か所、機能強化型在支診（単独型）205か所、従来型在支診が1万1,108か所となっており、ここ数年はその件数は横ばいとなっている。

表 6-7　在宅療養支援診療所

	機能強化型在宅療養支援診療所・機能強化型在宅療養支援病院		在支診・在支病	在宅療養後方支援病院
	単独型	連携型		
すべての在宅療養支援診療所が満たすべき基準	①24時間連絡を受ける体制の確保 ②24時間の往診体制 ③24時間の訪問看護体制 ④連携する医療機関等への情報提供 ⑤緊急時の入院体制 ⑥年に1回、看取り数等を報告している			○許可病床数200床以上 ○在宅医療を提供する医療機関と連携し24時間連絡を受ける体制を確保 ○連携医療機関の求めに応じて入院希望患者の診療が24時間可能な体制を確保（病床の確保を含む） ○連携医療機関との間で3か月に1回以上、患者の診療情報の交換を行い、入院希望患者の一覧を作成
すべての在宅療養支援病院が満たすべき基準	「在宅療養支援病院」の施設基準は上記に加え、以下の基準を満たすこと ⑴許可病床200床＊未満であること、または当該病院を中心とした半径4km以内に診療所が存在しないこと ⑵往診を担当する医師は、当該病院の当直体制を担う医師とは別であること ＊：医療資源の少ない地域に所在する保険医療機関にあっては240床未満			
機能強化型在支診・在支病が満たすべき基準	⑦在宅医療を担当する常勤の医師3人以上	⑦在宅医療を担当する常勤の医師数連携内で3人以上		
	⑧過去1年間の緊急往診の実績10件以上	⑧過去1年間の緊急往診の実績が連携内で10件以上、各医療機関で4件以上		
	⑨過去1年間の看取り実績、または超・準超重症児の医学管理の実績いずれか4件以上	⑨連携内で、過去1年間の看取りの実績4件以上、かつ各医療機関において、看取りの実績または超・準超重症児の医学管理の実績のいずれか2件以上		

　また、在宅医療を支える在宅療養支援病院（在支病）は1,546施設、うち、機能強化型在支病（単独型）214か所、機能強化型在支病（連携型）398か所、在来型在支病934か所となっている（いずれも2020（令和2）年7月1日現在）。

　こういった、制度的な後押しもあり、在宅医療の利用者数は大きく増加している（**図6-9、図6-10**）。その増加に比して、在宅での看取り数も増加しているが、実際に訪問診療を行っている医療機関の増加は限定的である（**図6-9、図6-10**）。

　このことから、在宅医療機関あたりの訪問診療実績が大きく伸びることによって今の在宅医療が支えられているということがわかる。このこと自体は、各在宅医療提供機関のスキルの向上や人的資源の集中につながりやすく、望ましい方向だといえる。

図 6-9　在宅医療の実績推移

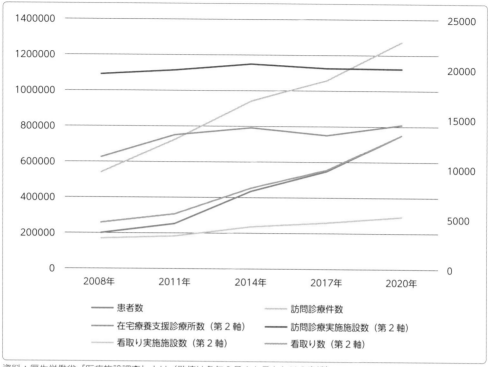

資料：厚生労働省「医療施設調査」より（数値は各年9月1か月あたりの実績）

図 6-10　在宅医療の推移（2008年を1として）

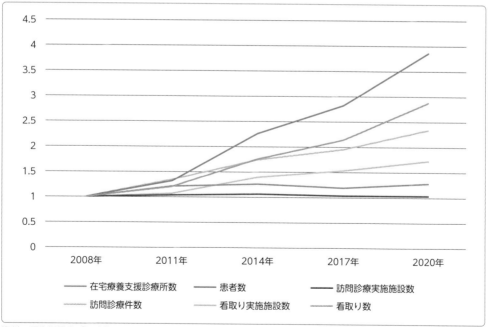

資料：厚生労働省「医療施設調査」より（数値は各年9月1か月あたりの実績）

② 在宅医療の特性と対象患者

　在宅医療の必要性を考えるにあたり、外来診療と比べた在宅医療の特性を知る必要がある。

　ほとんどの在宅医療提供機関は、在宅時医学総合管理料を算定している。この医学総合管理料は通常の外来診療に比べて単価が高いために、1日あたりの訪問件数があまり多くなくても経営が成り立つという特徴がある。そのため、丁寧な診療が可能となり、患者・家族への意思決定支援や終末期医療等に有利な側面をもつと考えられている。また、高額な診療料の前提として24時間対応が義務づけられている。このような特徴から、良心的な在宅医療機関の診療には以下のような特徴がある。

❶　24時間365日の対応が可能で、必要があれば夜間、休日の訪問も行う。

❷　1件あたりの診療時間が長く、丁寧に患者の話に耳を傾けたり、様々な問題に対処することが可能となる。

❸　定期的な訪問診療および訪問看護との連携により、心不全の増悪などに対して予防的対処が可能となり、各種疾患の急性増悪の頻度が減る。

❹　中等症までの肺炎であれば自宅で治療可能である。❸の特徴と合わせて入院頻度の減少に寄与する。

❺　悪性腫瘍の症状コントロールなどは訪問看護と連携することによりきめ細かい対処が可能となるため、外来よりは良好な症状コントロールに結びつきやすい。

❻　必要時、入院先の紹介などを行うことができるため、患者、家族の負担が軽減される。

　上記のような多くの利点を生む在宅医療ではあるが、診療所の選択には慎重になることが必要である。その点については別項で解説する。

③ 在宅医療が適合する患者

　上記のような特性をもった在宅医療のメリットを享受できる患者としては、①受診行動が困難な患者、②病状が不安定で頻回に病院での緊急対応を繰り返している患者、③各種疾患の進行期、終末期で、医師や看護師の密な対応が必要な患者、などがあげられる。このうち、①については、本来、移動手段さえ確保できれば在宅医療の必要性はあまりない。真に在宅医療が必要なのは、②および③の患者である。

　①の患者であればそれほど在宅医療の質を考えなくとも、また、24時間365日の体制がそれほど整っていないクリニックであっても対応可能であるが、②③の患者の場合

には前項で述べた在宅医療の特性をきちんと具現化しているクリニックを地域のなかから選択して紹介する必要がある。夜間、休日の対応はその医療機関に属さないスポットアルバイト医師や、専用業者に任せているクリニックもある。もし、そのようなクリニックを紹介した場合には、十分に患者のニーズに応えられない可能性がある。退院支援にあたる医療ソーシャルワーカーは、患者によってどの在宅医療機関が適切かをその在宅医療機関の特性をよく知って見極める必要がある。医療施設調査の結果によれば、在宅療養支援診療所のうち、看取りを少なくとも調査年の9月1か月間で1件以上実施している医療機関は3割程度と少ないことを考えれば、もしも、自宅での看取りを希望しているような患者の場合には医療機関の選択が非常に重要となる。

3）医療ソーシャルワーカーが知るべき 在宅医療についての医学知識

本項では退院支援にあたって必要な各種疾患の在宅医療での注意点と、様々な医療デバイスの病院と在宅での取り扱いの違いなどについて述べていく。各疾患の予後については、千葉県鴨川市で1990年代初頭から在宅医療に取り組んでいる亀田総合病院在宅医療部のデータによる。

① 悪性腫瘍

❶ 予後の中央値45日、平均110日

悪性腫瘍の治療は現在日進月歩で、進行がんだとしても予後が数年ある場合が少なくない。退院支援を行う場合には予後の推計が不可欠であるが、悪性腫瘍の種類によっては、多発転移があったとしても年単位の予後を考えて支援する必要が出てきている。

経験的に、在宅医療が必要な状況となってもある程度の長期予後を予想すべき悪性腫瘍としては、前立腺がんで骨転移のみの症例、乳がんの長期療養例が代表的である。特に重要臓器（脳、肺、肝）に転移がなく、悪液質に陥っていない場合（体重減少が顕著ではなく、食思不振もあまりない場合）には、例外的に予後が長い可能性に配慮する必要がある。

❷ 在宅医療の導入時期と必要性

悪性腫瘍患者で根治的な治療が不可能となった場合、急激に状態が悪化することが多く、その時点での危機を防ぐ意味では、在宅医療を歩行可能な時点から導入することが望ましい。特に、①外来での症状のコントロールが不十分な場合、②るい痩が著

明な場合、③アルブミン値が 3 を切っている場合には早急な導入が望まれる。

② 認知症

❶ 予後の中央値 550 日、平均 1,100 日

亀田総合病院の在宅医療部で診療していた在宅医療患者は歩行が困難となった重度の認知症患者が主であった。その患者群の平均で 1,100 日であり、高度認知症で受診困難となった場合には約 3 年程度の予後を考えて支援する必要がある。多くの場合、終末期には嚥下障害、摂食障害を起こし、人工栄養の問題を経過中に検討する必要が出てくる。また、問題行動から、家族介護に困難を来す場合も少なくなく、療養場所の問題は常に検討する必要がある。

❷ 在宅医療の導入時期と必要性

個々の症例によって導入時期については個別性が高いが、少なくとも嚥下障害が認められる場合や、摂食障害が明らかな場合には導入を検討すべきである。また、療養期間が長期にわたるため、ケアマネジャーの選定には細心の注意を要する。

③ 脳血管障害

❶ 予後の中央値 650 日、平均 950 日

脳血管障害で寝たきりに近い要介護状態となった場合の予後は約 3 年前後と考えられる。退院直後はいったん ADL の回復がみられる場合もあるが、多くの場合、寝たきり状態となり、最期の時期は経口摂取が困難となる場合が多く、人工栄養をどうするのか、という問題が重要になる。すでに人工栄養が導入されている場合には、胃瘻、経鼻胃管の管理について退院時に検討する必要がある。

❷ 在宅医療の導入時期と必要性

歩行困難な重症例の場合には、退院時に導入する必要がある。予後は前述のように 2 〜 3 年と限られており、誤嚥性肺炎などを来して、再入院や救急搬送を繰り返す可能性が高く、早期の在宅医療導入で患者、家族の安心と社会負荷の削減との両方の目的を達することができる。

④ 慢性呼吸不全

❶ 予後の中央値 250 日、平均 500 日

慢性呼吸不全の場合、訪問診療が必要と判断されてからの予後は約 1 年前後である。

最も問題となるのは呼吸苦と食思不振で、多くの場合、悪性腫瘍と同様の悪液質を呈し、顕著なるい痩と食思不振に苦しむことになる。また、主にトイレでの排泄時を中心に日常生活動作で強い呼吸苦を生じることが多く、また、突然死も多い。そのため、在宅医療を依頼する場合にはスキルのある医療機関に依頼する必要がある。

❷ 在宅医療の導入時期と必要性

外来受診時に休憩が必要となった段階では在宅医療の導入を行ったほうがよい。また、急性増悪時の退院時に階段昇降が困難であったり、車いすでの退院を余儀なくされるようであれば在宅医療を導入すべき時期である。外来受診が困難となってからの予後は1〜2年弱と短く、この間の突然死も多いことを考えると、在宅医療の導入を躊躇すべきではない。在宅医療機関の選定にあたっては、症状コントロールに長け、臨時対応を丁寧にしてくれる医療機関を特に選ぶ必要がある。理由としては、慢性呼吸不全患者の最期の1年間は強い呼吸苦との戦いになることが多く、かつ、突然死が少なくないからである。

⑤ 腎機能障害（透析導入適応でありながら導入しない場合）

❶ 予後の中央値80日、平均150日

これらの値は、透析の適応がありながら、透析を希望しなかった患者、もしくは何らかの身体的な状況から透析導入を見送られた患者の予後であり、一般的な慢性腎疾患の経過ではないことに注意が必要である。透析適応にありながら、それを行わずに療養する患者は、日常的に、溢水や尿毒症から様々な症状を来すリスクが高く、また、高カリウム血症からの急な心停止も十分にあり得る。そういった状況にある患者・家族がその最期の日々を快適に過ごすためには、訪問看護、および訪問診療の導入が必須といってもよい。それなしには頻回に救急車の要請をせざるを得ず、本人達のQOLだけでなく、社会的な負荷の観点からも望ましいことではない。

❷ 在宅医療の導入時期と必要性

腎機能としては、透析導入が必要でありながら、透析導入自体が困難とわかった時点で在宅医療の導入が必要となる。前述したように、予後は非常に短く、終末期の悪性腫瘍に近いため、時間的猶予が限られていることと、最期の療養期間中3〜6か月程度の間、様々な症状が出現するためである。呼吸不全と同じく、スキルのある在宅医療機関を選定する必要がある。

⑥ 循環器疾患（重症心不全）

❶ 予後の中央値 200 日、平均 450 日

　重症心不全で、入退院を繰り返している患者が適応となる。予後の中央値としては211 日、平均 427 日で、来院が困難となってからの平均では約 1 年と考えてよい。慢性呼吸不全と同様、日常生活動作に伴う呼吸苦があり、繰り返すことが多い。

❷ 在宅医療の導入時期と必要性

　心不全で頻回の入院を繰り返していたり、呼吸困難感のために来院が難しい場合、心臓悪液質で高度のるい痩を来している場合には早期の在宅医療の導入が望ましい。そういった患者の予後は 1 年前後と短く、その間は呼吸苦を中心に様々な症状が出現するためである。そのため、心不全に対処するスキルをもった医療機関に依頼することが望ましい。また、日常的な塩分、体重管理も必要なため、よく訓練された訪問看護師に依頼する必要がある。

4）在宅医療に関する地域連携の実際

　本項では、まず、在宅医療において各職種がどのような役割を担っているかを概説し、在宅医療クリニック、訪問看護ステーション、居宅介護支援事業所それぞれの選択について注意すべき事項について解説する。

① 在宅医療クリニック

❶ 役割

　訪問診療を提供するクリニックの役割は、大きく分けて、3 つの役割があると考えられる。①急性増悪の予防と対処、②栄養支援など慢性療養の支援、③ ACP も含めた人生の終末期への対処、である。

　これらの役割は、疾患ごとに異なっている。例えば、悪性腫瘍ではその多くは③の役割を果たすことになり、脳血管障害では②の役割から、最後は③の役割を、重症心不全では①の役割と③の役割を果たすことになる。

❷ 選択のキーポイント

　上記のうち、①については少なくとも内科の素養が必要であり、②については慢性期の管理の知識が、③については看取り期の緩和医療についての知識が必要である。

　したがって、本来であれば、それらの知識と経験がどの程度あるのかを見極めて選択する必要があるのだが、なかなか難しい。現実的には、地域の信頼できる訪問看護

ステーションからの情報に頼らざるを得ず、常に彼らと密な連携を心がける必要がある。

② 訪問看護ステーション

❶ 役割

　訪問看護ステーションは、在宅療養にかかわる医療職のなかでは最も患者宅に頻回に赴く職種であり、在宅医療においては、病棟での担当医に似た役割を果たす。夜間対応のファーストコールなど、急変時の医学的な評価を医師に的確に伝える役割、患者の訴えを医師に的確に伝える架け橋的な役割、患者、家族の精神的な支えとなることなど、その役割は重大で幅広い。

　そのため、これらの機能が大きな意味をもつ疾患や状況、具体的には、悪性腫瘍、呼吸不全・心不全など臓器不全などの不安定な疾患をもつ患者、および独居もしくは虚弱な老老介護の世帯にとっては必要不可欠なサービスと考えてよい。

❷ 選択のキーポイント

　上記の患者の退院時には極力訪問看護ステーションのサービスを導入すべきである。その際には、症状増悪の評価がきちんとでき、かつ、主治医への報告を症状変化時にこまめに行ってくれる事業所を探す必要がある。また、患者との関係性においてはできるだけ柔軟な対応ができる点を重視すべきであろう。

　独居者や老老介護のサポートについてはケアマネジャーとの連携も多く、その連携にも配慮できる訪問看護ステーションが望ましい。

③ 居宅介護支援事業所

❶ 役割

　在宅医療において、ケアマネジャーの果たす役割は非常に重要である。特に本人のセルフケア能力が低い場合や、家族の機能が十全でないケースでは、ケアマネジャーのよしあしがその人の将来を決定的に左右してしまう。

　部屋が驚くほど汚く、本人の保清も保たれていないようなケースで、ケアマネジャーを変更しただけで見違えるように部屋が片づいて、生活が一変するというケースを筆者は複数回経験している。また、本人が在宅療養の継続を希望しており、十分に在宅療養の継続が可能であると考えられるにもかかわらず、家族とケアマネジャーとで本人のあずかり知らないところで、施設入所を進めてしまうなど、本来は本人のアドボ

ケートをすべきケアマネジャーが全くそうなっていないケースが少なくない。

医療ソーシャルワーカーはソーシャルアクションとして、こういった事柄にも警鐘を鳴らし、啓発活動を行うなどの活動も今後は必要となろう。

❷ 選択のキーポイント

ケアマネジャー選択にあたっては、患者、家族の訴えをきちんと聞き取る能力をもっているかどうか、患者の希望を代弁し、患者・家族間の調整を行えるかどうかを見極めて選択する必要がある。悪性腫瘍の場合には比較的短期間で在宅療養が終了する可能性が高く、ケアマネジャーの質が対象者の人生の質を大きく左右することは少ないが、慢性疾患の場合、特に認知症や脳血管障害、変性性神経疾患、運動器疾患など、不安定でありながら長期の予後が予想されるケースではケアマネジャーの質がそのまま対象者の人生の質に直結する。したがって、そういった疾患をもつ患者に対してはケアマネジャーの選択に特に慎重になる必要がある。

ケアマネジャーの選択を地域包括支援センターに一任するような退院支援が少なくないが、その地域包括支援センターがどのようなケアマネジャーを選択しているかにも着目する必要がある。医療ソーシャルワーカーは患者の人生の分岐点にかかわっているという意識を常にもつべきだと考える。

5) 在宅医療への退院支援にあたり留意すべきこと

在宅医療機関への紹介は、患者にとっては、先進的な医療を受けられなくなるという恐怖を伴っている場合がある。特に、患者、家族の病状理解が不十分な場合には、突然の在宅医療への主治医移行の提案が、自分の命が長くない、という宣言と同等に受け取られる場合もある。

医療ソーシャルワーカーが在宅医療機関への連携を主治医から依頼された場合には、患者・家族にはどのように病状説明がなされているのかに留意する必要がある。

そのうえで、依頼先の在宅医療機関が今後の主治医となるのか、それとも、現在の主治医側で診療の責任をもつのかを、患者、主治医、依頼先在宅医療機関との間できちんと合意形成を図る必要がある。この点が不明確な患者の場合には、患者が不利益を被る場合が少なくない。患者側は依頼元の病院が主治医だと認識しているため、何かあると依頼元の病院を頼ろうとし、実際に受診をしたり、入院を希望したりするが、元主治医は、在宅医が主治医であると認識しているために診療を拒否する場合も見受けられる。

在宅医療機関への依頼時には、上記の点には特に注意を払う必要がある。

⑥ 疾患とソーシャルワーク

1）傷病におけるソーシャルワークの意義

　医療ソーシャルワーカー（以下、MSW）は「医療」と名のつくソーシャルワーカーであり、傷病を治療する医療の現場で働く医療従事者である。傷病を抱える患者・家族の生活・生活設計の支援を基本とする。

① 傷病とソーシャルワーク

　本節で対象としてきた傷病は慢性疾患が中心になっている。継続して治療が必要となり、長期（時間）かつ広範囲（システム）に患者・家族の生活に影響を及ぼす。ソーシャルワークに必要となる、価値・知識・技術の基盤に変わりはないが、傷病の特徴、特殊性（症状、障害、進行、予後、治療法）を個別化して生活への影響を評価する。「傷病だけをみるのでなく、人とその生活をみる。さらに、人だけでなく、人と人、人と社会の関係をみる。そして取り巻く社会環境をみる」のが MSW である。

② 死生を考えるソーシャルワーク

　傷病は命・死を認識せざるを得ないものである。傷病から命・死、そして生・人生を考えることを支援する。このことは緩和ケア、ACP、人生の最終段階における意思決定支援等におけるソーシャルワークの重要性も意味する。

　Z. T. ブトゥリムは「ソーシャルワーカーが、人間の生き方について基本的な関心を持っている〔中略〕このような問題は、モラルを抜きにしては考えられない。それは、「望ましい人生」とは何かに関するある種の信念と、望ましい人生をいかに求め進めていくかという、方法に関する倫理的な考察が基になっているはずである。〔中略〕ソーシャルワークは、現実的であるために、哲学的でなければならない」[7] と述べているが、傷病を抱えた人の生き方を現実的に考える意義が傷病におけるソーシャルワークにはある。

③ 医療現場の多職種連携と傷病の専門性

　医療現場は多様な専門職が従事する。MSW には傷病の基本的な知識が、傷病がどのような影響を生活に与えるのかを評価するため、患者・家族の傷病理解を支援するため、多職種と連携するうえで共通認識をもつため、等に必要となる。一方、傷病自体の専門家は医師であり、他職種の専門性を尊重する姿勢が大切である。傷病における他職種の

専門性を認識できないことは、自らの専門性を曖昧にする危険がある。

④ 傷病を抱える人と社会システムの枠組み理解

❶　マクロレベル（政策）の視点

　傷病を社会、医療、福祉政策の面から把握しておくことが必要である。本節で対象とする傷病は「医療法」に基づく医療計画に多く含まれている。また傷病に応じた「脳卒中・循環器病対策基本法」「難病法」「健康増進法」等の制定や、「健康日本21」の政策が進められている。診療報酬には傷病へのソーシャルワークが反映されており、改定ごとに内容把握が求められる。これらの政策へのソーシャルワークのかかわりは日本医療ソーシャルワーカー協会等の活動によるところもあり、専門職団体の活動の把握と参画を要す。

　社会の状況が傷病に及ぼす影響も捉えておく必要がある。格差、貧困、社会的孤立、少子化、超高齢社会といった社会背景が傷病に影響し、傷病が課題を深刻化させるといった相互作用が起こることにより、状況が複雑化することを把握しておく。

❷　メゾレベル（チーム・組織）の視点

　ソーシャルワーカーの立ち位置、所属する機関の機能・役割、所属する部署の機能・役割を把握することは傷病を抱える患者の支援と関係する。医療機関の機能分化が進み、対象とする傷病、対応する時期（救急期・急性期・回復期・維持期・療養期）も異なるため、立ち位置を認識し、果たすべき役割・専門性を発揮することが求められる。立ち位置・役割は自然と発生するものではなく、組織内でのソーシャルワークの明確化・啓発を続け、組織体制を構築しておくことが必要になる。

❸　ミクロレベル（個人・家族）の視点

　支援の実践は傷病の特殊性を考慮し、個別化したものになる。傷病の生活への影響はライフステージにおいても異なる。1人ひとりがどのライフステージに位置しているのかを把握したうえで、時間軸での過去・現在・未来と、取り巻くシステムを評価する必要がある。支援の実際は、医療ソーシャルワーカー業務指針、倫理綱領・行動規範に依拠する。

⑤ ICT 化に応じた傷病のソーシャルワーク

　情報通信技術（ICT）は傷病に対する診療、健康管理・予防、多職種・多機関連携に活用され、様々な取り組みがされている。ソーシャルワークにおいても ICT の活用に

よる情報共有・管理、効率化、地域連携体制の構築は必須のものとなる。一方で活用のできない患者・家族や、情報の取り扱いなどに権利侵害が発生する可能性など、ICT化が患者・家族に不利益を生じさせないようにする役割も担う。

2）糖尿病におけるソーシャルワークの実際

糖尿病の分類、病態の程度、合併症、障害の有無について把握し、生活・受診環境のサポートを行う。糖尿病が生活に影響する一方、生活環境・課題が糖尿病の発病につながることもあり、傷病と生活の相互性と複雑性を考慮する。

① 心理的・社会的問題の解決、調整援助

生活習慣を振り返り、糖尿病と合併症のリスクについて受け止め、将来を設計していくことは患者・家族にとって大きな負担となる。傷病の理解につながる情報を得られる環境、予測される生活・受療環境と活用の考えられる社会保障・社会資源の情報を整理し提供する。受診、服薬（インスリン管理）、栄養管理は継続して続き、生活を営むなかで各種の管理をする意欲を維持することがどれだけ大変であるかを理解し、中断をしてしまう場合なども含めた相談対応の検討をしておく。

ライフサイクル、合併症に応じた個別の評価も必要となる。

❶ ライフサイクルに応じた特徴を評価

周産期（妊娠糖尿病）：児への影響の不安、急な入院による環境・経済面の不安

幼児期：1型糖尿病の理解と栄養摂取、就学環境とインスリンポンプ

生活期：就労・家事・育児・介護等との両立

高齢者：介護が必要な際のインスリン等の対応、認知面と治療・服薬環境

❷ 合併症に伴う生活への影響の評価

神経障害：ADLの低下、切断を含めた肢体不自由、介護サポートの必要性

視覚障害：中途障害の急で大きな環境変化・制約、自立訓練の検討

腎機能障害：腎代替療法（透析・移植）の選択、透析通院の管理

② 退院援助

自宅療養ではインスリン管理、透析通院、視覚障害・歩行障害、皮膚処置等から訪問サービスにおいても対応できない場合がある。様々に治療方針を決める際には、療養環境面から医療チームに将来の生活像を含めた評価を伝え、反映させる必要がある。

転院・施設入所に際してもインスリン管理、透析通院等により受け入れに制限がかかることがあり、地域の医療機関、施設についての情報をあらかじめ整理しておく。

③ 社会復帰援助

　定期的な通院、服薬（経口、注射、ポンプ）により就労・就学は継続できるが、管理が困難となり合併症などがあると支援が必要になる。治療が継続でき、就労・就学先で治療・栄養・休養等の配慮が得られ、逆に過度な制限とならないような正しい理解が得られる環境構築をする。教育現場、産業保健スタッフとの情報共有、連携が求められる。

　透析は血液透析の通院、腹膜透析の管理に対しての職場の配慮も必要になり、必要に応じて就労先との環境調整を行う。視覚障害の場合は現行の就労継続が困難となる場合もあるが、障害の受け止めを確認しながら、自立訓練、職業訓練等による社会復帰も考慮した支援を行う。

④ 受診・受療援助

　受診の中断の可能性、管理の困難さの背景を心理・社会面を含めて把握する。視覚障害・歩行障害のある際や、継続的な透析通院のための受診環境の調整が必要であり、高齢化、障害の重複化に応じた受診・受療手段の確保が求められる。

⑤ 経済的問題の解決、調整援助

　長期的で広範囲に生活へ影響することから、適切で個別化された社会保障活用が重要になり、経済的な負担が心理面、就労・就学面に影響することを考慮する。ライフサイクル、合併症に応じ、乳幼児医療、小児慢性特定疾患、健康保険高額療養費、特定疾病療養受療証、身体障害者手帳、重度障害者医療費助成制度、自立支援医療、障害年金等の活用を評価する。

⑥ 地域活動

　糖尿病に対しての地域、就労・就学先の理解を広める啓発、健康教室、出張相談の企画も考慮する。糖尿病情報センターでは各種の情報提供が行われている。糖尿病を取り巻く環境を把握しておく。

3）脳卒中におけるソーシャルワークの実際

脳卒中は、かかわる病期・病態・経過、機関の役割により支援内容も異なる。軽症や症状の改善で後遺症がなく社会復帰する場合もあるが、重症・再発により意識障害、肢体の障害、言語障害、高次脳機能障害などの後遺症を抱える場合もあり、様々な課題が生じる。

① 心理的・社会的問題の解決、調整援助

急性期においては、発症、身体状態の変化により患者・家族の環境にも急激な変化をもたらし、病状、生活・就労、経済面の不安を生じさせる。危機介入の視点で、心理的サポートと適切な情報提供（予測される課題、具体的に活用の考えられる社会資源）が求められ、介入は傷病の理解や状況の受容を援助する。

維持期・生活期においては、精神的不調に陥る場合もある。後遺症のある場合は生活環境の再構築が必要となる時期であり、患者・家族の役割の変化も考えられ、世帯単位での環境調整・心理サポートを要す。

② 退院援助

退院援助は将来の見通しを評価したうえで行う。多職種・多機関連携が必要であり、日頃からの地域連携体制の構築を要する。

自宅への退院は介護、看護、リハビリテーション、福祉用具、住環境等の必要性についてと、患者・家族の力を評価し、介護保険、障害福祉サービス、地域資源を活用した環境調整を進める。

リハビリ転院の際は、時期を図りながら、転院先の機能、地域、費用負担を評価し、十分な情報提供のうえ、患者・家族が転院先を決定できるように支援する。

療養転院・施設入所は長期的な療養の場を選択することになり、費用負担、家族の負担を考慮した支援となる。また入院・入所には様々な要件（医療行為・医療区分、看護状況、家族構成、費用負担等）があり、課題を整理して患者・家族が判断していく過程を支援する。

③ 社会復帰援助

後遺症のある場合や再発予防の受療・服薬が必要になる場合、その状況を抱えながら、どのように社会参加との両立を図れるかが重要となる。

就労のある場合、後遺症状に応じた就労環境を整えることが「治療と仕事の両立支援」に必要となり、患者・就労先・医療機関とで連携して取り組めるようコーディネートを担う。就学、育児、家事、介護への復帰においても家族、関係機関との連携により環境構築を図る。

④ 受診・受療援助

急性期では抱えている生活課題（経済的問題、家族介護、虐待問題等）から受診に結びつかない場合があり、課題解決を考慮する。維持期は予防的な継続受療が必要になる場合が多く、医療・看護・介護・福祉サービスの体制構築を行う。

⑤ 経済的問題の解決、調整援助

急な医療費負担の発生について介入が必要となることがある。健康保険（高額療養費・限度額認定証・付加給付）、民間保険の確認、整理をする。所得保障についても活用できるものを評価し、健康保険・傷病手当金、年金保険、労災保険、雇用保険について活用の評価を行う。

健康保険未加入の場合や、社会保険制度の活用によっても医療費・生活費の負担が困難な際は生活保護の申請を含めた支援を行う。後遺症・障害の状態に応じ、障害受容の状況を評価しながら障害福祉サービスの活用も情報提供する。

⑥ 地域活動

病期・病態により様々な機関、専門職種がかかわるため、脳卒中地域連携パスの活用を含めた、医療・介護・福祉・就労・教育・行政等との連携体制の構築が必要になる。また高次脳機能障害の患者・家族会などピアサポート、サロンなどの立ち上げ、情報提供、連携を念頭に入れ支援する。

脳卒中患者および家族への情報提供や相談支援に関しては「脳卒中相談窓口マニュアル」を参照されたい。

4) 心疾患におけるソーシャルワークの実際

心疾患の病状や重症度は様々である。心不全は増悪を繰り返しながら症状が進行し、入退院の繰り返しや長期入院となる場合があり、急性の冠動脈疾患では緊急治療が必要になることもある。病態や傷病の特徴、病期、治療方針について把握したうえで支援を

する。

① 心理的・社会的問題の解決、調整援助

　救急搬送・緊急入院などの際は病態、治療内容、先行き、費用負担の不安が生じやすく、治療について必要な情報が得られる体制づくり、生活設計のできる制度活用についての説明を要す。外科的手術やカテーテル術、デバイス治療、心臓移植手術などの侵襲的な治療を行う意思決定は大きな心理的負担となり、経済的な不安も想起されることを想定する。

　心不全では療養生活が長期になるなかで傷病の進行、ADL の低下、機能喪失が起こり心理的・社会的負担が長期にわたる。そうしたなかで緩和ケアの取り組みも始まっている。緩和ケアは人生の最終段階のみに行われるものではなく、治療の初期段階から行われ、あわせて ACP を支援することは重要である。

　先天性心疾患は小児期では家族の想いを尊重し、寄り添うことが必要になる。家族の疾患に対する不安、将来に関する不安は大きく、適切な時期に適切な情報提供と相談できる体制を保障することが必要になる。小児期から成人期には移行期支援を要する。

② 退院援助

　心疾患では救急病院、かかりつけ医、福祉サービスの連携による地域包括ケアシステム体制を整えた退院後の療養環境づくりが必要になる。退院支援の視点からも ACP は重要であり、将来的な療養の場を考慮した退院後の生活設計を行う必要がある。

　自宅療養の際は病態と生活状況を把握したうえで医療、看護、介護環境を整える。手術後のリハビリテーションを目的とした転院や、長期的な療養を目的とした転院・施設入所の環境調整が必要になる場合もある。医療デバイスや薬剤により療養先の選択が制限されることがあり、退院・療養先の選択は医療面、社会面、経済面が複雑に絡む。状況の整理と説明による意思決定と環境づくりの支援が必要になる。

③ 社会復帰援助

　心疾患は周囲からはわかりづらい場合も多く、社会復帰には患者・家族、周囲の疾患理解が必要になり、理解の促進が得られる場の調整を行う。

　就労のある場合、心臓の状態と仕事の負荷のバランスを考えた支援が必要となる。長期的に心機能の低下や発作の再発など、進行していく場合もあり仕事内容や配慮を見直

していく必要もあるため、将来を見据え、継続的な支援をする。

④ 受診・受療援助

再発予防のためには心疾患と併存疾患の治療継続が必要になるが、経済面、家族背景、就労・就学環境、物理面（移動・距離）、心理面から、維持することは簡単でない。治療の必要性を認識し、受療環境を整えていけるように支援する。

⑤ 経済的問題の解決、調整援助

心疾患の種類によっては指定難病、小児慢性特定疾患、身体障害者手帳（不整脈におけるペースメーカー、植え込み型除細動器、心臓弁膜症における人工弁置換術など）、自立支援医療（育成医療・更生医療）、重度障害者医療費助成制度、障害福祉手当、障害年金に該当するものがある。

傷病や重症度、年齢（移行期含む）、所得状況、居住地域（住民票）、健康保険や年金保険の種類等により複数の制度がかかわり、全体像は複雑になる。制度活用の可能性について個別化した整理、説明を行う。

⑥ 地域活動

疾患管理では患者と医療者でICTの活用による情報把握・共有が図られ、効率的な地域連携体制を構築し、地域全体で心疾患をみる取り組みが進んでいる。患者・家族の生活状況と地域の実際を考慮した体制づくりに参画することが求められる。

5）神経難病におけるソーシャルワークの実際

神経難病は原因不明で治療法が確立しておらず、次第に症状が進行するため、長期にわたり療養を必要とする。そのため生活への影響も大きく、症状の進行、重症化によるADLの低下、各種障害の発生を考慮した長期的な見立てが必要になる。

① 心理的・社会的問題の解決、調整援助

進行性、予後、遺伝の可能性など、診断のついた時の心理的負担は大きい。診断時からの早期介入、経過に沿った心理面へのサポートと生活・将来設計の支援をする。

病態が進行すると身体機能、言語機能などに障害が起き、医療的には経管栄養、気管切開、人工呼吸器が必要になるなど介護、看護の負担への不安が想起される。これらの

ことから在宅療養、入院・施設療養についての検討も求められ、経済面も含めた複雑な課題が発生する。様々な専門職と連携し、社会保障・社会資源の活用を支援する。ACP、早期からの緩和ケアの視点をもち、患者・家族の意向を尊重したうえで、協働した意思決定ができるようコーディネートする。

　長期の在宅療養の場合は患者・家族の心身の負担を考慮し、レスパイト事業の活用も検討し地域資源の確認を行う。

　遺伝性である場合は、家族が発症することの不安、自責の念を感じること、家族・親族内の不和が生じること、などについて世帯・親族を対象とした支援を念頭におき、家族間調整、遺伝カウンセリングを含めた対応・情報の取得を支援する。

② 退院援助

　在宅療養、リハビリ、長期的入院療養の環境調整が考えられる。療養環境が変化することの不安軽減を図るために、社会保障・社会資源を適切に情報提供し、長期的な視野の基に療養先を決定できるように支援する。

　在宅療養は医療ケア、介護体制の構築が必要になり、様々な分野・機関・職種の協働が必須になる。人工呼吸器対応やコミュニケーションツールの活用などケア体制の構築分野は多岐にわたる。介護保険、障害福祉サービスは地域による資源の差異もあり、地域資源の確認が前提となる。

　入院療養は医療ケアの必要性、入院期間、地域、費用負担を総合的に評価したなかで選択していく過程を支援する。

③ 社会復帰援助

　国の難病等の医療提供体制の目指すべき方向は、学業・就労と治療を両立できる環境整備を医学的な面から支援するとなっており、社会復帰は明確な目標である。早い段階から医療面だけでなく生活環境を見据え、両立支援の必要性に気づき、多職種・多機関と連携・協働した支援が必要になる。

④ 受診・受療援助

　病状・病期や治療・リハビリ・在宅療養・長期療養などの目的に応じ、受療機関は様々である。また気管切開、人工呼吸器の対応ができる受療先は限られており、受診、受療の環境を確保・維持するには長期的な支援が必要になる。診断、治療決定時の負担は大

きく、状況に応じセカンドオピニオンの活用を含めた情報提供を行う。遺伝性である場合の子どもへの説明や受診については遺伝診療科との調整を行う。

⑤ 経済的問題の解決、調整援助

　長期継続的に受療することを考慮し、指定難病、小児慢性特定疾患など社会保障制度を整理し、医療費負担の将来設計を支援する。身体障害者手帳・重度障害者医療費助成制度、所得保障（健康保険、年金保険、雇用保険）を治療経過に沿い評価し、活用を支援する。

⑥ 地域活動

　受診受療、退院時の環境構築、治療と仕事の両立支援には地域機関との連携が必要である。難病では難病情報センターが各種の広範囲な情報提供を行っている。都道府県には難病相談支援センターが設置され、地域関係機関、患者会・家族会情報などの情報提供、相談体制が整備されている。難病医療を取り巻く地域医療ネットワークを把握しておく。

⑦ 在宅におけるソーシャルワーク

1) 在宅におけるソーシャルワークの意義

　近年、医学の進歩、患者のライフスタイルや療養生活の選択の多様化、そして診療報酬などの制度政策による誘導を背景として居宅・居室にて医療的支援を受けながら療養生活を送る人々が増えている。そして、そういった人々を支える専門職も地域のなかで増えている。MSW もその 1 つである。

　2018（平成30）年の診療報酬改定では、社会福祉士が退院時共同指導加算を算定できる職種として位置づけられ、在宅医療の現場において公的にも社会福祉士・MSW が求められつつあるといえよう。厚生労働省は在宅医療の中心となる在宅療養支援診療所に期待する役割として、①退院支援、②日常の療養支援、③急変時の対応、④看取りの 4 つを示している（図6-11）。

　このなかの、特に「退院支援」「日常の療養支援」は、長い間、MSW が担ってきた業務そのものである。また、「急変時の対応」には急性期の加療、医療的介入が重要であるが、そのための社会資源の調整、入院調整、本人や家族の様々な次元の自己決定の支援といった役割も重要となり、これらは MSW の業務である。「看取り」には医療者

図 6-11　在宅医療の体制について

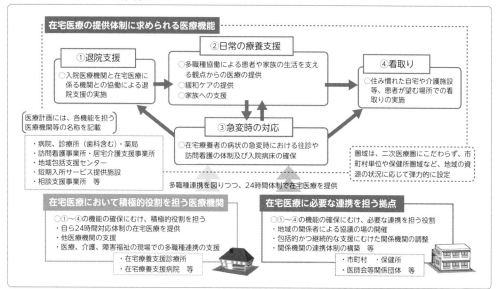

在宅医療の体制構築に係る指針（疾病・事業及び在宅医療に係る医療体制について（平成29年3月31日付け医政地発0331第3号厚生労働省医政局地域医療計画課長通知）より
出典：厚生労働省

が24時間必要時対応することができる体制を有することを前提に、患者本人や家族、あるいは施設の職員の方向性、意向、理解の確認、および心理的サポートが求められる。つまり、「急変時の対応」「看取り」という役割についてもMSWの業務と非常に親和性が高いことは明白である。

2) 在宅患者のニーズの捉え方

　本項で扱う「在宅におけるソーシャルワーク」とは、「疾患に対するソーシャルワーク」とは視点の異なるものである。他の項目は特定の疾患や症状を有する患者に対するソーシャルワークについて述べているが、本項は医療を受け、療養する"場"が在宅である患者に対するソーシャルワークについて述べる。つまり、患者の共通点は居宅・居室で医療的支援を受けている、ということであり、年齢や疾患、必要な医療行為、身体機能は実に様々なのである。よって、在宅医療の現場におけるソーシャルワークの最も大きな特性は、特殊なスキルではなく、すべての疾患や対象に対する実践スキルを活用することとなる。

　それでは、在宅医療の現場ではMSWがどのようにニーズを捉え、介入することができるのだろうか。在宅医療の特徴から次の5点にまとめる。

① 様々な身体機能や認知機能のレベルを有する高齢者が多い

　在宅医療を受けている患者の年齢をまずみると、在宅医療を受けている人のほとんどが75歳以上の高齢者であることがわかる（**表6-8**）。しかし、要介護度、認知症自立度については分散しており（**図6-12**）、高齢者が多いとはいえ、その身体機能や認知機能のレベルは多様であるといえる。

表6-8　在宅患者訪問診療の年齢階級別の構成比

（レセプト件／月、%）

	2008年 （平成20年）	2011年 （平成23年）	2015年 （平成27年）
計	272,540	449,315	699,534
0-4歳	0 (0.0%)	38 (0.0%)	598 (0.1%)
5-19歳	0 (0.0%)	1,085 (0.2%)	1,165 (0.2%)
20-39歳	2,502 (0.9%)	3,499 (0.8%)	3,909 (0.6%)
40-64歳	12,443 (4.6%)	23,074 (5.1%)	19,542 (2.8%)
65-74歳	31,488 (11.6%)	35,384 (7.9%)	49,719 (7.1%)
75-84歳	93,044 (34.1%)	152,390 (33.9%)	200,606 (28.7%)
85歳以上	133,063 (48.8%)	233,845 (52.0%)	423,995 (60.6%)

資料：厚生労働省

図6-12　訪問診療の対象患者について

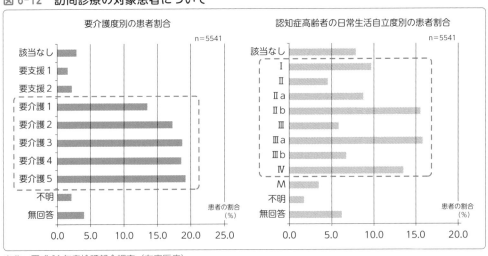

出典：平成26年度検証部会調査（在宅医療）
資料：厚生労働省

後述するが、MSW はフォーマルおよびインフォーマルな資源やネットワークを把握、活用している。多様な背景を有する高齢者に対して、単純に介護保険のサービスを結びつけるのではなく、複雑に絡み合った身体機能や認知機能のレベルを踏まえて情報を提供し、自己決定を促し、必要な社会資源につなぐことが求められる。

② 多様な疾患と多様な医療行為が必要な患者層

次に、在宅医療において医師が行っている診察内容についての調査結果をみると、46%が日々の基本的な健康管理、残りの54%はそれに加えて何らかの医療行為を必要とする状態にあった（図6-13）。また、患者の有する疾患の分布をみると循環器疾患が最も多く、次いで認知症、脳血管疾患、骨折、糖尿病、呼吸器疾患、精神科疾患、神経系疾患、悪性新生物の順となっている。上位3疾患の割合は大きいが、逆にそれ以降については同じような割合となっており、在宅医療の現場には実に多様な疾患を有する患者がいることが示されている。

前項にあるように疾患ごとに生じる日常生活における困難や、必要になる医療行為を自宅で行うための検討や環境整備は在宅医療において必須である。MSW が患者をエンパワーしたりアドボケイト機能を果たしたり、チームとの調整を行ったりすること、あ

図 6-13　患者に提供している医療行為

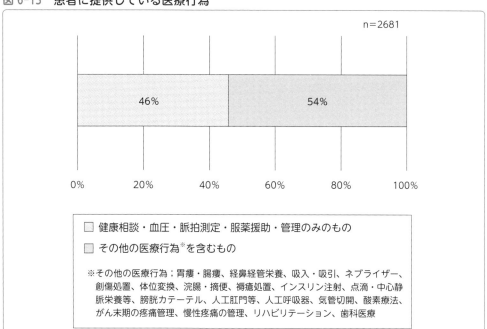

n＝2681

46%　　54%

0%　20%　40%　60%　80%　100%

□ 健康相談・血圧・脈拍測定・服薬援助・管理のみのもの
□ その他の医療行為※を含むもの

※その他の医療行為；胃瘻・腸瘻、経鼻経管栄養、吸入・吸引、ネブライザー、創傷処置、体位変換、浣腸・摘便、褥瘡処置、インスリン注射、点滴・中心静脈栄養等、膀胱カテーテル、人工肛門等、人工呼吸器、気管切開、酸素療法、がん末期の疼痛管理、慢性疼痛の管理、リハビリテーション、歯科医療

るいは具体的に家族背景や経済的背景を踏まえた治療方針や医療行為を検討するように医療者に促すこと、そしてそのつど患者や介護者の理解度と実施する能力の評価をすることは患者の在宅生活の実現のために不可欠である。

③ 在宅医療のチームメンバーは地域に分散、オーダーメイド

在宅医療の現場の特性には、患者を支える支援チームが多様な機関から集まること、サービスや社会資源が地域に分散しており、患者ごとに検討、調整が必要であること、訪問時はそれぞれの支援者単独の訪問が基本となるため、密室性が高いことがあげられる。

病院には多くの職種が同じ機関に所属しており、その理念や患者の利益に加えて、組織が追求する利益も基本的に一致している。そして、組織内に必要な支援や資源があるため、多少の調整は必要ではあるが基本的には比較的マネジメントしやすい状況にある。

一方、在宅医療においてはほとんどの職種が別の機関に所属している。本来、すべての専門職が患者の利益を当然優先すべきであるが、加えて無視することのできないそれぞれの機関の利益という点では相反する場合も少なくない。そして、患者ごとに適切な支援や資源をそのつど地域のなかで探し、チームをコーディネートする必要がある。また、ほとんどの場合、異なる時間帯に患者の家に訪問するため、より主体的意識的に関係者にアクセスしない限り、第三者による評価や情報が入ることは少なく、客観的評価に基づいた実践が行われないことも起こり得るし、情報共有やスムーズな連携の実施は容易ではない。

MSW は、これまで医療現場で多くのチームメンバーをアセスメントしながらただ場

図 6-14　在宅医療を受けている患者を取り巻くチーム

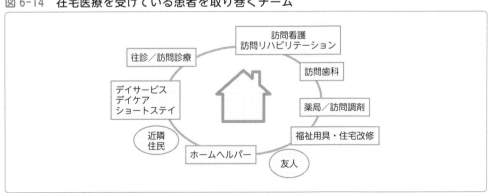

筆者作成

表6-9　病院医療と在宅医療

	病院医療（入院）	在宅医療
療養の場	病院内の病室	自宅、居室
生活の状況	日常生活は中断して医療を受ける	日常生活を継続しながら医療を受ける
療養の支援者	病院職員	家族、同居者、在宅医療機関職員、介護事業者職員、地域住民、ボランティアなど

筆者作成

を共有する、あるいはつなぐのではない連携をしてきた専門職である。地域に点在している専門職の連携は在宅医療における恒常的課題であり、この点にMSWは大きく寄与することができる。

④ 患者の生活の場が医療現場

　加えて、在宅医療は患者の生活の場、居住空間において提供される。病院医療においても患者に合った治療方針を立てるためには社会的背景、生活歴、経済状況を把握することは重要であるが、在宅医療においてはその重要性、影響が大きいことはいうまでもない。患者の居住空間は医療を効率的に提供するために整えられておらず、患者の多くが効率的な医療よりも自分の慣れた空間で自分らしく生活をし、そのなかで提供される医療を受けることを望んでいるからである。よって、在宅医療を受けながらその人らしく生きていくことを可能にするために何が必要なのか、丁寧で的確なアセスメントをすること、そしてそれを在宅医療の治療方針に反映させるように医療チームに働きかけることは非常に重要である。

⑤ 患者と生活をともにする人々の存在

　多くの在宅医療を受けている患者は居住空間、生活空間を家族や同居する人と共有しており、在宅における療養生活を安定したものにするには患者とそれらの人々の間のダイナミクス、あるいは家族や同居する人の生活までもアセスメントし、必要な支援を提供する必要がある。また、近年独居の在宅医療を受ける患者は増加傾向にある。そうした場合、生活は別だが患者を精神的に支えていたり、意思決定の場面では患者を支援したりする家族や親近者がいることもある。在宅医療の現場においてはそうした人々の患者の療養への関わり方を確認し、患者やチームと共有のうえ、患者を支援していくことが求められる。

　また、近年1つの世帯に様々な課題を有する世帯が増えている。患者を支えるととも

にその世帯を支えることも求められている。

3）在宅支援に活用できる制度・サービス

　在宅療養をする患者を支援するために活用できる制度・サービスは、年齢、療養を必要とする背景、認知機能、経済状況によって決まるため、生活保護制度、難病医療、成年後見制度などといった病院医療でもよく活用する制度以外にも実に多様な制度やサービス、社会資源を活用する。しかし、在宅支援のなかで、最も接点が多く、活用する頻度が高いものは「介護保険法」「障害者総合支援法」のサービスである。

① 介護保険法

　最も利用する患者が多いのは「介護保険制度」である。介護保険は、40歳以上の人が加入者・被保険者となり、日常生活を送るために介護や治療が必要になったときに手続きをすることでサービス事業者が提供する介護サービスを利用することができる制度である。申請をして受けられるサービスは、在宅サービス、地域密着型サービス、施設サービス等である。要介護者ではなく要支援者と判定された患者は介護予防サービスを利用することができる。

　申請することができるのは65歳以上で何らかの支援を必要とする人、もしくは40歳から65歳までの医療保険加入者で、末期がん・悪性関節リウマチなどに起因する疾病（特定疾病）によって何らかの支援を必要とする人である。在宅医療を受ける患者は高齢者もしくは何らかの疾患を有するため、在宅医療において一番多く利用する制度となる。

　介護保険制度の在宅サービスとして提供される訪問医療サービスは「訪問看護」「訪問リハビリテーション」「居宅療養管理指導」である。訪問看護、訪問リハビリテーションは主治医からの指示書に基づいて提供されるが、がんのステージや難病の病名、ステージによっては医療保険による訪問である場合もあるため、注意が必要である。また、精神科の医師からの精神科訪問看護の指示書によるリハビリテーションについては作業療法士による訪問のみ可能となるため、精神科疾患以外の疾患の状況によっては指示書を書く主治医の検討が必要となる。そのほか、病状変化や退院直後の際に使う訪問看護特別指示書を活用する場合、病状やほかのサービスの提供状況、患者や介護者の状況を踏まえ、特別指示書を用いた連日の訪問をいつから行うか、医師、看護師、ケアマネジャーと相談のうえ調整をすることが求められる。

図 6-15　在宅医療を受ける患者を取り巻く様々な社会資源

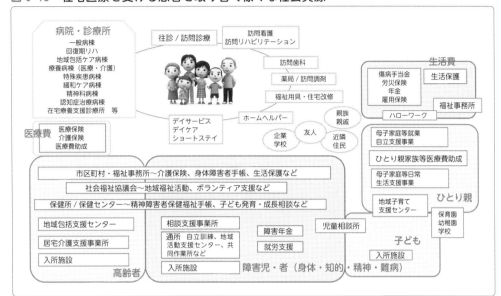

資料：在宅医療連合学会「在宅医療インテグレーター養成講座資料 たすかりまっぷ」を一部改変

② 障害者総合支援法

　2006（平成18）年度から施行された障害者自立支援法に対して、障害児については児童福祉法を根拠法に整理し直すとともに、難病を対象とするなどの改正をし、2013（平成25）年4月に施行されたのが「障害者の日常生活及び社会生活を総合的に支援するための法律（障害者総合支援法）」である。介護保険の対象とならない年齢や疾患により何らかの支援を要する状態にある患者が活用することができる可能性がある制度である。障害者総合支援法によって提供される障害福祉サービスは、障害の種類や程度、介護者、居住の状況、サービス使用に関する意向等を踏まえ、①介護給付、②訓練等給付、③相談支援、④地域生活支援事業等になる。

　すべての障害福祉サービスの利用に障害者手帳を持っていることが必須ではないが、持っているとサービスにアクセスしやすいことが多い。障害者手帳申請時、指定医による診断書が必要だが、訪問診療を担う医師が指定医ではない場合が多いため、外来受診が難しい患者の負担を少なく受診し、診断書を他院で書いてもらえるように調整する必要がある。

　その他、自立支援医療を使って在宅医療サービスを受けている患者の場合、他院の受診を調整する際、注意が必要である。

4）在宅におけるソーシャルワーク支援の内容（事例）

　最初に述べたように在宅療養をしている患者は実に多様であり、その患者の疾患、病状、経過、世帯の状況、社会的背景、文化的背景、経済的背景などによって MSW が果たす役割は変わる。今回は、中年期のがん末期の患者を事例とし、在宅医療の現場における MSW の役割を示す。

事例

　　A氏は 40 歳代男性、妻と小学生の子ども、両親との 2 世帯同居の人。2 年前に消化器系のがんを発症、がん拠点病院にて治療を受けてきたが、治療効果薄く、腸閉塞を繰り返したため、経皮経食道胃管挿入術（P-Teg）による排液と鎖骨下のポートからの中心静脈栄養（TPN）を入院下で導入、退院のタイミングでがん拠点病院から訪問診療と訪問看護の利用の相談があった。最終的には緩和ケア病棟に入院後、数日で逝去された。

　在宅療養中、MSW が介入したポイントは大きく分類すると次の 5 点になる。経過と解説を記す。

① インテーク、退院に向けた調整

　在宅 MSW として、退院前に妻と自宅で面談をし、本人と家族の経過と現状の理解度と今後のイメージの確認を行い、病院からの情報にはなかった事柄については事前に医療機関に確認を行い、退院前には病院、業者、薬局と医療材料や医療機器、処方等に関する確認、調整を行った。これは MSW ではなく訪問診療を行う医師の同行看護師や医療事務が行う場合もある。MSW が自宅の様子、生活の様子や家族の理解度をインテークの際情報収集しているため、それらを在宅療養における治療方針、医療行為に反映できるように MSW は適宜介入している。

　また、インテーク訪問の際に妻から事前に医療機関から得た情報とは異なる治療内容を受けているという情報があったため、病院 MSW に報告、確認のうえ、正確な情報を事前に受領、訪問診療を行う医師に提供した。これまで積極的な治療を行ってきたが効果がみられないという病状説明を受け、訪問診療や緩和ケアを提案された患者の多くが、これまでの医療機関や主治医への絶大な信頼と、同時に見放されたというある種の絶望感をもって訪問診療を担う医師の初診を迎える。できるだけ正確で詳細な治療経過を踏まえて訪問する医師が初診を行うことは医師の診療のしやすさと患者の安心感をもたら

し、信頼関係の構築に寄与する。そのため、MSW が初診の前にアセスメントを行い、情報を収集し伝えていくことは非常に重要である。

　その他、妻から退院後の療養の想像がつかないという不安や子どもへの説明や対応の相談、加えてがん末期の同居の父親についても相談があったため、受け入れ前に医師、看護師と退院後在宅療養開始後の介入について検討、調整を行った。

　退院日、医師の初回訪問に同行し、状況の確認を行った。介護保険申請可能な病期であるが、訪問看護は医療保険による訪問になることから介護保険を申請して利用すると思われるサービスが現時点ではなく、本人も希望しなかったため申請はしないこととした。ただし、福祉用具については説明し、それが必要となった時点で介護保険を申請できること、ただし自費での利用も可能であることも伝えたうえで、MSW が点滴台のみ自費レンタルで手配を行った。

② 療養中の治療に関する意思決定のサポートと在宅医療チームとの関係構築の支援

　痛み止めの調整や発熱時の方針、嘔気出現時の環境整備の方針などの場面において、A 氏と家族、あるいは医療者との間の調整に直接的あるいは間接的に MSW が介入した。例として痛み止めの調整の場面について述べる。

　徐々に痛みが強く変化していき、医療者はオピオイドの導入を提案したが、A 氏は抵抗を示し、それ以外の痛み止めを独自の判断で内服している状況に医師や看護師が戸惑っていた。医療者から妻にも説明をし、妻からも導入を試みたりしたがうまくいかない、と医師から相談を受け、MSW が介入した。

　MSW はインテーク時や退院日にアセスメントした A 氏と妻の関係性から、妻の提案を A 氏が聞くということは考えにくいと判断した。さらに、患者が病状説明は聞いているが現状を受容できていないと思われること、これまでの生活歴からみられたコーピングスタイルを踏まえて考えた際、未知のものであるオピオイドに対する恐怖心があるのではないかと考えた。そこで、医師と看護師に上記の判断を伝え、医療者による口頭での説得よりもオピオイドの仕組みや効果、注意事項などについて詳細に書かれた資料を 1 人で読んで理解を深め、決断することを好む可能性があると伝え、医師と看護師とともに説明の資料を作成し、それに基づいて医師が説明を行い、数日様子を見ることにした。その結果、A 氏本人からオピオイド導入を希望された。

③ 医療機関との連携

　入院していた医療機関とは退院時の連携以外にも継続的な外来受診が可能かという相談や、物品の手配について相談を複数回行った。体調悪化時、今後の方針を医師がA氏に提案するなかに入院加療や病院受診を選択肢として含む場合は、そういったことが可能か、事前に確認を行うなど、A氏がより快適で本人らしい療養生活を送ることができるために有効な選択肢をできるだけ多く医療者が提示できるための準備を行った。

　また、病状がかなり深刻になった時点で医療者とともに自宅での症状変化を妻や子どもが見守ることが難しくなったと判断し、緩和ケア病棟との情報共有、受け入れについての調整も行った。緩和ケア病棟はコロナの感染状況から面会の制限が多様化している。A氏は小学生の子どもが面会に来ることができる緩和ケア病棟を希望されたため、選定の際、A氏に情報提供する前にそれぞれの病棟の現状を確認した。申し込みを決めた緩和ケア病棟にはMSWからも申し送りの書類を送り、必要な場合のスムーズな受け入れを依頼していたので、最後入院される際にはその時点でのA氏、妻や子ども、両親の心身の状態についてもアップデートした情報を共有し、包括的な対応を依頼した。

④ 療養場所の自己決定のサポート

　A氏は自身の疾患のステージを受容しきれずに退院してきたため、入院中に最期をどこでどのように迎えたいかという話を医療者とも家族ともほとんどすることができていなかった。在宅MSWは退院して少し生活が落ち着いた時点で妻と本人それぞれと個別に話し合う場を設け、今後について話をした。しかし、本人はなかなか話をしたがらなかったため、訪問看護師と相談し、ケアをしながら関係性を深め、最期に関する意向を確認してみてもらうように依頼をした。

　訪問看護師から本当は自宅にいたいようだ、と報告を受けたが、妻はその時点でも自宅で看取る自信はないと話していた。また、子どものことや同居の両親のこと等様々な要因により、選択肢が複数あるほうがA氏と家族が安心して生活ができると判断し、A氏と再度MSWが面談、もしも可能であれば自宅で最期まで過ごせるように整えること、並行して緩和ケア病棟も選定をして申し込みをしておくことをA氏と妻と決めた。

⑤ 家族支援

　世帯の中心となって妻、子ども、両親に関する様々な判断や決定権を有し、経済的にも支えていたA氏の変化は、世帯全員に大きく影響を与えた。A氏に代わってそれらの

役割を担うことになった妻は、その負担から憔悴している様子もあり、MSWは電話やメールで頻繁に妻とやり取りを行い精神的な負担の軽減を試みた。

　例えば、がん末期の父親についてもキーパーソンになることを期待されていたため、妻と両親に話をして別居の別の子どもに父親については対応をしてもらうように調整も行った。また、父親には病院のMSWが介入していなかったため、本人に了解を取ったうえで父親の通院先のMSWに情報共有をし、今後のキーパーソンの選定や療養に関する検討に介入するよう依頼した。

　そのほか、A氏が子どもに現状やこれから起こることなどを伝えたがらなかったが、妻はこのままではよくないのではないかと悩んでいたため、妻とともに方法を検討したり医療者から本人に話を持ち出してみたりした。医療者の訪問時に子どもは学校のため不在であり、休日訪問しても限られた居住空間のなかでA氏が望まないことをすることは難しかったため、最終的には緩和ケア病棟に経過や状況を伝え、対応を依頼した。

　緩和ケア病棟に数日入院の間もこまめに妻や緩和ケア病棟と連絡を取りながら間接的にサポートをした。他界後、ご遺体が自宅に帰宅している間に医師、看護師と訪問し、家族とA氏についてお話をする時間をもち、グリーフケアを行った。そのあともMSWは2、3回妻に連絡をし、妻や子ども、家族が安定し、必要なサポートにつながっていることを確認し、終了となっている。

第2節　がん治療とソーシャルワーク

　がんは国民の2人に1人がかかる身近な病気で、治療の進歩に伴い生存率が向上し、長く付き合う病気になりつつある。本節では、患者とその家族等がよりよい療養生活を送ることができるよう、がんという疾患について、がん対策の動向、がん患者・家族等の心理社会的問題、在宅療養支援におけるかかわりと視点について学ぶことを目的とする。

① がんという疾患[1]

1）がんとは（がんの疫学と原因）

　がん[2]は、細胞が遺伝子の変化（主に遺伝子変異、一部遺伝子の発現変化）により無秩序に増殖し、周囲組織に浸潤したり他の部位に転移し増殖、放置すると臨床的に悪性

の経過をたどり、場合によっては、死を招く疾患の総称である。がんのことを「悪性腫瘍」と呼ぶこともある。がんは特定の遺伝子変異が1つあれば発生する病気ではなく、いくつかの遺伝子変異が段階的に積み重なって発生する（多段階発がん）。また、遺伝子変異が複数あればがんになるわけでもない。最新の研究では、年齢とともに正常組織にも遺伝子変異の蓄積を認める（ただしがん細胞に比較し数は少ない）。例えば、中年女性の子宮体がんと周辺の正常組織の遺伝子変異を調べると、どちらにも遺伝子変異を認め、遺伝子変異数は、がん細胞のほうが周囲の正常細胞より少し多いだけである。がん化の詳細は未解決である。

　遺伝子変異を生じた時、がんを起こしやすい遺伝子が2種類ある。がん遺伝子とがん抑制遺伝子である。がん遺伝子は、正常細胞では細胞増殖に関係し、正常ではその機能が制御・調整されている。これに変異が起きると、車のアクセルを踏んだ時のように細胞増殖のスイッチが入ったままになり、無秩序な細胞増殖が起こる。一方、がん抑制遺伝子は、正常細胞では増殖を抑制したり、DNAの傷を修復したり、細胞に異常が起こった時その細胞に細胞死を誘導したりしてがん化を抑える働きをしている。これら遺伝子の機能や発現が障害される遺伝子変異が起こると、がんが誘導される。がん抑制遺伝子は、車でいえばブレーキの働きをしている。

　遺伝子の変化には遺伝子変異以外にも、遺伝子の発現異常がある。遺伝子をコードするDNAをメチル化したり、DNAが巻きついているヒストンというタンパク質を修飾すること（エピジェネティック変化という）で、遺伝子の発現を変化させることも発がんに関与している。

　遺伝子変異の原因は、親からの遺伝、環境要因による誘発、細胞増殖時のDNA複製エラーがある。親からの遺伝で起こるがんは、遺伝性腫瘍あるいは家族性腫瘍と呼ばれ、血縁の親族に同じがんが多発すること、若年発症する傾向があり、同じ臓器に多発したり、多臓器のがんを発症する傾向などの特徴がある。例えば、女優のアンジェリーナ・ジョリー氏で有名になった生殖細胞系列の*BRCA1*遺伝子変異に伴う遺伝性乳がん・卵巣がん症候群があげられる。遺伝に伴うがんは、全がんの約5％程度と見積もられる。DNA複製エラーに伴う遺伝子変異が原因で生じるがんもかなりあり、脳腫瘍や小児期のがんがその例である。一方、タバコや飲酒、紫外線、ウイルス等の感染や食餌・腸内

1：本文での数値等は2022（令和4）年時点で得られる値を記している。
2：がんとひらがなで書くと一般的には、癌腫と肉腫と血液がんを合わせた全がんのことを指す。漢字の
　癌は上皮性悪性腫瘍を指す。

細菌など環境要因により遺伝子変異やがん化が促進される。環境要因により誘導されるがんの多くは予防可能である。予防可能ながんの割合は、日本人男性で40％程度、女性で25％程度と見積もられている。予防すべき要因は、喫煙（受動喫煙を含む）、感染、飲酒、塩分摂取などである。

　日本では男性の65％、女性の50％が、生涯に一度は何らかのがんに罹患すると見積もられている。がんは、日本人の死因の第1位で、男性の25％、女性の18％ががんで亡くなる。従来、がんは死のイメージと結びつけられることが多く、がんと告知された患者は、これまでの人生のなかで最も衝撃的な事件と捉え、深く傷つくことがある。実際、がんの診断前後には抑うつを示す患者が増え、自殺率も高くなる。しかし、現在では、大人のがんの3分の2以上が治癒し、小児がんでは85％近くが治る。がんは、既に死の病気ではなく、治る病気である。

　がんは遺伝子変異に伴う疾患のため、一般的にその発症は加齢とともに増加する。遺伝子変異の蓄積が進む50代以降に罹患率は増加する。特に慢性的な環境要因により発がんが促される肺がんや大腸がんは高齢者に多い。一方、女性に特有の乳がんや子宮頸がんは、女性ホルモンやウイルス感染が関係し30代から40代にもピークが認められる。また、DNA複製エラーが主な原因となる血液がんの一部（白血病など）や神経系の腫瘍の一部（脳腫瘍など）、肉腫の一部（骨肉腫など）は、小児期にもピークがみられる。それぞれ組織増殖の時期により、生後2年以内（白血病や脳腫瘍）や思春期（肉腫）に多い。

2）がんの分類と特徴・症状

　がんは、細胞の発生学的な由来により癌腫、肉腫、血液がんに分類される。それぞれの代表的ながん、起源となる細胞の由来、生物学的臨床的特徴を表6-10にまとめた。また、特に癌腫や肉腫では、発生する臓器の名前（例えば、胃がんや肺がんなど）や由来する組織の名前（例えば、骨肉腫や平滑筋肉腫など）をつけ分類あるいは命名することが多い。

　固形がんである癌腫と肉腫は、時間の経過とともに発生局所からその周辺に進展して行く（図6-16）。例えば、消化管（胃がんや大腸がん）や気管（気管支がん）であれば、内腔の粘膜層（上皮）から発生したがんは、非常に早期には粘膜内（上皮内）にとどまっている（上皮内がん）。上皮にはリンパ管や血管がなく、上皮内がんはリンパ行性にも血行性にも転移をしない。腫瘍が進展すると粘膜下層、筋層に浸潤する。さらに進むと

表 6-10

	固形がん		血液がん
	癌腫	肉腫	
元の細胞	内胚葉あるいは外胚葉由来の細胞で上皮細胞（皮膚、消化管や気道の上皮）に分化する細胞が悪性化したもの	中胚葉由来の細胞で筋肉や骨などに分化する間葉系細胞が悪性化したもの	血液細胞（赤血球、白血球、リンパ球など）に分化する細胞が悪性化したもの
代表的がん	肺がん、胃がん、大腸がん、乳がん、子宮がん、前立腺がん、頭頸部がんなど	骨肉腫、軟骨肉腫、平滑筋肉腫、横紋筋肉腫、脂肪肉腫、血管肉腫など	白血病、悪性リンパ腫、骨髄腫など
特徴	・腫瘍塊を形成し、周囲組織に浸潤したり転移（主に血行性転移、リンパ行性転移、播種）したりする。 ・腫瘍塊を形成するため治療では外科手術が優先され、多くの場合、外科切除以外での根治は難しい。 ・上皮という組織の表面でのがん化のため、例えば、消化管であれば消化管出血（吐血、下血、貧血など）などの症状が比較的早期から出やすい。 ・表在性のため直接あるいは内視鏡等の生検で一部組織を採取でき、病理診断が比較的容易。 ・タバコ（肺がんなど）や細菌・ウイルス感染（胃がん、肝がん、子宮頸がんなど）、紫外線（皮膚がんなど）等の環境の影響でがんの頻度が大きく変わる。逆に、予防可能ながんがかなり含まれる。	・腫瘍塊を形成し、周囲組織に浸潤したり転移（主に血行性転移、播種）したりする。 ・腫瘍塊を形成するため治療では外科手術が優先され、多くの場合、外科切除以外での根治は難しい。 ・正常上皮に覆われ組織内部のがんのため、例えば、悪性度が高く浸潤性に富む場合を除き痛みなどの症状は早期には比較的少ない。 ・臓器の内部にがん腫を形成するので、特殊な針生検などで細胞を採取する必要があり、時に臨床診断も病理診断も困難。 ・環境の影響を受けるがんは少ない。	・腫瘍塊を形成することは稀である（ただし、悪性リンパ腫はリンパ節などに腫瘍塊を形成する）。 ・腫瘍塊を形成せず全身に広がるため外科手術は適応にならず、抗がん剤や生物学的治療が主体となる。 ・血液に乗ってがん細胞は移動するため、症状が出る前に全身病の様相を呈することが多い。 ・早期には症状が出にくく、がんの進展で造血障害が起こると、貧血、白血球減少や血小板減少に伴う出血傾向や倦怠感が現れる。

やがて漿膜・外膜を超えて周辺臓器に浸潤する。粘膜下層以深に浸潤したがん細胞は、リンパ管や血管があるため、これらに浸潤するとそれぞれリンパ行性転移や血行性転移を起こす。一方、内腔に進展し管腔を狭窄すると、狭窄症状（消化管であれば、腸閉塞に伴う腹痛・嘔気・嘔吐、気管なら気道狭窄に伴う呼吸困難・喘鳴など）を起こしたり、腫瘍からの出血で消化管出血や気道出血、その結果としての貧血などが起こる。壁外に進展したがんは、腹膜や胸膜、神経などを冒すと腹痛や胸痛、がん性疼痛を起こす。乳がんであれば、腫瘍が小さく局所にとどまる場合は、乳房内のしこりとして触知することが多く、時に、乳管に進展し出血し、血性分泌物を認める。腫瘍が増大し、皮下に進展すると皮膚のくぼみや引きつれが出る。さらに進展すると、皮膚に腫瘍性潰瘍ができ、出血や痛みの原因となる。このように、腫瘍の進行状態と発生場所や臓器により、個々

のがんの症状は異なる。また、遠隔転移が起こった場合は、転移先の臓器の症状が出ることがある。例えば、前立腺がんや乳がんの腰椎転移で、腰痛や圧迫骨折が起こる。

がんがさらに進行し全身に広がると、体重減少、筋肉の減少、食欲不振、貧血、疲労・全身倦怠感が出現し、体力および身体機能の全面的低下が起こる。がん悪液質とも呼ばれる状態である。患者本人だけでなくその家族や介護者にとって厳しい状況になる。

3）がんの発生・進展と治療

がんの診断は、内視鏡やレントゲン・CT 等画像診断で臨床的になされることもある。しかし、がんとの最終診断は、組織や細胞を採取し病理検査でがん細胞を確認し、診断される。

がんの治療法や予後は進行度により異なることから、がんの診断時には進行度分類を行う。特に固形がんでは、臨床病理学的所見に基づいた病期分類（ステージ分類）を用

図 6-16　病期・ステージ分類とそれに対応した治療
病期あるいはステージの I から IV までの病気の進行程度と治療選択の概要を、胃がんを例にあげて示す。局所（ステージ I）や局所周辺にとどまるがん（ステージ II あるいは III）は局所治療で根治が可能である。診断時すでに転移や播種（診断時ステージ IV）がある場合は全身治療を行う。

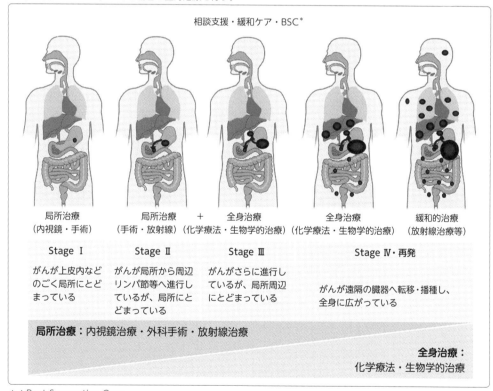

＊：Best Supportive Care

いる（図 6-16）。最も普遍的に用いられる分類は UICC TNM 分類で国際的病期分類である。日本では、これに加え臓器別のがん取り扱い規約を用いることが多い。どちらも原発腫瘍の局所での広がりや大きさ（T）、リンパ節転移の有無と転移数・広がり（N）、遠隔転移の有無（M）で病期が決定される。ステージはⅠからⅣまであり、数値が上がるほどがんは進行しており、予後が悪い。TNM 分類と取り扱い規約は、近年、似た基準を採用しているが、臓器ごとに様々な違いがあり実診療では注意を要する。一般的に、Ｍ1（遠隔転移あり）の場合は、ステージⅣとなり根治は難しく、Ｔ1、Ｎ0、Ｍ0であればステージⅠの根治可能ながんである（「早期がん」という言葉には、臓器ごとに定義があり、詳細は取り扱い規約を参照されたい）。

　図 6-17 に固形がんを例に、がんの発見、診断、治療、そして治療後のおおむねの経過を模式的に示す。例えば、ステージⅠのなかでも非常に早期の消化器がん（上皮内がん）であれば、内視鏡治療の適応で、完全切除ができれば完治が期待できる。がん細胞が粘膜（上皮）を超えると、一定の確率でリンパ節転移や血行性転移が起こるため、外科切除などが行われる。多くのがんで完全外科切除ができれば治癒が期待できる。しかし、がんが進行していると（例えば、ステージⅢの消化器がん）、根治度を上げ予後を

図 6-17　がん診断・治療の概要と経過の説明

おおむねのがんの診断と治療、その後の経過を示す（本文参照）。がんと診断された患者の3分の2以上が治る。3分の1の患者は、診断時既に転移があったり（診断時ステージⅣ）、根治後に再発し、全身病の状態になる。これに対し緩和的化学療法や放射線治療を行うが、多くの人では、やがて、がんは進行し、亡くなる。

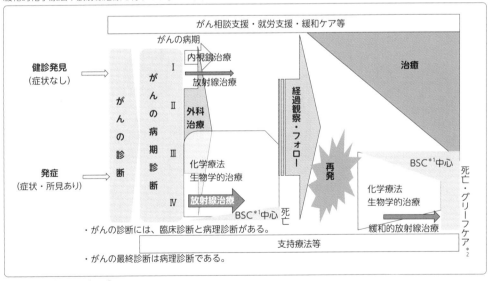

＊1：Best Supportive Care
＊2：がんで親族や親しい人・大切な人を亡くした人に対する心のケア

改善するために化学療法（抗がん剤治療やホルモン治療）や生物学的治療（免疫治療や細胞療法）が追加されることもある（集学的治療）。局所の進行が進み外科切除ができない場合や遠隔転移を伴う場合、あるいは再発したがんに対しては、主に化学療法や生物学的治療が適応になる。放射線治療（通常の放射線治療に加え、重粒子線や陽子線治療）は、手術と同じく局所療法であり、基本的には局所に限局したがんの治療（例：肺の小細胞がん、四肢の肉腫）目的に、あるいは骨転移などの疼痛緩和や局所制御の目的で行われる。

　不幸にして様々な治療が奏効しない時、やがてがんは進行し患者は亡くなる。抗がん治療を中止し、がんに伴う苦痛や合併症等への対処が主体となる時期が来る（Best Supportive Care：BSC）。がんの治療においては、根治により生存率を上げたり、延命効果があることも重要であるが、症状緩和等で治療後の患者のQOL（生活の質）を維持あるいは改善することも重要である。

4）転移

　がんの進行とともに転移が起こる。がんの転移には3つの形式がある。リンパ管を介したリンパ行性転移、がん細胞が血管内に入り血流を介して起こる血行性転移、そして、腹腔内や胸腔内にあるがんでは、漿膜・外膜を超え腹腔・胸腔にがん細胞が散布し播種性転移が起こる。

　リンパ行性転移は、初期には腫瘍局所のリンパ液が流れ込む近傍リンパ節群に起こるが、がんの進行とともにより離れた遠隔リンパ節へと転移が広がっていく（図6-16）。遠隔への転移は、主に血行性転移で、消化管のがん（胃がん、大腸がん）では門脈経由で転移するため肝転移が最も多い。肺や乳腺、前立腺のがんは、全身に転移する。がん腫により転移しやすい臓器がある。例えば、肺がんは脳、副腎、肝臓、骨に転移しやすく、乳がんは骨、肺、肝臓に転移しやすい。

　播種を起こした場合、播種先の胸腔や腹腔に胸水や腹水が溜まることがある。胸水や腹水が大量に溜まると、呼吸困難や腹満等を生じ、患者のQOLは低下し、場合によっては生命の危機に至る。

5）がん患者の予後に影響するもの

　がんの予後は、上記のように病期で異なる。同時に、予後はがんの種類で異なる。例えば、前立腺がんや甲状腺がん、乳がんの5年相対生存率は90％を超える。一方、膵

がんの5年相対生存率は10%を切り、胆嚢・胆管がんも30%以下である。また、同じがん腫で病期が同じでも、病理組織学的分化度や遺伝子的な悪性度にも影響される。一般に、正常組織に近い形態を示す分化がんの予後は、未分化な細胞形態を呈するがん（未分化がん）より悪性度は低く予後はよい。このように、がんの予後は、がん腫、病期分類、分化度、遺伝子発現により影響される。最近、そのがんの予後や治療に関係する特徴的な遺伝子マーカーが分類に用いられる。例えば、脳腫瘍や白血病では腫瘍の細分類に遺伝子マーカーが用いられている。

6) がん患者の課題

　患者は、がんと診断された時点で、身体的（腰痛など肉体的な痛み、嘔吐や倦怠感など）、精神心理的（不安やいらだち、うつ状態など）、社会的（仕事上の、経済的な、あるいは家庭内での課題）、あるいはスピリチュアル（自責の念や死への恐怖など）な苦痛（痛み）を伴っている。この4つの課題に対処するため、緩和ケアやがん患者・家族の相談支援は、診断された時点から始めることが望ましい（図6-17）。仕事をもっている患者であれば、就労支援も重要である。がん治療には長期の療養とフォローが必要である。また、近年がんの医療費は高くなっている。就労の継続に加え経済的な相談支援も重要である。また、進行がん患者は、何らかの症状をもっており、さらに外科治療や化学療法、生物学的治療あるいは放射線治療が始まると、それぞれの治療に応じた有害事象（副作用）が起こる。これらがんならびにがん治療に伴う肉体的・精神的な課題に対し支持療法（例えば、嘔気・嘔吐に対する制吐剤や、脱毛、皮膚障害に対するアピアランスケア）が必要である。がん患者にとっての課題や必要な支援は、診断や治療の過程で様々に変化し一定でないこと、患者自身が自覚していない場合や自覚や理解はしていても医療者に言わないこともある。そのため、がん患者の苦痛を包括的に系統的に評価することが大切である。

　特に、がんが終末期に近くなった場合、今後の治療・療養について患者本人・家族と医療者があらかじめ、定期的に話し合う機会をもつことは重要である（アドバンス・ケア・プランニング、Advance Care Planning：ACP）。がんが進行するとせん妄が起こったり（特に高齢者は認知症等が出ることもある）精神面でも不安定になることがある。ACPは患者にとって最善の終末期を迎えるために必要で、医師だけでなく多職種の関与が重要である。例えば、現在がん患者の8割以上が病院または緩和ケア病棟で最後を迎えるが、患者本人は人生の最後を何処で過ごしたいと考えているか、それは可能なの

かなどをよく話し合っておく必要がある。

7）ライフステージとがんサバイバー

同じがん患者でも小児がんや AYA 世代がん[3]と 75 歳以上の高齢ながん患者の予後や経過、それぞれの患者が抱える課題は異なる。例えば、小児・AYA 世代のがん患者は、診断や治療のことに加え、自分の将来（就学や仕事、結婚）や健康、そして妊孕性等に不安や課題感をもっている。また、小児・AYA 世代のがんの治癒率は高く、サバイバーの 2 次がんや糖尿・肥満など他疾患の予防も重要である。一方、高齢者では、併存症や認知障害、介護の状況等により、適切ながん治療・ケアの提供方法や治療・ケアに対するアドヒアランス[4]が変わる。高齢者では、ACP をはじめ適正な意思決定の支援を行うためのガイドラインが出ている。また、高齢者では地域の医療者・介護者との連携や療養の場所の選択も重要な課題になる。このように人生のどの時期にがん患者がいるかで対処法が異なる。

② がん対策基本法と支援策について

我が国の疾病対策は、がん、アレルギー、循環器病、肝炎等を対象に取り組まれている。政策が医療現場にもたらす影響は大きく、がん対策を参考に、他の疾病対策が検討されることからも、法律の成り立ちや動向、今後の方向性についておさえておきたい。

1）「がん対策基本法」と当事者の参画

我が国のがん対策は、1981（昭和 56）年にがんが死亡原因の第 1 位となり、1984（昭和 59）年に策定された「対がん 10 カ年総合戦略」等に基づき、取り組まれてきた。一定の成果はみられたが、依然として国民の生命と健康にとって重大な問題であり[1]、患者らの切実な声が社会の共感を呼び、2006（平成 18）年議員立法による「がん対策基本法」の成立に至った。

同法に基づき「がん対策推進基本計画」が策定され、がん対策の総合的かつ計画的な推進を図るため、がん対策の基本的方向について定められている。同計画は、6 年を目

3：AYA（Adolescent and Young Adult：思春期・若年成人期）世代とは、15 歳から 39 歳までの世代を指す。

4：アドヒアランス（adherence）とは、患者が治療方針の決定に参加し、治療の中断や不規則な使用を減らし継続的に治療を受けること。

安に見直される。当時、医療行政をめぐる議論の場に、当事者が参画することが当たり前になるようにとの患者らの願いがあり、国が意見を求める「がん対策推進協議会」に患者や家族を委員とすることが明記され[2]、同法は医療政策のあり方を変える端緒になったといえる。

2）拠点病院等の整備とがんとの共生施策の広がり

全国どこでも質の高いがん医療を提供することができるよう、がん診療連携拠点病院等（以下、拠点病院等）の整備が進められるなか、第3期がん対策推進基本計画（2018（平成30）年閣議決定）において、「がんとの共生」が3本柱の1つに掲げられた。尊厳をもって安心して暮らせる社会の構築を実現することを目指し、診断時からの緩和ケア、相談支援・情報提供、就労を含めた社会的な問題、ライフステージに応じたがん対策等の支援策が広がりつつある。

国は、今後さらなる取り組みとして、拠点病院等以外の医療機関における緩和ケアの充実、経済的な課題の把握と解決に向けた施策の検討、小児がん患者の切れ目のない支援体制の構築に向けた医療・支援のあり方の検討等について必要性を示した[3]。

これまでの検討のプロセスには、ソーシャルワーカーも会議体や研究事業等へ参画し、職能団体レベルでも受診・受療環境づくりや相談支援体制等の充実に向けて提言する等[4]、ソーシャルアクションに取り組んでいる。個別支援を通じて発見される問題や課題を可視化し、具体的な対応策を提案していく役割がよりいっそう求められる。

3）がん相談支援センターの役割

がん相談支援センターは、全国の拠点病院等や小児がん拠点病院に設置されたがんの相談窓口で、誰もが無料で利用できる。2005（平成17）年「がん対策推進アクションプラン2005」がきっかけで、国民・患者のがん医療に対する不安や不満の解消を推進するとともに、がん医療水準の向上と均てん化を図ることを目的に設置された[5]。

昨今ニーズの多様化に伴い、業務は多岐にわたり（**表6-11**）、今後拠点病院等と他のがん診療を担う医療機関等との役割分担の明確化が図られ、その相談窓口同士の連携も必要となるであろう。運営体制としては、一定の研修を修了した専従および専任の相談支援に携わる者が1人ずつ配置されており、2022（令和4）年「がん診療連携拠点病院等の整備に関する指針」で、1名は社会福祉士が望ましいと明記され、配置が進むことが期待される。

表6-11　がん相談支援センターの主な業務

・がん治療に関する一般的な情報の提供
・セカンドオピニオンの提示が可能な医師や医療機関の紹介
・療養生活に関する相談
・就労に関する相談
・サポートグループ活動や患者サロンの定期開催等の患者活動に対する支援
・AYA世代がん患者に対する治療療養や就学、就労支援、生殖医療等に関する相談

出典：厚生労働省（2022）「がん相談支援センター（がん診療連携拠点病院等）」より抜粋

③ がん患者・家族等の抱える心理社会的問題

　医療の進歩により治療が長期に可能となったが、一方で病気が患者やその家族等の人生や生活に与える影響は多大である。がん患者とその家族等が抱える心理社会的問題への対応について、緩和ケア、相談支援、治療と仕事の両立支援に焦点をあて述べていく。

1）診断された時からの緩和ケア

　我が国では、緩和ケアはがんの診断時からすべてのがん患者・家族が受けることができ、療養生活がより豊かなものとなるよう、拠点病院等における緩和ケアチームや緩和ケア外来、緩和ケア病棟を含め統括する緩和ケアセンターの整備等により進められてきた。

　医療従事者は、患者の苦痛を包括的に理解することが重要であり、その苦痛は本節①

図6-18　全人的苦痛とソーシャルワーカーの支援

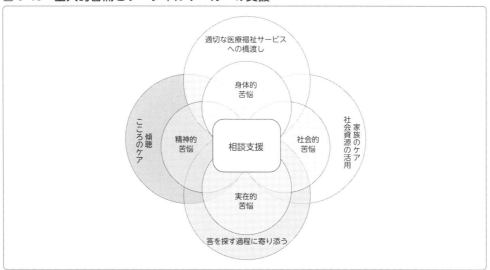

出典：日本医療ソーシャルワーカー協会（2017）『保健医療ソーシャルワークの基礎』相川書房, p.89

6）のとおり、身体的・心理的・社会的・スピリチュアルの4つ側面で整理される。図6-18は、全人的苦痛のモデルにソーシャルワーカーの支援を重ねて示されたものである。

　ソーシャルワーカーは、社会的苦痛にかかわる経済、仕事、家族、学校、友人や住民等との人間関係、生活環境等の問題の解決に向けて、心理社会的支援に軸足をおきながら、全人的ケアの実現そのものを下支えするという、より広がりをもった役割をもつ。言い換えると、患者やその家族等の語りのなかにある思いや気がかり等を丁寧に聞き、患者の望む暮らしを支えていくために、ニーズに応じて地域の多様な社会資源につなぐネットワーキングの機能も発揮することが期待される[6]。

２）がん患者・家族等に寄り添う相談支援

　がんは病気の特徴として、未だ死に至るイメージが強いことや、治療法等の選択に迫られる場面が多いこと、様々な喪失体験が重なり合うこと等があり、患者やその家族等の気持ちに寄り添い、生活の再設計を支えていくことが求められる。

　例えば、子どもが罹患した場合、経済面で医療費助成や手当等はあるが、居住地による違いや早期申請を要することから、診断直後の混乱した状況下で大きな負担となる。同時に、入院中にきょうだいをみる人や保護者の仕事のこと、就園・就学、患者や周囲への病気の説明、晩期合併症（がん治療を終えて数か月から数年後に発症する可能性のある合併症）に伴う就労や医療費負担等の相談支援がある[7]。

　AYA世代にあるがん患者は、医学的な情報と比較し社会的側面の情報が不足している一方、世代特有のニーズを感じていても他者に支援を求めない傾向がある[8]。インターネット等による治療や療養に関する情報が氾濫するなかで、適切な支援や情報にたどり着けるよう支援体制をつくることが求められる。

　また、核家族化や超高齢社会により、終末期における亡くなった後のことへのかかわりが増えており、葬儀や遺骨の整理、金銭管理、家の引き払いや家財等の整理、家族との和解等のつながりの再構築、遺言書作成等の生き納めの支援がある[9]。ソーシャルワーカーは、患者等の気持ちを代弁し、話し合いを促しながら関係の調整や、会計士や弁護士と連携した公文書作成の手続き等も支援する。

　ソーシャルワーカーは、人生、生活から命を捉え、その人にとっての人生の意味や病気の意味づけをともに考え、家族や周囲の人たちとの関係や影響に配慮しながら、関係性や生活の再構築を支えていく役割がある[10]。たとえ急性期の医療機関で完結することは難しいケースでも、患者やその家族等が相談窓口にアクセスしやすい環境をつくり、

ともに課題を整理し、次の療養先へ思いや支援を丁寧につないでいくことが重要である。

3）治療と仕事の両立支援

　就労問題は、経済的側面と密接で、治療の継続といった生命にもかかわると同時に、社会とのつながりや役割、アイデンティティ、生きがいの喪失にもつながり得るもので、支援のニーズが高まっている。がん患者の約3人に1人は20代から60代で罹患し、仕事をもちながら通院している人が増加している[11]。診断後に退職・廃業したタイミングは、半数以上の人が初回の治療前であり[12]、離職の主な理由には、仕事を続ける自信の喪失や職場に迷惑をかけることへの抵抗感[13]があげられた。

　ソーシャルワーカーは、患者の病気そのものや治療、副作用等（身体面）、治療やお金、家族、職場にどのように伝えるかの悩みや不安等（心理面）、業務内容や就業規則、企業文化、同僚や上司、家族との関係性、就労の意向等（社会面）の3つの側面から、課題を整理し支援する[14]。労働問題や社会保険等の専門的な対応を要する場合、がん相談支援センターでは、社会保険労務士等の配置やハローワークの専門職員の出張相談の仕組みを活用することもある。

　また、院内全体での支援体制づくりも欠かせない。医師・看護師から相談窓口へつなぎ、ソーシャルワーカー等は働き方に対する希望を確認し、包括的にアセスメントを行う。同時に、患者を通して職場の支援体制を確認し、それらを踏まえて、主治医は会社へ情報提供を行う。その際、経済的不安に対する社会保障制度の活用の検討や、身体的・心理的負担が増大しないよう試し出勤を確認する等、十分配慮が求められる[15]。

　一方、多くの患者は、仕事に戻っていくなかで焦りやつらさを感じることや、治療や体の状態、家族や職場とのかかわり等を通して、気持ちや価値観が変わり得ることを理解する必要がある。なかには、治療効果や再発のリスク等の不確かさに対する不安から、仕事のことが考えられない、両立を前提とされることがつらいと感じることもある。また、AYA世代にあるがん患者は、結婚や出産、育児等の課題と直面しつつ、職場の人間関係やキャリアが築かれている世代とは異なる状況にある。

　ソーシャルワーカーは、就労支援のニーズが潜在化しやすいことに留意し、患者の声に耳を傾けることが求められる。当事者や企業の意見を反映しながら開発された「仕事とがん治療の両立お役立ちノート」[16]や、個別支援や院内体制づくり等の実践事例[17] [18]も蓄積されつつあり参考にされたい。

④ がん患者の在宅療養支援

　患者やその家族等の治療や療養における様々な選択のプロセスを支え、希望に沿った療養生活の環境を整備していくことは、ソーシャルワーカーの重要な役割である。本項では、療養の場の１つとなる在宅療養への移行について、事例を示しながら考える。

1）治療・療養生活における意思決定支援

　がん患者を取り巻く医療や療養環境は、大きく変化している。外来治療が主となり、医療費負担に加え、高齢化や単身世帯の増加に伴うセルフケアの課題が出てきた。また、緩和ケアだけではなく、がんリハビリテーションや栄養サポート等、患者・家族のQOLを高めるための取り組みが多様化しつつある。

　拠点病院等においては、新たな課題として、がんゲノム医療という遺伝子情報に基づくオーダーメイド医療がある。治療の選択肢が広がり、喜ばしいことである一方、基本的に標準治療が終了となった人が適応となるため、積極的治療を終える時期や人生の最終段階のことについて考えるタイミングの見極めが難しくなることも多い[19]。

　ソーシャルワーカーは、パターナリズムが生じやすい医療現場において、患者の権利擁護の視点をもって本人との時間を共有し、選択に必要な情報提供や意思を表出できるような環境づくりに配慮しながら、その人にとっての最善をともに考え働きかけていくことが求められる。

2）在宅療養支援の実際—— チームで支える視点から
① 事例

　Aさん（70歳代女性、転移性肺がんステージⅣ）は、歩行障害が出て受診したところ診断され、治療のため入院となった。夫との２人暮らしで、息子が別世帯にいる。下肢の麻痺が進行し車いす移乗は全介助の状態で、残された時間を大切に早期退院が望ましいとの主治医の説明に対し、夫は「がんに勝てる」、Aさんも「１人で歩行できるようになりたい」と意思を伝えた。医療スタッフは、「理解が乏しい、病気が受容できない患者・家族」とかかわりの難しさを感じており、ソーシャルワーカーが介入した。

　Aさんの意向でまずは夫と面接し、病状説明を振り返ると、自身のがん体験を語った。闘病を乗り越えてきたことへの敬意と、Aさんの面会等のねぎらいの言葉を伝えつつ相談ごとを尋ねると、夫は自分の生活のことで疲労困憊であるとため息をつく。日々の家

事のこと、親の急逝により若くして後継した自分をＡさんが支えてきてくれたこと、会社を閉じようと縮小しているがＡさんのほうが先に終わってしまうと不安に感じていること等、これまでを振り返り話すにつれ、「人生に悔いがないよう勝つ。家族でしっかりサポートします」と決意を表明した。

一方、Ａさんは、退院への不安が強まりつつあった。足がしびれ、夜眠れなくなり、リハビリが進まずにいるところ、医療スタッフからの繰り返しの説明と、夫に「頑張れ」とのみ言われ、負担をかけることが心配となって、さらに眠れなくなるという悪循環が生じていた。夫の気持ちを代弁するなかで、Ａさんは妻・母であり、仕事のパートナー、近所との交流も大切にする地域の一員等の様々な役割があること、日常の楽しみ、発病後の家族間のコミュニケーションに変化がみられていること等を教わった。

ソーシャルワーカーは、院内チームに対して、夫婦とも残された時間が長くないことはわかっており、役割や関係性の変化、喪失に伴い生じているストレスや不安とともに、努力や取り組みを伝えた。すると医療スタッフは、夫の面会時には温かな言葉かけやポジティブな提案をするようになり、周囲の変化によりＡさんも前向きに治療に励み夫の仕事のスケジュール管理を心配し始める等、少しずつ自分らしさを取り戻した。

Ａさんと夫、息子が互いの思いを伝え合えるよう働きかけるなかで、Ａさん家族は自宅に帰る決心を固めた。関係機関との連携においては、事前の打ち合わせやその後の受け止めの確認等、Ａさんが自ら気持ちを表出できるよう十分配慮した。退院後、Ａさんは今の姿を近所の人に見られたくないと話すこともあったが、外出の希望が出てくる等、地域での療養生活が継続された。病棟では振り返りとして、ソーシャルワーカーによるレクチャーを依頼され、表出される言葉の背景を知り、そこに想いを馳せ支援する姿勢、家族全体を支える視点が大切であること等を共有し、学び合いと連携の強化につながった。

② 家族支援

家族は、患者のサポート資源であると同時に、第二の患者として支援対象である。ここでいう家族とは、患者にとっての重要他者と広義に捉える。緩和ケア期の家族に特有なストレスとして、介護者の役割や身体的・精神的疲弊、家族関係の変化、患者の代理人になること（治療上の意思決定の責任者）、経済的心配、病院内の人間関係、非日常的空間で過ごすこと、予期悲嘆、死別後の生活の変化の不安や心配等[20]があげられる。

チーム医療やシステム化が進められるなかで、退院準備のペースに家族の気持ちは追

いついているか、定期通院や繰り返しの入退院時、生活の変化に気づかぬままかかわりがパターン化していないか、ソーシャルワーカーは、病状理解、家族内の役割や力動、サポートの状況、対処の仕方等の視点から、的確にアセスメントし介入することが求められる。

　特に、終末期に近づくにつれ、家族の予期悲嘆に留意が必要であり、自然な反応であることを伝え、感情表出を保証する。家族が患者とともに過ごした時間や関係を振り返りながら、喪失の意味づけや体験・感情・経験を絆として実感していく作業を支えることも、家族が状況を理解し、折り合っていく力を育み賦活させる支援となる[21]。こうした歩みの過程は、遺された家族のその後の生き方にも影響を与え得ることを忘れてはならない。

3） 療養生活を支える社会資源と今後の課題

　社会資源はニーズを充足するために活用する重要なもので、がん患者やその家族等の貴重な資源の1つに、患者会・家族会がある。同じ病気の経験者同士だからこそ話せることや、生活上の工夫を含めた情報交換や学び合いにより、「自分は一人ではない」と感じられることや前向きになれることがあり、早く出会いたかったとの声も聞かれる。団体発足の背景やメンバーにより、がん種・世代・テーマ別のもの、参加方法、雰囲気等が多様であり、インフォーマルサポートとして情報収集し、活用の検討をしてほしい。

　一方、制度面では、患者の負担軽減を図る支援策が進められている。傷病手当金の支給期間は、2022（令和4）年1月から健康保険法改正により通算で支給されるよう見直され、2021（令和3）年度には妊孕性温存療法の費用助成[5]、2023（令和5）年度にはアピアランスケアのモデル事業[6]が創設された。しかしながら、小児慢性特定疾病や介護保険制度の隙間にある、20〜30歳代の末期がん患者への制度は一部の自治体にとどまる等、多くは整備途上にある。

　ソーシャルワーカーは社会資源の活用を支援するなかで、改善に向けて働きかけると同時に、患者やその家族等が知る機会を保障するための取り組みも重要である。例えば、働いているからといって必ずしも障害年金を受けられないわけではないことや、年々増

---

5 ：生殖機能が低下、または失われるおそれのあるがん治療の前に、卵子、卵巣組織、精子を採取し凍結保存する。がん患者等が希望をもって病気と闘い、将来子どもをもつことの希望をつなぐ取り組みとして、エビデンスの集積と費用負担の軽減策が実施されている。

6 ：治療に伴う外見の変化に起因するがん患者の苦痛を軽減するケアのこと。医療従事者による相談・支援体制を充実させる取り組みが実施されている。

加傾向にある中皮腫について労災や救済給付等の存在を患者が知らされていないことが多々ある。社会保障を受けられるかどうかは、患者の生活の質、遺族の生活にかかわる問題であり、患者団体からもソーシャルワーカーへの期待が寄せられている[22]。

　近年、地域社会の仕組みづくりは、従来のトップダウン型から、徐々にボトムアップ型や民間との協働モデルが取り入れられつつある。ソーシャルワーカーの患者やその家族等への心理社会的支援の過程で、新たに見えてくる問題や、当事者と解決策を模索することで得られた手がかりは、職能団体の活動等を通して国へ働きかける力となり、それがこれから出会う患者やその家族等への支援につながっていくことを認識する必要がある。

第3節　認知症とソーシャルワーク

① 認知症の医学的理解

1）認知症とは

　認知症とは、一度獲得した知能が、後天的に脳や身体疾患を原因として慢性的に低下を来し、社会生活や家庭生活に影響を及ぼす疾患群であり、その原因は70以上に及ぶ。その経過は基礎疾患などによって異なるが、認知症の約5％を占める治療可能な認知症を除いて、ほとんどの認知症は慢性的に進行し、やがて死に至る疾患である。

2）4大認知症について理解する

① アルツハイマー型認知症（AD）

　アルツハイマー型認知症（AD）は認知症の過半数を占め、病態や自然経過、治療やケアの方法が最も解明されている認知症である。ADはスロープを下るように緩やかに進行し、発症から約10年で死に至る変性疾患である。

　ADでは初めに患者自身が自分のなかに起こっている異常に気づくことが多い。発症約1年後には最も身近な家族が患者の異常に気づき、約2年後には医療機関を受診する。臨床症状としては、近時記憶の障害が主体の軽度の時期が2～3年続き、続いて認知機能障害と生活機能障害が確実に進行する中等度の時期が4～5年続く。軽度の時期には

数分前から数日前の近時記憶の障害が中心であるが、中等度の時期には、即時記憶さらに長期記憶の障害も加わり、見当識も、時間、場所、人の見当識の順に障害される。また、日常生活の行為は、外出、旅行などの拡大日常生活動作（AADL）、仕事や調理など複雑な行為から順に障害され、やがてほぼすべての手段的日常生活動作（IADL）が障害され、1人での生活が困難となる。さらに進行し、重度なると、最終的には基本的日常生活動作（BADL）、とりわけ排泄や食事摂取など生命を維持するための行為までもが障害され、生活行為はほぼ全依存となる。

重度ADでは意味のあるコミュニケーションが困難となるとともに、肺炎などの感染症や転倒・骨折など急性期対応が増加し、全身のマネジメントや身体症状の苦痛緩和が重要になる。

② レビー小体型認知症（DLB）

レビー小体型認知症（DLB）は、脳内にαシヌクレインというタンパク質が蓄積する変性疾患であり、パーキンソン病とは一連の疾患である。ADと異なり、初期は記憶障害は軽度であり、注意障害、遂行機能障害、構成障害が先行することが多い。

これらの認知機能障害に、幻視、レム睡眠行動障害、認知機能の変動、パーキンソニズムのうち2つを認める場合、あるいはこれらの4つのうち1つの症状に加えDatスキャンなどのバイオマーカーが陽性であった場合、臨床的にDLBと診断する。DLBでは、認知機能障害に加えて、運動障害、自律神経障害などの多彩な症状を来す。

DLBは症状の個人差が大きい疾患である。DLBの発症は、遂行機能障害などの認知機能障害で気づかれる事例、うつが先行し最初にうつ病の診断がされ、その後DLBの診断に至る事例、初期から幻視が前面に出る事例、激しい妄想があり老年期精神病と診断される事例などその発症の仕方も多様である。幻視や妄想などが先行する事例では地域包括支援センターから困難事例として紹介されることも少なくない。

DLBでは基本的に疾患そのものの進行を抑える薬剤は開発されていないが、生活障害につながるこれらの多彩な症状に対しては、それぞれ治療やケアの方法がある。なお、運動障害や嚥下障害などの身体症状が比較的早期から出現し、進行するため予後はADより不良である。

③ 血管性認知症（VD）

　血管性認知症（VD）は、「脳血管障害（CVD）が原因で発現する認知症の総称」である。脳梗塞によるものが多いが、脳出血や低還流状態によるものも含まれる。VDの診断基準は複数あるが、VDの診断の要諦は、認知症があること、CVDがあることに加え、両者に関連性があることが重要になる。具体的には、CVDを起こしてから3か月以内に認知機能の低下を認めるなどの時間的な関係があること、あるいは障害部位と認知機能の低下に部位的に因果関係があるかどうかが重要になる。

　通常CVD発症後階段状に認知機能が低下する経過をたどればVDである可能性が高いが、このような時間的関係が明らかではない場合も少なくない、また、加齢とともに、ADが合併した混合性認知症の割合が増加することも診断を難しくしている。

　VDでは一般的に、パーキンソニズムや仮性球麻痺による嚥下障害などの運動障害が早期から出現することが多く、ADよりも予後は短い。VDでは認知機能を改善させる薬剤はなく、抗血小板薬や抗凝固薬など脳梗塞の再発を予防する薬剤があるのみである。

④ 前頭側頭葉変性症（FTLD）

　前頭側頭葉変性症（FTLD）は、前頭葉、側頭葉に機能の障害をもつ疾患の総称である。病理的には複数の疾患が含まれており、単一の疾患ではない。

　FTLDは、前頭葉が中心に障害され、性格変化や行動変化が主に表れる行動障害型前頭側頭型認知症（bvFTD）と側頭葉が中心に障害される意味性認知症（Semantic Dementia：SD）や進行性非流暢性失語（progressive non-fluent aphasia：PNFA）など言葉の障害が前面に出る言語障害型前頭側頭型認知症に分類される。

　bvFTDは、主に前頭葉の機能が障害される疾患群であり、病初期より常同行動（時刻表的生活など）、反社会的行為、食行動の異常（大食）など陽性症状が目立つが、同時にアパシー、自発性低下、無関心など陰性症状も併存する。病識はなく、自覚的な訴えはないため、周囲の観察によって気づかれることがほとんどである。進行すると単純な模倣行為、強迫的音読や反響言語などが出現し、徐々に陰性症状（無関心、自発性低下など）が前面に出るようになる。

　bvFTDでは、ADで障害される記憶やDLBで障害される空間認知は保たれる傾向にあり、重度となっても嚥下障害が起こりにくく、食欲が保たれるケースが多い。

　bvFTDに対しては、ドネペジル等のコリンエステラーゼ阻害薬やメマンチンなどの抗認知症薬は無効であり、bvFTDの行動障害に対する対症療法が中心である。行動障

害に対しては、選択的セロトニン再取り込み阻害薬（SSRI）の使用が推奨され、SSRI
で効果が不十分な場合、リスペリドン（リスパダール®）などの非定型抗精神病薬が用
いられる。

　一方、言語障害型前頭側頭型認知症には、SD と PNFA が含まれる。失語が発症時最
も目立つ症状であり、経過を通じて前景に立つ変性性認知症のことを原発性進行性失語
（Primary Progressive Aphasia：PPA）という。PPA には、SD と PNFA に加え、ほ
とんどがアルツハイマー病理である Logopenic 型進行性失語が含まれる。

　なお、FTLD の予後は AD より短いという報告と長いという両方の報告がある。

3）診断と診断を開示するプロセス

　認知症の症状が出現してから診断を受けるまで、または診断を受けてからしばらくは、
日常生活はほぼ自立しており、介護保険上のサービスの適応がないため、社会的支援が
得られていない人が多い（空白の時間）。この時期に必要な支援は、本人や家族に教育
的支援を行い、これからの旅の準備をすることである。患者・家族と診断をシェアし、
継続的に教育的アプローチを行うことは、極めて重要な初期の介入となり、患者と家族
をエンパワーメントする絶好のチャンスとなる。

　例えば、軽度の AD 患者では、物忘れの自覚があり、自分なりの解釈モデルをもち、
病気と向き合う力をもっていることが多い。病気についてきちんと説明することが患者
の利益になることのほうが多い。まず、診察時に患者と 1 対 1 の診察場面をつくり、「ご
自分ではもの忘れについて、どう思っていますか？」などと聞き、本人の解釈モデルを
確認する。また、事前の神経心理検査結果や生活状況から、患者の言語機能や注意力、
ワーキングメモリーを含めた記憶力、前頭葉機能など認知機能について把握したうえで、
最も理解しやすい伝え方を検討する。そのうえで、診断とその根拠を患者に理解できる
ように簡潔に説明する。

　認知症が進行し、注意力やワーキングメモリー、言語機能や抽象的思考力、論理的思
考力が高度に障害されている場合は診断の開示が有効ではない。また、比較的若い人で、
うつ病などの既往がある人に対する開示は慎重に検討し、しっかりフォローをする必要
がある。

　診断の開示においては、単に病名を伝えるのではなく、これからの生活をどうしたら
よいのか、どういう支援があるのかなど患者の生き方に必要な情報を伝え、患者・家族
とラポールを形成しながら、彼らをエンパワーメントするように開示するようにする。

また、認知症という病名に対して、強い警戒心がある人に対しては、病名を告げずに脳の機能について説明し、何に取り組むべきかという説明をするとよい。

また、超高齢者（90歳代）では半数の人が認知症となっており、超高齢者に発生したADを「老化」と捉える見方もある。超高齢者では病名を告げることが必ずしも患者の今後の暮らしにプラスになるとは限らない。

4）危機管理としての BPSD と合併症のマネジメント

認知症高齢者と家族は、長い旅路のなかで、幾度となく身体合併症の発症や行動・心理症状（BPSD）の出現といった危機に見舞われる。

認知症高齢者は、重症度にかかわらず死亡リスクが上昇するといわれており、認知症の末期に至る前に他の合併症で死亡することが多い。軽度から中等度までは、循環器系疾患による死亡が多く、嚥下反射が低下し、長期臥床状態となる重度以降は肺炎などの感染症による死亡が増加するという報告[1]もある。認知症では、急性疾患による典型的症状が出現しにくいこと、認知症によって適切な受診行動を取れないことが、合併症死が多い原因と推定されている。

合併症は重度以降では頻発するようになる。ADでは発症後約7年で失禁が出現し、その後歩行障害が出現、最期の半年〜2年は寝たきりで過ごすという経過をたどるが、寝たきりになると、尿路感染症が3.4倍に、下気道感染が6.6倍となる[2]。重度の時期は、肺炎などの感染症や転倒・骨折などの急性期対応が増え、合併症による入院が増加する。

認知症高齢者の肺炎はほとんどが誤嚥性肺炎であり、構造的なものである。したがって、治療だけでなく、ケアと栄養、口腔ケア、肺理学療法、早期臥床等を含めたリハビリテーション等が重要であり、急性期には多職種による集中的なチームケアが大切になる。

認知症高齢者の肺炎の急性期においては、安易な絶食を避けることが重要である。急性期の安易な絶食によって、炎症による侵襲に加えて、栄養障害と廃用によって咽喉頭筋の二次性サルコペニアが急速に進行し、肺炎が治癒しても食べる機能を喪失してしまうことが少なくない。急性期にも最小限の嚥下反射が保たれていることを確認したら、すみやかに直接嚥下訓練を始めるべきである。

地域においては61％に1つ以上のBPSDが、31％に重度のBPSDが出現[3]する。当院の高齢者ケア外来のデータでは、BPSDがなし50％、環境改善のみ31％、抗精神病薬も含めた薬剤治療が必要なのは19％、入院治療が必要なのは1％未満であった。

BPSD の出現は在宅での介護破綻の最大の原因となるが、早期から医療と介護が協力して総合的に対応できれば、多くのケースが在宅対応でき、入院は避けられることが多い。安易に入院させ、長期入院になることは極力避けなくてはならない。

　認知症高齢者にとっては生活の場を変えることに大きなリスクを伴う。入院環境は、認知症高齢者の障害された見当識をさらに混乱させ、手続き記憶によって保たれていた生活行為の遂行を台なしにし、サーカディアンリズムを狂わせ、多大なストレスを与える。その結果、せん妄や不穏、転倒などの事故、あるいは廃用による機能低下を引き起こす。認知症高齢者の身体合併症や BPSD については極力その人の生活の場である在宅で、早期に、迅速に解決することが望ましい。また、どうしても入院が必要な場合は、短期間の入院にとどめ、入院による弊害を最小限にすることが重要である。

5）重度から末期の緩和ケア

　AD では発症後約 7 年で失禁が出現し、その後しばらくすると歩行障害が出現し、最期の半年〜 2 年は寝たきりで過ごす。嚥下反射は重度に入った時期から低下するが、末期には嚥下反射が極度に低下あるいは消失し、飲み込みができなくなる。末期になると治療に抵抗する誤嚥性肺炎を繰り返し、最期は治癒しない、構造的な肺炎となり死に至ることが多い。

　この時期に経管栄養を行っても、著明な予後の改善は期待できない。嚥下反射が消失し、経口摂取ができなくなった時点で、何もしなければ 1 〜 2 週間で死に至るが、末梢輸液や皮下輸液を選択すれば、多少の延命は可能だが、繰り返す肺炎と栄養障害で 2 〜 3 か月で死亡する。胃瘻などの経管栄養を行った末期認知症患者の予後については、報告によって大きなばらつきはあるが、1 年生存率は 40 〜 60％代という報告が多い。

　認知症の死亡原因としては感染症が最大 7 割を占めるとされているが、特に肺炎が多い。

　いくつかの研究で、多くの末期認知症患者が緩和すべき苦痛をもっていること、それらは末期がんや他の非がん疾患にみられる苦痛とは異なることが明らかになっている[4][5][6]。

　末期認知症患者の身体的苦痛は、食思不振と嚥下障害、肺炎からくる呼吸困難や咳嗽・喀痰などの呼吸器症状を中心に、長期臥床に伴う褥瘡など様々な老年症候群が主である。

② 認知症を抱える人へのソーシャルワーク

　認知症の早期診断の推進が強化されてきているため、また、高齢化が進んでいること

もあり、保健医療機関に働くソーシャルワーカーが認知症を抱える人に会うことはもう珍しいことではない。対象が変わっても、ソーシャルワーク実践は同じであり、ソーシャルワーカーとクライエントとのかかわりが中心であることに変わりはない。認知症を抱える人と聞くと、どのようにかかわってよいか身構えてしまうかもしれないが、「生活の連続・継続」に視点をおき、どのような環境が整えば、本人・家族が望む生活を継続することができるのかを考えることは、どのような傷病の患者に対しても変わらないものである。

　認知症を抱える人を理解するうえで、「問題」行動といわれてしまう行動・心理症状（BPSD）（周辺症状ともいう）によって引き起こされる行動のすべてには意味があり、そうした行動は「本人が生きてきた生活や人生に直結するものである」と捉えることが必要である。認知症を抱える人を理解するためには、「その人の生い立ちやこれまでの生活（人生）」に目を向け、「その人生を想像していくこと」が必須である。そして、それは1人ひとりの人生を大切にする視点であり、認知症を抱える人に限らず、すべてのソーシャルワークの基本である。

　また、認知症に伴う中核症状やBPSDのみならず、退職等による社会からの孤立や日常生活動作（ADL）の低下、さらに期限の見えない介護の長期化は、認知症を抱える本人だけでなく介護者の身体的・精神的な負担感を増大させることが多い。そのため、認知症を抱える人のみならず、その家族への支援の側面も、ソーシャルワークにおいて大きな意味をもつことを忘れてはならない。

　これまで認知症を抱える人へのソーシャルワークは、一般的には高齢者に多い病気であるために本人への生活の場や介護に関することが多かったが、近年では若年の認知症を抱える人への相談支援体制整備も強化されてきている。若年で認知症を抱える人は、本人が現役世代であり、認知症と診断されたことで退職となると、経済的な問題が発生することが多く、また親の病気が子どもに与える影響も大きく、教育、就職、結婚などの子どもの人生設計が変わってしまう場合もある。また、親の介護が重なる場合には、認知症を抱える人を介護する人の負担がさらに大きくなることが予測される。主な介護者が配偶者になることが多く、経済的にも精神的にも、身体的にも大きな負担を強いられることとなる。認知症を抱える人のみならず、その家族への支援の側面も重要であることに、ここでもあえてふれておく。

1) 認知症を抱える人を支援するために必要な知識

　近年、認知症のせん妄・幻視・幻聴・不眠などの精神症状や、徘徊・大声・暴力・不潔行為などのBPSDに対する治療は、精神科医療機関を中心に行われている。認知症疾患医療センターの計画的な整備が進められ、受診相談先は少しずつ身近なものになってきている。認知症疾患医療センターと地域包括支援センター等の連携強化の取り組みも推進されてきている。

　せん妄については、必ずしも認知症に伴うものではなく、高齢者においては入院や手術といった環境の変化により引き起こされることも多い。一時的な症状であることも多いため、短期間の薬物療法も考慮しつつ、速やかに慣れた環境での生活に戻すことが求められる。これを実現するために、「生活の連続・継続」に視点をおくソーシャルワーカーの介入が重要となる。医療機関における入退院支援体制の強化により、退院支援に早期から取り組む医療機関が増えてきている。入院して間もなくから、入院前の生活について介護支援連携等を活用して地域と医療機関で共有し、入院で一度中断された本人の自宅等での生活を速やかにかつ滑らかに再開できるよう支援することで、入院の長期化によるせん妄を予防することにもつながる。

　BPSDに対する専門医療は精神科病院で行われることが多いことを踏まえ、地域における精神科病院について情報を収集し、連携を図ることも重要である。その際に、精神科病院においては、本人の人権を尊重し、精神保健及び精神障害者福祉に関する法律（精神保健福祉法）に則った入院形態（**表6-12**）を取る必要があることを理解しておくと、よりスムーズな連携が図れるであろう。

　認知症を抱える人の場合、医療保護入院（精神保健福祉法第33条）の形態を取ることが多い。その際、本人の代わりとなる「家族等（精神保健福祉法第5条第2項）」の同意が必須となるため、同意者となり得る配偶者、親権を行う者、扶養義務者および後見人または保佐人の有無、さらにはその所在等を把握しておくことが重要である。医療保護入院の場合、精神保健指定医が診察をしたうえで、家族等の同意を得られなければ入院することができないため、即時での対応が難しい場合がある。

　認知症を抱える本人およびその家族を取り巻く諸問題は、単に治療といった医療面のみでの解決は難しく、医療・保健に加えて社会福祉分野も加えた複合的なサービスの提供が必要である。認知症を抱える人を支援する際には、認知症という疾患の理解、死生観のあり方、介護者である家族への支援、介護保険制度をはじめとした施策の変化に対する知識などが問われる。意思決定支援を行うためのガイドラインも認知症を抱える人

表 6-12　精神保健福祉法に定められた入院形態

名称	精神障害者であること以外の入院要件	診察・判定者	本人の同意	同意者命令者	入院先	入院期間の限定
任意入院 (第20条)	なし	医師	必要		精神科病院	なし 入院1年経過後、本人の同意の再確認
医療保護入院 (第33条)	・自傷他害のおそれはないが、医療と保護のために入院が必要 ・精神障害のために任意入院の状態にない（同意が得られない）	精神保健指定医	不要	家族等もしくは市区町村長（第33条第3項）	常勤指定医をおく精神科病院	なし ただし、第33条第4項入院の場合は12時間
応急入院 (第33条の7)	・自傷他害のおそれはないが、直ちに入院させなければ医療・保護に著しく支障がある ・精神障害のために任意入院の状態にない（同意が得られない）	精神保健指定医	不要		応急入院指定病院	72時間
措置入院 (第29条)	直ちに入院させなければ精神障害のために自傷他害のおそれがある	精神保健指定医2人以上	不要	知事の命令	国・都道府県立病院指定病院	なし
緊急措置入院 (第29条の2)	直ちに入院させなければ精神障害のために自傷他害のおそれが著しい	精神保健指定医	不要	知事の命令	国・都道府県立病院指定病院	72時間

を対象にしたものが2018（平成30）年に厚生労働省より公表されている。また、尊厳のある本人らしい生活の継続と地域社会への参加を図る権利擁護支援の推進を目指して成年後見制度の利用促進が基本計画に沿って進められている。最近は、認知症を抱える人、特に若年の人に対し、若年性認知症の特性に配慮した就労・社会参加に関する取り組みも始まってきているため、就労継続支援や障害者雇用といった障害者施策についても知識を深めておくと支援の幅に広がりが生まれる。地域により育った取り組みも多くあるため、インフォーマルなサービスの情報収集も必須である。

③ 事例を通して考える

1）事例1

① 経過

　Aさん（女性、70歳代後半、アルツハイマー型認知症）は、脱水と低栄養で救急搬送され内科病棟へ入院となった。搬送時、同居する長男が付き添っていたが、生活状況

を聞いても詳細は不明。Aさんからは強いアンモニア臭が漂っていた。担当医は介護放棄を疑った。そのため、入院翌日にはソーシャルワーカーへ介入依頼をした。

担当医と相談をし、病院として地域包括支援センター（以下、包括）へ虐待を疑うとの一報を入れたところ、包括でも気にしていたケースであったことが判明した。包括は、夫からAさんの認知症について相談を受け、グループホームへの入所の話を進めていたが、その矢先に夫が亡くなり、同居する長男へ連絡を入れていたがつながらず、2か月が過ぎていたとのことであった。

入院後、Aさんの妹が来院し、ようやく本人の生活状況を部分的に知ることができた。同居する長男は、不景気により派遣社員となり経済的にも時間的にも余裕がなく、パンなどの食事を用意するのみで、Aさんはほとんど独居生活に近い状況であった。妹はAさんへの面会を希望していたが、長男は妹を家に寄せつけなかった。妹は、夫の葬儀以降Aさんに会うことができない状況であった。

一般病棟への入院による定期的な食事の提供と清潔保持により、Aさんは見違えるほどに回復した。Aさんはアルツハイマー型認知症であると診断された。体力が回復するとともに、認知症に伴う易怒性、放尿、脱衣がみられるようになり、認知症病棟（精神病棟：閉鎖病棟）への転棟が検討された。長男は、住宅ローンの支払いが滞り自己破産しており、また認知症病棟入院への同意を拒んでいることから、妹の同意を得て医療保護入院となった。妹は、70歳代と高齢であったにもかかわらず協力的であり、退院後のAさんの生活の場を検討する際も、積極的に動いていた。妹、Aさんともに経済的な余裕はなく、幸いAさんは食事の自己摂取が良好であったため、介護老人保健施設（以下、老健）への入所を目指すこととなった。老健は3〜6か月の入所期間が一般的であり、長期的な生活を継続することはできないが、集団で生活をすることにAさんが慣れるという目的と、Aさんが老健に入所している間に長男の生活を立て直すことも視野に入れ、老健を選択することとなった。

要介護認定は更新されておらず、改めて申請し、認定後には、妹を通して長男を巻き込みながら介護保険負担限度額認定証を取得した。

病棟のカンファレンスでは、これらの情報をスタッフ間で共有し、老健入所に向け、集団生活を送るうえで配慮すべき点、老健で取り扱い可能な内服薬での薬物療法などを検討した。具体的な例として、ソーシャルワーカーは、病棟での本人の過ごし方を看護師や作業療法士と共有した。特に、問題行動と捉えられやすい行動にどのように対応できるのか等を、入所相談の際に老健の相談員へ伝えるように心がけた。例えば、夕方以

降にそわそわし始め、荷物をまとめ持って歩くという行動はあるが、しばらく本人の自由に歩いた後に声かけをすると、部屋に戻って荷物を片づけることや、歩き回ることについて転倒のリスクは少ないことを伝えた。

　包括から情報提供された遠方の老健へ、入院から4か月後に入所となった。老健への移送は、長男が中心となって手配した。

② 考察

　最近では、入院を契機に高齢者に対する虐待が発見されることは珍しくない。身体的な虐待に限らず、必要な介護を受けられずに低栄養・脱水状態に陥っていたり、年金搾取といった経済的な虐待もある。虐待を疑う場合には、包括や行政と連携を図る必要があるため、ソーシャルワーカーの介入を求められることも多くなるであろう。虐待の背景に、認知症が潜むことも少なくない。病院によっては虐待に対応するチームができており、メンバーとしてソーシャルワーカーが入っているところもあるだろう。ソーシャルワーカーには、適切なアセスメントを行い、患者本人やその家族が抱える個別の事情を配慮しながら、与えられた条件のなかで、本人や家族とともにこれからの生活のあり方を見つけていくことが求められる。本人が何に困っているのかが本人自身の言葉で語られればよいが、認知症を抱える人の場合には、本人の口からそれを聞くことは難しいことが多い。本人がその人なりの歴史をもった1人の人格であることを踏まえたうえで、本人を取り巻くシステムとしての家族を援助の対象とすることも方法の1つである。本人を含む家族が抱える問題は何か、また強みは何か、これまでどのようにして問題を解決してきた経験をもっているのか等、家族の間の規則や本人や家族が外の人たちとどのようにかかわってきたのかを知ることで、その人の人生を想像していくことに少しでも近づけるのではないかと考える。その際には、生活の場である地域との連携も重要となる。

　認知症を抱える人の生活の場にはいくつか種類がある。身体症状と同じように医療依存度が高い場合（本人の安全のために身体拘束を必要とする状況が続く、入院管理でないと扱いにくい薬を必要とする等）は、病院での生活を考えることになる。精神科病院を中心とすることが多いが、認知症疾患医療センターが各地域に設置されているので、専門的な医療を必要とする場合にはそちらへ相談することも可能である。グループホームは認知症を抱える人のためにある施設であるが、少人数での集団生活となることへの評価は必要であろう。事例のように老健の利用を希望する人も多いが、認知症のために

内服する薬の取り扱いが少ないことも多く、相談する場合にはその点を注意する必要がある。

2）事例2

① 経過

　Bさん（男性、50歳代後半、若年性アルツハイマー型認知症）は、単身赴任で勤務していた。身なりの変化や書類の置き忘れ等の仕事でのミスが増えたことを心配して、上司はどこか悪いのではないかと受診を勧めていたが、疲れがたまっただけだと本人は話し、受診につながらずにいた。ある朝、出勤してこないことを心配して上司がBさんに連絡を入れたところ、会社にたどり着けずに道に迷い混乱している状態であった。上司がBさんの妻に連絡し、妻と上司とともに受診となった。

　Bさんはいくつかの検査の結果、若年性アルツハイマー型認知症であると診断され、本人にもその病名が伝えられた。ひとまず休職することとなり、外来看護師より、休職に伴う経済的な不安があるとソーシャルワーカーに介入依頼があった。Bさんと妻へ休職中の収入保障として傷病手当金を案内し、妻が中心となって手続きを行った。単身赴任をしていたBさんは自宅に戻り、妻がパートで不在の間は1人で過ごすこととなるため、置き忘れや用事を忘れることを防ぐために、決まった場所に大切な物を置くようにしたり、携帯電話のアラーム機能を設定して音で注意喚起をしたりと、生活のなかで試行錯誤を繰り返していた。高校生の長男は、部活等も忙しく、年頃のせいか母親との会話も少なくなっていた時期でもあり、Bさんが自宅に戻ってもほとんど会話をすることはなかった。

　認知症は治る病気ではないこともあり、いつまでも休職しているわけにもいかず、上司とどのように就労を継続できるかの相談も定期的に行っていた。Bさんは強く復職を希望したが、会社としては病気を配慮した業務内容に変更せざるを得ず、その内容をBさんが受け入れられなかったこともあり、休職して6か月で退職することとなった。Bさんは再就職を希望しハローワークに通う等の就職活動に取り組むも、なかなか就職にはつながらなかったため、妻よりソーシャルワーカーへ就労について相談が入った。

　ソーシャルワーカーは、担当医にBさんの就労のために精神障害者保健福祉手帳の取得が可能か相談したところ、初診日から6か月を経過しており、診断書の記載は可能であると返答が得られたため、企業の障害者雇用もしくは就労継続支援B型事業所の利用を提案した。

Bさんは、就労希望は強くあるものの、退職せざるを得なかった自身の症状を自覚しており、働くことに対し自信を失っていたため、就労継続支援B型事業所の体験利用から始めてみることとなった。

② 考察

　若年性認知症は、脳卒中後の血管性認知症の場合には原因が明らかであるために診断に至るまでにあまり時間を要しないが、それ以外の疾患が原因となる場合は、疲れや更年期障害だと思って受診が先延ばしとされたり、認知症とは関係のない診療科を受診して診断が遅れてしまうことが少なくない。また、家族がおかしいと感じていても、本人を説得できずに受診につなげられないこともある。おそらく本人も何らかの症状を自覚し、悩んでいる可能性もあるため、本人の信頼する人が本人を心配していることを伝えることで受診につながることもある。また、認知症初期集中支援チームの介入について市へ相談してみるのも方法の1つである。

　診断後の病名の告知については、事前に医師と相談しておくことが大切である。本人への影響を心配し告知をしないことを希望する家族もいるが、若年性認知症の場合は仕事や地域での役割等、社会への影響も出てくることが予測されるため、本人の気持ちに寄り添いつつ伝える時期や伝え方を医師と検討することが必要である。病名だけでなく病気の特徴も含めて告知をすることは、本人が自分の状態を知り、今後の治療や症状に対して周囲の人の支援を受け入れるようになるために、また、今後の治療法やこれからの生き方を選択するためにも重要である。車の運転を家族が心配することも多くあり、そのような場合にも、医師から病気の特徴を中心に、本人の自尊心に配慮しつつ話してもらうことが効果的なこともある。

　若年性認知症の場合、本人が家庭の経済の中心を担っていることも多い。会社等に勤務している場合は、可能であれば治療と就労の両立を目指し、職場の理解が得られるよう支援をしていくとよい。障害者雇用枠への変更も方法の1つである。あわせて、医療費助成に関する制度や、障害年金、雇用保険等の経済的支援につながる制度の利用支援だけでなく、住宅ローンや生命保険なども経済的な困りごとにあがる可能性があることも覚えておく必要がある。

　最近では、認知症を抱える人の社会参加が積極的に進められている。認知症を抱える人が役割をもつことが大切であり、これまでと業務内容や雇用形態が変わっても就労という形で社会参加を継続したり、症状の進行により就労が継続できなくなっても、当事

者として体験談を語る場があったり、当事者同士が居場所づくりとして活動する場も増えている。本人が参加しやすいことが大切であるため、公的なものばかりではなく、地域におけるインフォーマルな情報も提供できると、本人の社会参加の可能性が広がる。

第4節 アルコール関連問題とソーシャルワーク

はじめに

　お酒は単なる食料や嗜好品の1つというだけでなく、解放感や、疲労感の除去、快活な気分をもたらし、人間関係の潤滑油となるなど社会的な役割も担っており、世界的に広く普及した文化でもある。一方で過度な飲酒のもたらす弊害も大きく、世界保健機関（World Health Organization：WHO）による "Global status report on alcohol and health 2018" でも、アルコールは200以上の健康問題に関与しており、飲酒が原因の死亡者数は結核、HIV/AIDS、糖尿病よりも多く、アルコールの有害な使用は全世界で300万人の死亡原因となっていることが述べられている。日本で行われた調査でも、アルコールによる超過死亡者数は3万2718名、社会的コストは3兆6895億円と推計されており[1]、社会的にも大きな問題となっている。そのため日本でも2013（平成25）年には包括的なアルコール対策の根拠となるアルコール健康障害対策基本法が成立し、依存症対策基本計画や依存症対策全国センターなどを通して各種アルコール健康障害対策が行われているが、その一方で、国税庁による日本産酒類の発展・振興を考えるビジネスコンテストである "サケビバ！" も行われるなど、社会としての方向性が定まらない問題でもある。

① アルコール関連問題

　アルコール関連問題は、健診で肝機能障害を指摘されるが日常生活には問題がないような軽症例から、大量飲酒による摂食不良で突然死（大酒家突然死症候群）まで、深刻さの程度が大きく異なる。健康以外の面でも、飲酒運転、暴力、子どもへの虐待、生産性低下といった社会・経済問題もあり、アルコール関連問題は非常に幅広い領域の問題である。なかでも最もよく知られているのは肝機能障害である。アルコール性肝障害は、5年以上にわたる1日平均純エタノール60g以上（5％ビールロング缶換算3本／日、

7％チューハイレギュラー缶換算 3 本程度、ただし女性や、お酒に弱い体質の者はその 3 分の 2（40 g/ 日）程度）の飲酒によって生じる[2]。しかし肝障害は代表的なアルコール関連問題でありながら自覚症状が乏しいため、飲酒指導でも対象者が危機感をもちにくい疾患でもある。また患者数 4300 万人の高血圧にも飲酒は深く関係しており、男性高血圧の 34.5％、女性の 2.6％が飲酒による高血圧と推測されている[3]。それ以外にも、がん（口腔がん、咽頭がん、喉頭がん、食道がん、大腸がん、肝臓がん）、糖尿病、脳出血、不整脈などの身体疾患、うつ病や不安障害などの精神疾患も問題飲酒と関連している。一方で心筋梗塞や脳梗塞などに対しては、アルコールは一定量までは予防的に働き、少量の飲酒で全死亡率が低下する J カーブの要因ともなっている。そのため飲酒指導では、タバコのようにすべての集団でゼロを目標にする必要はなく、厚生労働省の健康日本 21（第 1 次）でも一般集団での飲酒量の目安として 1 日あたりビール 500 ml に相当するアルコール 20 g/ 日が "節度ある適度な飲酒" として提唱されていた。しかし最近の研究では[4]、総死亡率は、純アルコール消費量は 100 g/ 週付近までほぼフラットで、それ以降上昇しており、民族による違いも含めて一般集団への飲酒目標については今後もさらなる議論が必要である。

1）問題飲酒者への支援

　問題飲酒者には飲酒行動変容を目的とした介入が必要になるが、飲酒問題のほとんどは過度の飲酒が原因であり、軽症から中等症の問題飲酒は減酒だけで改善することが多い。減酒には "SBIRT（Screening, Brief Intervention, Referral to Treatment：エスバート）" と呼ばれる手法がスタンダードとなっている。具体的には、スクリーニング（Screening）によって患者をふるい分け、簡易介入（Brief Intervention（BI））によって飲酒量低減を図り、紹介（Referral to Treatment（RT））によってアルコール依存症の専門治療が必要な患者を専門医療機関へつなげるという介入技法である。最近は、後述の自助グループ（Self help group）も加えた、SBIRTS（エスバーツ）も提案されている。

① スクリーニング（Screening）

　減酒指導では主に AUDIT（図 6-19）が用いられる。AUDIT は WHO によってプライマリ・ケア領域での活用を想定して開発された問題飲酒者のスクリーニングテストで、将来アルコール問題を起こす可能性のある "危険な使用（hazardous use）" からアルコー

図 6-19 AUDIT

1. **あなたはアルコール含有飲料をどのくらいの頻度で飲みますか?**
   0. 飲まない　　1. 1カ月に1度以下　　2. 1カ月に2〜4度　　3. 週に2〜3度　　4. 1週に4度以上
2. **飲酒するときには通常どのくらいの量を飲みますか?**
   0. 1〜2ドリンク　　1. 3〜4ドリンク　　2. 5〜6ドリンク位　　3. 7〜9ドリンク　　4. 10ドリンク以上
3. **1度に6ドリンク以上飲酒することがどのくらいの頻度でありますか?**
   0. ない　　1. 1カ月に1度未満　　2. 1カ月に1度　　3. 1週に1度　　4. 毎日あるいはほとんど毎日
4. **過去1年間に、飲み始めると止められなかったことが、どのくらいの頻度でありましたか?**
   0. ない　　1. 1カ月に1度未満　　2. 1カ月に1度　　3. 1週に1度　　4. 毎日あるいはほとんど毎日
5. **過去1年間に、普通だと行えることを飲酒していたためにできなかったことが、どのくらいの頻度でありましたか?**
   0. ない　　1. 1カ月に1度未満　　2. 1カ月に1度　　3. 1週に1度　　4. 毎日あるいはほとんど毎日
6. **過去1年間に、深酒の後体調を整えるために、朝迎え酒をせねばならなかったことが、どのくらいの頻度でありましたか?**
   0. ない　　1. 1カ月に1度未満　　2. 1カ月に1度　　3. 1週に1度　　4. 毎日あるいはほとんど毎日
7. **過去1年間に、飲酒後罪悪感や自責の念にかられたことが、どのくらいの頻度でありましたか?**
   0. ない　　1. 1カ月に1度未満　　2. 1カ月に1度　　3. 1週に1度　　4. 毎日あるいはほとんど毎日
8. **過去1年間に、飲酒のため前夜の出来事を思い出せなかったことが、どのくらいの頻度でありましたか?**
   0. ない　　1. 1カ月に1度未満　　2. 1カ月に1度　　3. 1週に1度　　4. 毎日あるいはほとんど毎日
9. **あなたの飲酒のために、あなた自身か他の誰かがけがをしたことがありますか?**
   0. ない　　2. あるが、過去1年にはなし　　4. 過去1年間にあり
10. **肉親や親戚、友人、医師、あるいは他の健康管理にたずさわる人が、あなたの飲酒について心配したり、飲酒量を減らすように勧めたりしたことがありますか?**
    0. ない　　2. あるが、過去1年にはなし　　4. 過去1年間にあり

出典:廣尚典(2000)『WHO/AUDIT(問題飲酒指標/日本語版)』千葉テストセンター

ル依存症まで幅広い問題飲酒を同定できる。AUDITは10項目の質問からなり、各項目の合計点(最大40点)で飲酒問題の評価を行う。AUDITの区分点は集団の特性や目的に応じて決定される。特定保健指導で用いられている「標準的な健診・保健指導プログラム(改訂版)」では問題飲酒者としてAUDIT 8〜14点、日本の代表的な減酒指導法であるHAPPYプログラムでは、生活習慣病を有しない者を対象とする場合にAUDIT 10〜19点を、それぞれ減酒指導の対象としている。それ以下の点数のケースでは、基本的に飲酒指導は不要である。AUDITでは、飲酒量を計算するのに純アルコール換算で10gの飲酒量を示す"ドリンク"という単位が使われており、計算がやや煩雑なため、換算表(表6-13)などを利用していく。またスクリーニングテストが実施できない場面でも、プライマリ・ケアでの通常の診察、入院患者の血液検査での肝酵素の上昇、酩酊と関連した救急室受診など様々な機会を活用して、問題飲酒者を同定し、積極的に減酒指導を検討する。

表 6-13　ドリンク換算表

		ドリンク数	ビール換算（ml）
ビール	コップ1杯	0.7	180
	中瓶	2.0	500
	大瓶	2.5	633
	レギュラー缶	1.4	350
	ロング缶	2.0	500
	中ジョッキ	1.3	320
日本酒（15%）	1合（180ml）	2.2	540
	お猪口（30ml）	0.4	90
焼酎（20%）	1合	2.9	720
焼酎（25%）	1合	3.6	900
チューハイ（7%）	レギュラー缶	2.0	490
	ロング缶	2.8	700
	中ジョッキ	1.8	450
ワイン（12%）	ワイングラス（120ml）	1.2	290
	ハーフボトル（375ml）	3.6	900
	フルボトル（750ml）	7.2	1,800
ウィスキー（40%）	シングル水割り（原酒で30ml）	1.0	240
	ダブル水割り（原酒で60ml）	1.9	480
	ボトル1本（720ml）	23.0	5,760
梅酒（13%）	1合（180ml）	1.9	470
	お猪口（30ml）	0.3	80

注：1ドリンク＝純アルコール10g

② 簡易介入（BI）

　簡易介入は、通常、短時間（通常5～30分）、短期間（1～数回のカウンセリング）の非専門家による減酒指導のことを指している。基本的に依存症までいかない問題飲酒者を対象とした減酒指導の世界的なスタンダードであり、日本の研究でも一般飲酒者対象の減酒指導調査で飲酒量が半分になるなどの効果が報告されている[5]。簡易介入のカウンセリングの基本は、「共感する」「励ます、元気づける」「褒める、ねぎらう」の3つであり、健康をテーマとして、飲酒問題の直面化や飲酒問題の否認は取り扱わない。目標設定とセルフモニタリング、フォローアップの3段階で行う。依存症の治療のような専門的な知識や経験が不要であり、介入する側、される側の両方にとって負担が少ない利点をもつ。

③ 目標設定

　対象者に責任感をもってもらうために、飲酒目標は対象者自身が決定する。ただし最初の目標は低めに誘導することで、目標達成しやすくなり、自己効力感を高めることができる。また目標達成の可否が判断しやすいように、具体的な目標（例：「日本酒2合

まで」「週に２日は休肝日を設ける」「０時までには切り上げる」）とする。介入者は対象者への受容・共感、支持を積極的に言葉で示していくことで、本人の決断を積極的にサポートしていく。

④ セルフモニタリング

他の生活習慣同様に、飲酒習慣でも行動変容のために記録は重要である。減酒指導では、お酒の種類と量、飲んだ時の状況、飲酒目標に対する達成度が含まれた記録形式（"飲酒日記"）が用いられ、一定期間（数週間）、毎日、記録を続けてもらう。様々な飲酒日記が考案されており、フリーで利用できるものも多い（例：ABCDプログラム[6]）。さらに、血圧、体重、γGTPなどの記録も加えることで、減酒による身体面の改善を実感しやすい。最近はスマートフォンアプリ（例：節酒日記アプリ[7]）も開発されている。モニタリングの指導の際には、成功率の上昇など記録の効用を強調するとともに、記録の負担感についても共感を示していく。また目標が達成できていない場合でも、目標達成のためにどのような行動をしたのかに焦点をあてることで、否定的な感情をもたせないようにする。禁煙など過去の行動変容の成功例や、あるいは本人が失敗と思っていても、実は成功と解釈できる経験（例：１か月節酒したが結局もとに戻った→１か月間も減酒ができた）を引き出すなどの工夫も、モチベーション維持のためには重要である。

⑤ フォローアップ

１回の簡易介入の効果は、３か月程度だが、複数回行うことで９か月〜１年程度、効果が持続することが期待できる。そのため減酒意欲がまだ高い数週間後に、再度フォローアップの介入を行う。その際、取り組みの結果にこだわらずにできたことにフォーカスをあて、自己効力感を高めるようなサポートを行う。しかし本人の努力にもかかわらず飲酒量増加など、問題が悪化し飲酒コントロールの喪失が疑われるケースや、AUDITの点数が当初から減酒指導の範囲を超えているケースでは、アルコール依存症の可能性を考え、アルコール依存症専門医療機関紹介（Referral to Treatment（RT））や自助グループ（Self helping group（S））も検討していく。

② アルコール依存症

1）アルコール依存症の診断基準

　アルコール依存症は慢性・進行性の精神疾患であり、飲酒コントロールの喪失、快を求める飲酒から不快な気分を軽減する目的での飲酒への変化、他の大切なものよりアルコールを優先するなどの特徴がみられる。臨床診断にはWHOの作成したICD-10の依存症候群診断基準が用いられる。同診断基準をアルコールに言い換えると、①飲酒したいという強烈な欲求、強迫感（渇望）、②節酒不能（抑制喪失）、③離脱症状、④耐性の増大、⑤飲酒や泥酔からの回復に1日の大部分の時間を消費してしまう、⑥飲酒以外の娯楽を無視（飲酒中心の生活）となる。この6項目のうち、過去1年間のうちのある期間同時に3項目以上を満たした場合、依存症と診断する。またアメリカ精神医学会の作成したDSM-5も臨床研究でよく用いられている。DSM-5は、従来の依存症の診断を満たさない軽症ケースも含めてすべて使用障害に統一することで、診断・治療の対象を拡大しており、結果的に治療目標も多様化している。

2）治療

　アルコール依存症の治療目標は生涯にわたる完全断酒であるが、依存症者の拒否感を和らげる目的もあり、近年は飲量低減も一時的あるいは最終的な目標として許容されるようになってきた。治療は、心理療法／精神療法を基本に、自助グループや薬物療法などを組み合わせて多面的で長期的な介入、支援を行う。

① 心理療法

　伝統的なアルコール依存症治療では、飲酒によって健康や家族関係、仕事などに大きな問題が生じた状態、いわゆる「底つき体験」が治療を受け入れるためには必要であり、治療者が依存症患者を突き放し、患者の病気への否認を打破することが治療的と考えられていた。しかし近年は、否認の打破にこだわらない、認知行動療法（Cognitive Behavioral Therapy）が主流となっている。認知行動療法は出来事や物事に対する認知（見方や考え方、価値観、こだわり）を検討し、認知を変えることで行動や感情などを改善しようとする治療法である。もともとはうつ病で始まったが徐々にほかの疾患にも適用が広がり、2000（平成12）年からは久里浜病院（現・久里浜医療センター）でもアルコール依存症リハビリテーションプログラムに導入されるなど、依存症医療の標

準的な治療法となっている。具体的には依存症者のなかにある飲酒につながりやすい感じ方、考え方を同定し修正することで、飲酒行動を変えていくことを目的としている。例えば家族から飲酒を疑われたときに「信用されていない」と考えると、怒りの感情につながり再飲酒のリスクが高まるが、これを「自分の健康を心配している」と解釈することで、感謝などポジティブな感情につながり、再飲酒のリスクは大きく減少する。それ以外の治療技法として、"動機づけ面接"はクライアントの両価性に着目した面接技法であり、お酒をやめたいけど飲みたいという矛盾した気持ちに焦点をあて依存症者の変化を促進する。ほかにも、自分の意見や気持ちを適切に伝える"アサーション（Assertion）"、怒りをコントロールして問題化しないようにする"アンガーマネジメント（Anger Management）"、"行動変容ステージモデル"などの治療法や概念も、依存症臨床に導入されてきている。すなわち従来のカリスマ的な医療者が依存症者の否認を打破し、治療方針を決定する治療者主導の手法から、マニュアルに基づいた患者側に主導権のある、多様で選択肢のある手法へ変化してきている。

② 自助グループ

　自助グループは、依存症という共通の問題を抱える依存症当事者が自由意志で参加し、対等な立場でコミュニケーションを行い、回復していくための共同体である。自助グループが断酒に効果的である理由としては、①断酒の必要性について、同じ病気をもつ仲間の発言のほうが受け入れられやすい、②依存症者の主体性が引き出されやすい、③しらふでの他者とのコミュニケーション、④断酒が集団のなかでは評価される、⑤集団のなかでは一般社会の偏見から開放される、⑥他のメンバーと接することで自己を客観化しやすい、等があげられる。日本における主な組織としては、Alcoholics Anonymous（AA）と全日本断酒連盟（全断連）がある。

❶　Alcoholics Anonymous（AA）

　AA は 1935（昭和 10）年に 2 人のアルコール依存症者が出会ったことをきっかけにアメリカで結成され、日本にも 1972（昭和 47）年に導入された世界最大のアルコール依存症自助グループである。日本語名は "無名のアルコホーリクスたち" であるように、匿名性を重視している。緩やかな組織であり、正確なメンバー数は不明であるが、約 5,700 名と推計されている。"12 ステップ" と "12 の伝統"。"12 の概念" に基づいて活動を行っている。

❷　全日本断酒連盟（全断連）

全日本断酒連盟は、AA の影響を色濃く受けてはいるが、独自の発展を遂げた日本最大の依存症自助グループである。東京断酒新生会と高知断酒新生会が合流して1963（昭和 38）年に全国組織となり、現在は傘下に 650 団体をもつ会員制の公益社団法人である。通常 "断酒会" という場合、傘下の地域断酒会のことを指す。「断酒新生指針」「断酒会規範」を活動の基盤としている。

両団体とも依存症者自身によって運営されるミーティング中心の活動など共通点も多い。しかし断酒会は、公益社団法人、実名参加、家族・医療関係者なども参加可能、比較的男性や高齢者が多い、等の特徴がある。AA は、非法人組織、匿名（ニックネーム）参加、アルコール依存症者のみ参加可（ただしオープンミーティングは誰でも参加可）、相対的に女性や若年者が多い等、違いもみられる。また自助グループ間の違いだけでなく、地域や会場によって参加者や雰囲気も大きく異なるため、様々なミーティングに参加したうえで、各人に適したグループを検討することが望ましい。

③ 薬物療法

依存症治療では伝統的に心理・社会的治療が重視されているが、薬物療法もそれらを補完する役割を担っており、断酒のための "3 本柱" に含まれている。再発予防のための薬剤は、抗酒剤、飲酒欲求抑制薬、飲酒量低減薬に分けられる。

❶ 抗酒剤

抗酒剤は飲酒欲求を抑制する作用はないが、飲酒時の不快反応を引き起こすことで飲酒を抑制する薬剤である。服用後に飲酒すると、顔面紅潮、吐き気、頭痛などの、下戸の人が飲酒したのと同じような反応を生じさせる。日本で用いられている抗酒剤はシアナミド、ジスルフィラムがある。長年にわたって臨床では用いられているが、服薬遵守などの問題もあり、プラセボとの断酒率の差がみられないことや、肝障害などの副作用もあることから近年では第二選択薬となっている。しかし服薬を管理できる場合には、今なお有効な薬剤でもある。

❷ 飲酒欲求抑制薬

現在市販されている、飲酒欲求抑制薬としてはアカンプロサートがある。飲酒による不快反応は生じさせないが、飲酒欲求を抑制することで断酒率を改善する。様々な研究でその効果が示されており、日本の治験でも 24 週後の断酒率が 47.2％とプラセボの 36.0％と比較して高く、日本のガイドラインでもアルコール依存症治療の第一選択薬となっている[8]。効果を高めるためには一定の断酒期間（10 ～ 14 日）後に服用

することが望ましい。肝障害の患者にも使いやすい一方で、重度の腎機能障害では禁忌であり、また腹部膨満、下痢、吐き気などの副作用も比較的多い。

❸ 飲酒量低減薬

断酒ではなく飲酒量低減を目的とした薬剤であり、現在、唯一の薬剤としてナルメフェンがある。ナルメフェンは飲酒によるポジティブな感覚を低減し、非飲酒時の不快感を軽減する作用をもつ。飲酒の1〜2時間前に服用することで飲酒量や大量飲酒日数を減少させる効果がある。

一方で、吐き気やめまいなどの副作用があり、服薬継続率が比較的低い問題もある。

③ アルコール以外のアディクション

アディクションは"嗜癖"と訳される。コントロール喪失という意味では、依存症と同義であるが、最近は、依存症に代わって用いられることが増えてきた。現在でもアルコールや覚醒剤、ニコチンといった依存性物質（化学物質）に対しては、"依存症"が用いられることが多いが、物質嗜癖と称されることもある。それ以外のギャンブルやゲームなどといった行為に対する依存は、"アディクション"や"嗜癖"が使用されることが多い。各アディクションの違いとしては、薬物依存症では精神科合併症が多く自己治療としての依存行動であるとの視点やハームリダクションの概念に力点がおかれ、ネット依存症では減ネットが現実的な治療目標となることや若年者が多く自然回復率が比較的高いこと、ギャンブル依存症では借金の問題の取り扱いが治療上重要なポイントになること、アルコール以外のアディクションでは確立した薬物療法がないこと、等の特徴がある。ただいずれも脳の報酬系が深くかかわっており、認知行動療法をベースとした専門的な長期間の治療が行われ、基本的に完全に使用を中止することがベストと考えられている点などは共通している。

④ 依存症対策全国拠点機関設置運営事業

アルコール、ギャンブル、薬物については、厚生労働省により、①都道府県等での依存症対策を推進するうえで必要な人材を養成するための研修等を実施することができる指導者の養成、②依存症に関する情報収集、行政機関、医療機関および一般国民に対する情報提供、助言・指導、③依存症患者、依存症に関連する問題（健康障害、虐待、DV、借金、生活困窮等）を有する者、依存症が疑われる者、依存症になるリスクを有する者、依存症からの回復を目指す依存症患者等に対する支援体制の全国的な整備を図

る、等を目的とした「依存症対策全国拠点機関設置運営事業」が進められており、その全国拠点として"依存症対策全国センター（NCASA）"が設立されている。また各都道府県・政令指定都市においても、依存症の専門プログラムや人材、連携を備えた医療機関である"依存症専門医療機関"、各地域の専門医療機関のとりまとめ役の"依存症治療拠点"、主に保健所が中心となった相談機関としての"依存症相談拠点"が指定されており、以前に比べ公的なバックアップ体制は整備されてきており、依存症医療へのアクセスのしやすさは向上してきている。

　一方で、未だに疾患としての依存症の認識は当事者や家族、医療関係者でも十分とはいえず、最も整備が進んでいるアルコール依存症においても依存症医療に結びついている率は2割程度である。この現状を変えるためには、依存症専門医療機関以外の医療機関での取り組みが重要であり、その意味でソーシャルワーカーの役割は非常に大きい。

⑤ ソーシャルワークで理解するアルコール依存症による生きづらさの構造

　依存性薬物のなかで、アルコールは世界で最も使われている。特に日本は、酒文化の国といわれるほど、アルコールに対しては寛容である。一方、アルコールで体を壊したり問題を起こすと、途端に「自業自得」「自己責任」「意志が弱い」などのスティグマを押し、そのような人々を社会の周縁に排除し、生きづらさの構造を生み出している国でもある。

　ソーシャルワークは、アルコール依存症の生きづらさの構造を理解するのに有効である。図6-20 のように、アルコール依存症に陥っているクライエントの苦しみを、ミクロ・メゾ・マクロのジェネリックな視点で捉えると、決して個人の問題とすることはできない。また、飲酒当事者のみならず、家族、職場など周囲への影響も強く、人と環境との交互作用の視座がないと、本当の意味で、アルコール依存の苦しみに接近し理解することは難しい。

⑥ 必要な治療・支援につながりにくい「治療ギャップ」の課題

　実際、我が国の飲酒状況はどうであろうか。

　日本全体のアルコール消費量は減少傾向にあるが、多量飲酒者[7]の割合は、2010（平成22）年以降現在まで男女とも改善せず、「最も飲酒が多い20%の人々がすべてのアル

図 6-20　ソーシャルワークで見るアルコール依存による生きづらさの構造

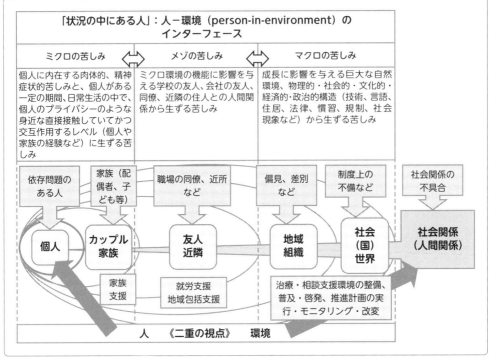

筆者作成

コール消費量 70％近くを消費している（OECD 報告：2015）」と指摘される。生活習慣病のリスクを高める飲酒は、女性の割合が優位に増加し、アルコール性胎児症候群[8]（fetal alcohol syndrome：FAS）などのリスクからも女性の飲酒対策が喫緊の課題である。また、多量飲酒ががん等の疾病や自殺のリスクを高めることも疫学調査で明らかである。そのほか、飲酒運転、配偶者からの暴力、虐待、生活・経済的困難を含むアルコール関連問題[9]による死亡者は毎年 3 万 5,000 人、社会的損失は約 4 兆円と推計される。さらに、アルコール依存症の疑いのある者 107 万人のうちアルコール依存症の専門治療を受けた患者数は外来・入院をあわせてもわずか約 9 万人にとどまる。9 割以上が、治療や支援

7：過去 30 日間で一度に純アルコール量 60g 以上の飲酒を行った者。

8：妊娠中の母親が習慣的に飲酒することで胎児がアルコールの影響を受け、精神発達遅滞や先天異常の原因の 1 つとなっている。子どもに小さな目（短い眼瞼裂）、薄い上唇などの特徴的な顔つきや成長の障害、中枢神経系の障害がみられる。

9：飲酒に起因する、身体的、精神的、社会的問題を包含する総称。日本では、アルコール健康障害対策基本法制定以前より、再発予防と生活課題の解決を主とし、アルコール治療専門の精神科医療機関、生活保護、社会復帰施設のソーシャルワーカーを中心にアルコール関連問題に対する支援が行われてきた歴史がある。

につながっていないこの現象は、「治療ギャップ」と呼ばれ、日本におけるアルコール健康障害対策推進基本計画[10]の重要課題の1つとなっている。

アルコールは、200以上の病気や外傷の原因であるとWHOが警鐘を鳴らしている。日本では、アルコール依存症を有する者の8割以上が、アルコール性臓器障害で身体科の一般医療機関を受診している。このような深刻な臓器障害があるにもかかわらず、飲酒がやめられず病気の進行や悪化による入退院を繰り返しているとしたら、アルコール依存症（アルコール使用障害[11]）が隠れている可能性が高い。例えばアルコール性肝疾患の死亡数は2014（平成26）年には4,689人と増加傾向にあり、その約8割がアルコール性肝硬変と報告されている。「治療ギャップ」は、死と直結する深刻な問題である。

⑦ アルコール依存症の回復プロセスとソーシャルワーク

「もっと早く病気と知っていれば」と、多くのアルコール依存症回復者（本人、家族）が語る。「底つき体験」がないと専門治療につながらないという考え方は回復を遅らせ、回復してもアルコール性臓器障害の悪化や、離婚、失業などで社会復帰を困難にさせる可能性が高くなる。最近は、できるだけ早期に「アルコール依存症は回復する病気である」と伝え、回復のターニングポイントを早く迎えることができる支援が推奨されている。

回復は、図6-21に示すように、「お酒の問題などない」という否認の課題を打ちやぶるステップ1の回復動機づけ期から、飲まないでどう生きていくかというステップ4の生活再構築期まで、階段を1段1段上るようなプロセスである。特にステップ1は、多くのクライエント（本人、家族）が、自己肯定感が低く、飲んでいる自分を責めている段階にある。その苦悩に共感し、回復できることを信じ伴走する他者の存在が、最初の一歩を踏み出す力となり、やがて、自己肯定感が高まり逆境を跳ね返す力が強化されることにつながる。

10：アルコール健康障害対策基本法第12条第1項に基づき、アルコール 健康障害対策の総合的かつ計画的な推進を図るために策定されるものであり、政府が講ずるアルコール健康障害対策の最も基本的な計画として位置づけられる。推進基本計画は2021（令和3）年3月に改定され（第2期）、2021（令和3）年度から2025（令和7）年度までのおおむね5年間を対象としている（基本計画（第2期）の閲覧先は、https://www.mhlw.go.jp/content/12200000/000760238.pdf）。

11：これまではICD-10（International Statistical Classification of Diseases and Related Health Problems 10th：国際疾病分類第10版）によってアルコール依存症と診断し、これを治療の中核群と位置づけてきたが、DSM-5（Diagnostic & Statistical Manual of Mental Disorders 5th：精神障害の診断・統計マニュアル第5版）によって、アルコール使用障害と診断し、そのなかの軽症群を治療の中核群とした。

図 6-21　回復のステップ

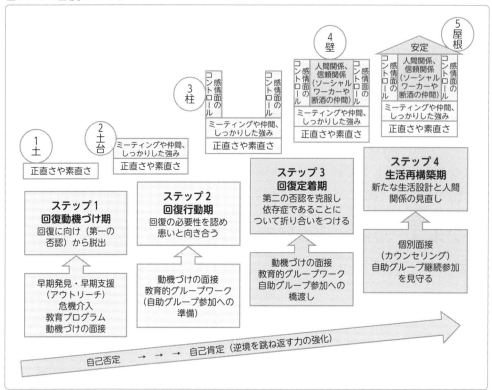

出典：稗田里香（2017）『アルコール依存症者のリカバリーを支援するソーシャルワーク理論生成研究──一般医療機関での実践を目指して』みらい，p.163 を一部改変

⑧ 「助けて」にアウトリーチするソーシャルワーク

　一般医療機関では、図 6-22 に示すとおり、水面上のアルコール性心身障害は見えているが、水面下の人間関係、社会的障害は、見ようとしないと見えないことから、クライエントが助けを求めにくい構造がある。

　ソーシャルワーカーに求められる支援は、クライエントが「助けて」と言える個別化の支援と、スピリチュアルペインにアウトリーチできる回復支援システムを構築する病院環境への働きかけである。その前提となる倫理は、飲酒の有無にかかわらず、ライフ（life）の権利を守るアドボカシーが優先される。

　助けを求めにくい構造と支援の実際について、事例から概説してみたい。

1）事例

　Ａさん（男性、50 歳代、元会社員、同居家族あり）は、身体的疾患（食道静脈瘤破裂）

図 6-22　一般医療機関において助けを求めにくいクライエントの痛みの構造

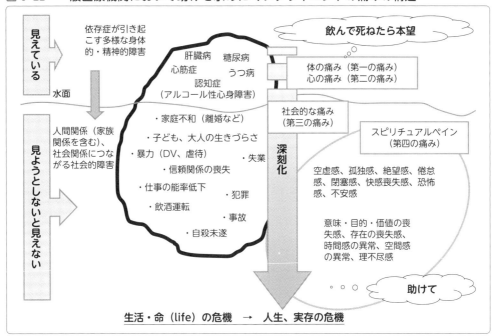

出典：稗田里香（2017）『アルコール依存症者のリカバリーを支援するソーシャルワーク理論生成研究──一般医療機関での実践を目指して』みらい，p.16 を一部改変

により一般医療機関に緊急入院したことが契機となり、主治医よりアルコール依存症と診断され、ソーシャルワーカーが実施するアルコール教育プログラム（以下、教育プログラム）を受けるよう勧められる。アルコール性臓器障害で、すでに 10 回の入退院を経験している A さんであったが、アルコール依存症と診断されたのは初めてであった。A さんは、インテーク面接において「自分は依存症ではない」と否認し、教育プログラムを受けることに対して強い抵抗を示した。ソーシャルワーカーの問いかけなどにほとんど応じず、拒否的態度をとっていた A さんが、教育プログラムが最終回となった時、声を震わせ感情をソーシャルワーカーにぶつけた。「自分は、単身赴任で家族と長い間離れ、全国に点在する閉鎖寸前の工場再建に全精力を傾け立て直してきた。再建するにあたっては団結が必要で、そのために飲酒を介在させる必要性があった。その飲酒が原因で身体を壊したのにもかかわらず、働けないという理由でまるでぼろ雑巾のように会社から捨てられた」と怒りをあらわにした。健康を犠牲にして人生を捧げた仕事を奪われた空虚感、理不尽感、家族も失いかけている孤独感、命を脅かされている不安感や恐怖感に苛まれている自分を誰にもわかってもらえない絶望感や喪失感などの苦悶を、ソーシャルワーカーに初めて語りかけた。ソーシャルワーカーは、このような背景が A

さんの否認を強化していたと捉え、そのような危機感をもつことは当然のことと伝えた。さらに、これまでの人生の過程と、現在回復に向けた教育プログラムに取り組んでいるAさんに対し心から敬意を表した。教育プログラム終了後、ソーシャルワーカーは主治医や担当看護師と連携し、主治医よりAさんにアルコール専門治療のIC（インフォームド・コンセント）が行われた。これを契機に、次の回復のステップであるグループワーク（院内ミーティング）に自ら進んで参加するようになった[9]（下線はスピリチュアルペインを指す）。

⑨「身体科」での種まきから始めるアウトリーチ

「治療ギャップ」を解消するためのアルコール関連問題の早期発見・早期介入に、SBIRTS[12]（エスバーツ）、飲酒量低減治療[13]など新たな治療・支援が始まっている。「治療ギャップ」の解消を目指し予防的支援が重視され、今や、「アルコール治療は精神科の前に身体科」とアルコール治療・支援のパラダイムが転換しつつあり、そのための人材育成[14]や体制整備が急務である。

では、一般医療機関のソーシャルワーカーは、何ができるだろう。

一般医療機関では、図 6-21 のステップ 1 の状況にかかわることが多い。この段階は、離脱症状などから飲酒の渇望が高まりやすく、暴言を吐くなど医療者側が対応に苦慮することも少なからずある。患者に対し医療者側が陰性感情[15]をもちやすく、最も時間と労力を費やす段階でもある。在院日数の短縮などでスピードと結果が求められる一般医療機関の多忙な業務の現状では、「支援したくても時間がない」「一緒にかかわる医療者がいない」とジレンマを抱えるソーシャルワーカーも少なくない[10]。

しかしながら、図 6-23 に示すとおり「発見」は第一ステップへの踏み台として重要

12：SBIRTS（Screening,Brief Intervention,Referral to Treatment and Self-help groups）は、アルコール健康障害対策推進基本計画（第 2 期）でも、内科・救急等の一般医療、一般精神科医療機関、専門医療機関、相談拠点、自助グループ等の関係機関の連携体制の構築として推奨されている。

13：従来アルコール依存症の治療目標は断酒の達成とその継続とされ、アルコール依存症の専門医療機関を中心に治療が行われてきたが、特に初期のアルコール依存症患者では、すぐに断酒することが難しい患者や、断酒に抵抗感を示す患者が存在し、治療導入の困難さが問題となっていた。このため、我が国においても欧米に遅れることなく飲酒量低減（減酒）という新しい治療選択肢を治療目標にした治療法である（「飲酒量低減治療マニュアル ポケット版【第 1 版】」2019 年 11 月 https://www.j-arukanren.com/pdf/201911_inshuryouteigen_chiryou_poket.pdf）。

14：公益社団法人日本医療ソーシャルワーカー協会では、2020（令和 2）年度より依存症リカバリーソーシャルワークチームが結成され、研修や普及啓発活動を推進している。

15：患者・医療者間に生じた否定的・不合理な感情。

である。クライエントは、普段から飲酒について少なからず問題意識をもっているものの、否認[16]が強く専門医療機関である精神科の受診は敷居が高い。逆に、アルコール性臓器障害の治療で身体科を受診している時が自らの飲酒問題に対する意識が高くなり専門治療につながる動機づけが最も高い状況である。事例にも示すように、この時期を回復のターニングポイントと捉え、飲酒を責めず飲酒せざるを得なかったスピリチュアルペインに共感すると、クライエントが否認から解放される可能性が高くなる。

「発見」は、待ちの姿勢では実現できない。「かかわりたくともかかわれない」ジレンマの課題は、病院内にあるリエゾンチーム、虐待チーム、各種カンファレンス、入退院支援など、既存の連携・協働システムをアルコール支援に再利用（リユース）する仕掛

図 6-23　ソーシャルワーカーによる SBIRTS のイメージ

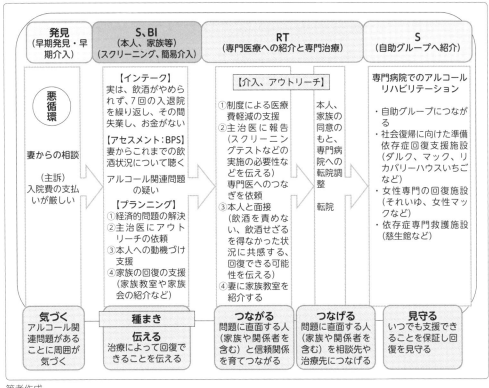

筆者作成

16：否認とは、心理的な防衛反応である。依存症の場合、認めると飲めなくなることを知っている、社会的なスティグマを恐れるなどの要因から、否認の心理が働きやすいといわれる。否認が強いと、病気として認めにくいため治療や相談希求が脆弱化し、早期発見、早期治療・支援が遅れることから、回復ステップ1の重要な課題となっている。

けをつくることで乗り越えられる可能性がある。また、地域包括支援センターなど日頃から連携している多機関との事例検討や、地域にある自助グループ[17]（家族会やオンラインを含む）、依存症専門医療機関[18]や依存症相談拠点機関である精神保健福祉センターや保健所、民間依存症社会復帰施設などの回復資源[19]を積極的に活用することも解決に役立つ。

まずは、ソーシャルワーカーがアルコール関連問題があることを「発見（気づく）」し、治療によって回復できることを「伝える」、ソーシャルワーカーのもち味である信頼関係で「つながる」。すぐに好転しないかもしれないが、身体科のソーシャルワーカーが最低限、ここまで「種まき」のつもりで支援すれば、クライエントが次にアルコール関連問題に直面した際に、「親身になって心配してくれた人」としてソーシャルワーカーを思い出し、今度は自ら専門治療や支援につながる（芽を出す）ことが期待できる。

⑩ 他職種や家族からの相談はアウトリーチのチャンス

アルコール関連問題の苦しみによって相談希求が高くなるのは、本人よりも他職種や家族であることが多い。他職種から「飲酒問題により救急で何度も搬送され医療者に暴言暴力がひどい。何とかしてほしい」、家族から「退院できるがまたすぐ飲むに違いない。どこかに転院させてほしい」などの依頼や相談があった場合は、アウトリーチのチャンスと捉える。困っている家族・関係者から先に回復が始まると、飲酒当事者も回復の第一歩を踏み出すことがある。飲酒当事者と家族や関係者など周囲も一緒に回復ステップを踏むことができれば、安定した回復が得られやすい。

17：自助グループとは同じ問題を抱える人やその人を大切に思う家族らが自主的に集まり、似たような立場や経験をもつ多くの仲間と出会い、交流しつつ、助け合える場所を指す。
　　断酒会（https://www.dansyu-renmei.or.jp/）
　　AA（https://aajapan.org/）
　　オンラインミーティング（https://www.ask.or.jp/adviser/online-room.html）
18：依存症専門医療機関とは、①資格を有した精神科医、②依存症専門プログラム、③依存症研修を受けたスタッフ、④診療実績、⑤地域や自助グループとの連携、の5条件を満たす医療機関に対し、都道府県が依存症ごとに選定する。
19：回復資源は、以下のウェブサイトより検索できる。
　　【全国】
　　・依存症対策全国センター（https://www.ncasa-japan.jp/）
　　・依存症対策（厚生労働省）（https://www.mhlw.go.jp/stf/seisakunitsuite/bunya/0000149274.html）
　　【都道府県】
　　・アル法ネット（http://alhonet.jp/local-plan.html）
　　【その他】
　　・アルコール依存症治療ナビ（http://alcoholic-navi.jp/）

表 6-14　飲酒当事者と家族・関係者の回復ステップ

回復ステップ	飲酒当事者			家族・関係者		
	精神状態	回復の課題	人間関係の課題	精神状態	回復の課題	人間関係の課題
①回復導入期（離脱、静穏期） 断酒開始〜1か月前後	・離脱症状 ・イライラなど感情が不安定 ・強い飲酒欲求（他罰的、閉鎖的、攻撃的等）	・離脱症状の治療 ・合併症の治療開始 ・治療の意味と断酒の必要性を理解 ・抗酒剤服用開始 ・自助グループとの出会い、その準備	・自省（感謝の気持ち）を伝える ・自分の気持ちを正直に伝える ・対等な関係（支配をやめる） ・家族や関係者の行動を受け入れる	・不信感 ・不安感 ・大きな期待	・アルコール依存症の正しい理解 ・自助グループとの出会い	・回復の第一歩を踏み出したことの喜びを伝える ・治療を中断しないように励ます ・今日できることを期待し伝える
②回復初期（再飲酒危機期） 1か月前後〜1年くらい	・安定と不安定（落ち込み、焦り、怒り）の繰り返し ・過敏 ・不眠 ・飲酒欲求の再燃	・治療に専念する（病気と向き合う） ・アルコール関連問題（身体、精神）の克服 ・飲まない生活のリズムを組み立て断酒を軌道に乗せる	・他者の話に耳を貸す努力をする ・他者を攻撃しないよう努力をする	・憎悪 ・自己嫌悪 ・虚しさ ・恨み ・怒り ・悲しさ ・期待 ・安堵感	・本人が引き起こした問題から手を放し自分自身の生活のリズムを確立する ・自分のケアの方法を身につける	・口論に乗らず落ち着いた雰囲気づくり ・過去のことで愚痴を言わない ・本人への期待は控えめに ・世話を焼きすぎない ・再飲酒で落胆しない ・愚痴などマイナスの感情を仲間に吐き出す
③回復中期（生活の再構築期） 1年〜5年くらい	・複雑、重大な生活問題に混乱しやすい ・家族・人間関係のゆがみに対するストレスが高い ・自分の生き方や過去を振り返ることで動揺した	・第二の否認から脱出（「1杯くらいなら」） ・しらふで問題に直面し解決できるようになる ・人間関係をつくり直す ・酒以外の自分の問題と取り組む ・他者に対して抵抗なく自分のことを語ることができるようにする	・他者の気持ちに寄り添い他者を支配しない対等な関係づくり ・自分を守る境界線を意識する（やりすぎない、引き受けすぎない）	・安定 ・安堵感 ・将来への不安	・自分をケアする方法と時間を日常のなかに定着させる ・スキンシップを大切にする ・グリーフワーク（過去の傷を語り、吐き出し、癒す）に努める	・自分の気持ちを上手に伝える（Iメッセージ） ・自分自身の楽しみや生き方を見つけようとする ・本人と自分の生き方の違いを認めるよう努める ・周囲との関係を見直す ・健康なコミュニケーションの方法を身につける ・過去の悲しみや怒りなどから自由になる

	り、不安定になる					
④回復後期（安定期）5年以降	・ライフサイクル上の危機に動揺しやすい	・生活のなかで楽しみや趣味を発見する ・自助グループのなかで自分をモニターしていく ・人間関係を深める ・初心を忘れない ・自助グループから離れない	・周囲との親密な関係を楽しむ ・自分の可能性を発見することに努める ・他者の生き方を受け入れる	・安定 ・充実 ・希望	・生活のなかで楽しみや趣味を発見する ・自助グループのなかで自分をモニターしていく ・人間関係を深める ・初心を忘れない ・自助グループから離れない	・ライフサイクル上の危機をともに乗り切る ・お互いの生き方を受け入れ認め合う

＊回復段階の年はあくまでも目安であり、個人差がある。　　　　　　　　　　　　　筆者作成

注 ⋯⋯

［第1節］

1) 厚生労働省「平成29年度 国民医療費の概況」

2) 中医協総会資料（2017年3月15日）「総-6 入院医療（その2）」p.20

3) JAMA 2005 Nov 23：294（20）：2623-9. Value and limitations of chest pain history in the evaluation of patients with suspected acute coronary syndromes

4) Ide T, et al.（2021）Clinical Characteristics and Outcomes of Hospitalized Patients With Heart Failure From the Large-Scale Japanese Registry Of Acute Decompensated Heart Failure（JROADHF）. Circ J, 85, pp.1438-1450

5) 日本循環器学会／日本心不全学会合同ガイドライン「2021年 JCS/JHFS ガイドライン フォーカスアップデート版 急性・慢性心不全診療」（2021年3月26日発行，2021年9月10日更新）

6) 厚生労働科学研究費補助金「地域におけるかかりつけ医などを中心とした心不全の診療提供体制構築のための研究」https://plaza.umin.ac.jp/isobegroup/（最終アクセス2023年1月10日）

7) ゾフィア．T．ブトゥリム，川田誉音訳（1986）『ソーシャルワークとは何か——その本質と機能』川島書店，pp.55-57

［第2節］

1) がんの統計編集委員会編（2022）「がんの統計〈2022年度版〉」がん研究振興財団 https://www.fpcr.or.jp/data_files/view/195/mode（最終アクセス2022年11月13日）

2) 本田麻由美（2008）「がん対策の推進と国民・患者参画——法制定に患者の声が果たした役割」『保健医療科学』第57巻第4号，pp.362-365

3) 厚生労働省（2022）「「がんとの共生」分野に係るがん対策推進基本計画の見直しについて」第84回がん対策推進協議会資料8

4) 早坂由美子（2022）「がん診療連携拠点病院等の指定要件の見直しについて」『公益社団法人日本医療ソーシャルワーカー協会ニュース』No.R4-3

5）国立がん研究センターがん対策情報センター編著（2020）『がん専門相談員のための学習の手引き――実践に役立つエッセンス』pp.2-13

6）福地智巴（2017）「2. がん患者のかかえる心理社会的問題」日本医療ソーシャルワーカー協会編『保健医療ソーシャルワークの基礎――実践力の構築』相川書房，pp.88-95

7）鈴木彩（2021）「ソーシャルワーカーの役割」『チャイルド ヘルス』第24巻第6号，pp.429-432

8）清水千佳子（2017）「思春期・若年成人（AYA）世代のがんの現状と課題」第1回小児・AYA世代のがん医療・支援のあり方に関する検討会資料4

9）田村里子（2016）「緩和ケアにおけるソーシャルワーク実践と専門職連携の方法と実践」『ソーシャルワーク研究』第42巻第3号，pp.17-24

10）田中千枝子（2008）『保健医療ソーシャルワーク論』勁草書房，pp.13-20

11）厚生労働省（2019）「がん患者・経験者の仕事と治療の両立支援の更なる推進について」第3回がんとの共生のあり方に関する検討会資料2

12）国立がん研究センターがん対策情報センター（2020）「厚生労働省委託事業『患者体験調査』報告書 平成30年度調査」pp.84-85

13）「がんの社会学」に関する研究グループ（研究代表者：山口建）（2016）『2013がん体験者の悩みや負担等に関する実態調査報告書』p.79

14）尾方欣也（2021）「当院における両立支援の取り組み」令和3年度治療と仕事の両立支援シンポジウム資料
https://chiryoutoshigoto.mhlw.go.jp/symposium/2021/（最終アクセス2022年11月13日）

15）坂本はと恵（2022）「ライフステージからみたがんサバイバーのQOL AYA世代を中心に――医療ソーシャルワーカーの立場から」『MB Medical Rehabilitation』第277号，pp.31-38

16）平成29年度厚生労働科学研究費補助金がん対策推進総合研究事業「働くがん患者の就労継続および職場復帰に資する研究」作成「仕事とがん治療の両立お役立ちノート」
https://www.mhlw.go.jp/content/000506257.pdf（最終アクセス2022年11月13日）

17）佐藤千秋（2016）「医療領域における生活支援とソーシャルワーク専門職――がん患者の暮らしを支えるミクロ・アプローチ」『ソーシャルワーク実践研究』第3号，pp.38-43

18）本田優子（2021）「がん患者の就労支援におけるソーシャルワーク――院内支援体制の構築プロセスの一例」『ソーシャルワーク研究』第47巻第1号，pp.74-80

19）宮田佳代子（2019）「緩和ケアとソーシャルワーク」『総合リハビリテーション』第47巻第12号，pp.1183-1189

20）前出9）

21）前出6）

22）右田孝雄・広瀬眞奈美・天野慎介ほか「【鼎談】がん患者は見た――ソーシャルワーカーの現状と未来」一般社団法人神奈川県医療ソーシャルワーカー協会編『医療ソーシャルワーク』第54巻第94号，pp.22-35

［第3節］

1）Jing Xie, Carol Brayne, Fiona E（2008）Survival times in people with dementia：analysis from population based cohort study with 14 year follow-up, BMJ, 336, pp.258-262

2）Magaziner J., Tenny J. H., DeForge B, et al（1991）Prevalence and characteristics of nursing home-acquired infections in the aged. Journal of the American Geriatric Society, 39, pp.1071-1078

3 ）Lyketsos CG, Steinberg M, Tschanz JT, et al（2000）Mental and behavioral disturbances in dementia：findings from the Cache country study on memory in aging. Am J Psychiatry, 157, pp.708-714

4 ）Mitchell SL, Teno JM, Kiely DK, et al（2009）The clinical course of advanced dementia, N Engl J Med, 361, pp.1529-1538

5 ）Di GP, Toscani F, Villani D, et al（2008）Dying with advanced dementia in long-term care geriatric institutions: a retrospective study, J Palliat Med, 11, pp.1023-1028

6 ）Aminoff BZ, Adunsky A（2005）Dying dementia patients: too much suffering, too little palliation, Am J Hosp Palliat Care, 22, pp.344-348

[第 4 節]

1 ）Osaki Y, Kinjo A, Higuchi S, et al（2016）「Prevalence and Trends in Alcohol Dependence and Alcohol Use Disorders in Japanese Adults; Results from Periodical Nationwide Surveys」『Alcohol Alcohol』51（4）, pp.465-473

2 ）堤幹宏（2015）「アルコール性肝障害の病型——欧米との相違と問題点」『日消誌』第 112 巻第 9 号, pp.1623-1629

3 ）Nakamura K, Okamura T, Hayakawa T, et al（2007）「The proportion of individuals with alcohol-induced hypertension among total hypertensives in a general Japanese population：NIPPON DATA90」『Hypertens Res』30（8）, pp.663-668

4 ）Wood AM, Kaptoge S, Butterworth AS, et al（2018）「Risk thresholds for alcohol consumption: combined analysis of individual-participant data for 599 912 current drinkers in 83 prospective studies」『Lancet』391, 10129, pp.1513-1523

5 ）内閣府政策統括官（共生社会政策担当), 財団法人日本自動車研究所（2010）「第 5 章 検証実験について」『平成 21 年度常習飲酒運転者の飲酒運転行動抑止に関する調査研究報告書』pp.48-86

6 ）アルコール依存症予防のための簡易介入プログラム開発と効果評価に関する研究班（研究開発代表者：杠岳文）（2020）「健康的に長くお酒と付き合うための方法」AMED 委託研究開発
https://www.ncasa-japan.jp/pdf/document22.pdf

7 ）沖縄県「節酒カレンダー」
http://alc.okinawa.jp/app/calendar

8 ）新アルコール・薬物使用障害の診断治療ガイドライン作成委員会（2017）「薬物療法」『新アルコール・薬物使用障害の診断治療ガイドライン』新興医学出版, pp.22-23

9 ）稗田里香（2010）「ソーシャルワークと援助関係」岩間伸之・白澤政和・福山和女編著『ソーシャルワークの理論と方法 II』ミネルヴァ書房, pp.142-143

10 ）公益社団法人日本医療社会福祉協会社会貢献事業部依存症リカバリーソーシャルワークチーム（2021）『令和 2 年度医療ソーシャルワーカー（MSW）における依存症支援意識・実態調査最終報告書』

参考文献

・福山和女（1996）『3 次元の立体把握——役割システム的アプローチについての理解』FK 研究グループ

・前田ケイ監, 保健医療の専門ソーシャルワーク研究会編（1991）『保健医療の専門ソーシャルワーク——業務指針の具体的解説』中央法規出版

・日本社会福祉士会・日本医療社会事業協会編（2009）『改定 保健医療ソーシャルワーク実践 1』中央法規出版

・厚生労働省健康局長通知「医療ソーシャルワーカー業務指針」平成 14 年 11 月 29 日健康発第 1129001 号

・厚生労働省「事業場における治療と仕事の両立支援のためのガイドライン（全体版）令和 4 年 3 月改訂版」
https://www.mhlw.go.jp/content/11200000/000912019.pdf

・日本脳卒中学会「脳卒中相談窓口マニュアル Version1.0（2022.3.4）」
https://www.jsts.gr.jp/img/consultation_manual.pdf

・糖尿病情報センター　　https://dmic.ncgm.go.jp/

・難病情報センター　　https://www.nanbyou.or.jp/

・厚生労働省編『令和 4 年版 厚生労働白書』
https://www.mhlw.go.jp/wp/hakusyo/kousei/21/dl/zentai.pdf（最終アクセス 2022 年 11 月 17 日）

・全国社会福祉協議会「障害福祉サービスの利用について」2021 年 4 月版
https://www.shakyo.or.jp/download/shougai_pamph/date.pdf（最終アクセス 2022 年 11 月 17 日）

・厚生労働省「在宅医療の現状について」第 2 回在宅医療及び医療・介護連携に関するワーキンググループ　令和 4 年 3 月 9 日　参考資料
https://www.mhlw.go.jp/content/10800000/000909712.pdf（最終アクセス 2022 年 11 月 17 日）

・厚生労働省「在宅医療の現状」第 1 回全国在宅医療会議 平成 28 年 7 月 6 日　参考資料 2
https://www.mhlw.go.jp/file/05-Shingikai-10801000-Iseikyoku-Soumuka/0000129546.pdf（最終アクセス 2022 年 11 月 17 日）

・厚生労働省「在宅患者の状況等に関するデータ」保険局資料 3 - 2
https://www.mhlw.go.jp/file/05-Shingikai-12401000-Hokenkyoku-Soumuka/0000100088.pdf（最終アクセス 2022 年 11 月 17 日）

・在宅医療連合学会「在宅医療インテグレーター養成講座」資料「たすかりまっぷ（全体編）」

・厚生労働省「在宅医療（その 1）」保険局 中医協　総— 6
https://www.mhlw.go.jp/file/05-Shingikai-12404000-Hokenkyoku-Iryouka/0000155814.pdf（最終アクセス 2022 年 11 月 17 日）

・精神保健福祉研究会監（2016）『四訂 精神保健福祉法詳解』中央法規出版

・社団法人日本精神保健福祉士協会主催（2009）『課題別研修：ソーシャルワーク研修 2009 テキスト　テーマ 1　認知症問題にかかわる精神保健福祉士——認知症実践研修』

・社団法人日本精神保健福祉士協会主催（2010）『課題別研修 in 東京：ソーシャルワーク研修 2010 テキスト　テーマ 3　認知症支援にかかわる精神保健福祉士——認知症実践研修』

・認知症介護研究・研修大府センター（2020）『若年性認知症支援ガイドブック』

・稗田里香（2020）「アディクション（依存症）に関する対策の動向と課題——マクロ・ソーシャルワークの視点から」『ソーシャルワーク研究』第 46 巻第 2 号，相川書房，pp.17-24

・稗田里香（2018）「アルコール依存症者へのアウトリーチと『聴く』かかわり——医療ソーシャルワーカーの実践から」『ソーシャルワーク実践研究』第 8 号，pp.27-42

・稗田里香（2017）『アルコール依存症者のリカバリーを支援するソーシャルワーク理論生成研究——一般医療機関での実践を目指して』みらい

・山本由紀編著，長坂和則著（2015）『対人援助職のためのアディクションアプローチ——依存する心の理解と生きづらさの支援』中央法規出版

第7章 医療ソーシャルワーカーの連携・協働とチーム医療

はじめに

医療ソーシャルワーカー（以下、MSW）の実践において、連携・協働は重要な位置づけがされている。この理由は、MSWが保健医療という社会福祉とは異なった分野で実践を行っているためである。病院などの医療機関において実践を行うMSWにとって、医療専門職というソーシャルワーク専門職以外の職種との連携は、病院にMSWが導入された当初から重要な課題であった。

このような連携・協働の必要性が、近年さらに顕著になったが、その理由は1990年代以降の医療機関の機能分化、地域包括ケアの推進という医療政策・福祉政策にある。政策の影響により、地域において関連する医療機関や福祉機関との連携・協働はMSWの重要課題となった。MSWによる連携・協働の場は広がったといえる。

MSWにとっての連携・協働は、医療専門職等他専門職にとっての、業務を的確に実践するために必要であるという以上の意味がある。すなわちソーシャルワークはライフモデルに基づいた実践であるが、ここでは、当事者の環境調整によって、課題に対処することが主要な課題である。当事者にとって、重要環境である医療・福祉専門職間、医療・福祉機関間の関係を調整することは、ソーシャルワーク実践そのものである。連携・協働に関するアセスメントを行い、チーム構築、連携体制構築に携わることが、MSWに求められているといえる。

本章では、このような認識に基づき、的確な実践のためにMSWが理解する必要がある連携・協働の基本的な知識を紹介する。

第1節 保健医療分野における連携・協働をめぐる経過

1920年代、病院にMSWが導入されたが、導入にあたり、福祉専門職として院内の医療専門職とともに患者の支援を行うことから、MSWにとって連携・協働は課題であった。それが、「全人的復権」を目標とするリハビリテーション医療の発展により、MSWがチーム医療に欠くべからざるものと論じられるようになった[1]。

その後、1990年代には医療法による医療機関の機能分化が進展するなかで、MSWにとって、関係する医療機関と連携しながら患者が治療を継続できるよう支援することが、従来以上に必要となった。2000年代に入ると、介護保険制度の開始や、地域連携クリティカルパスの診療報酬への位置づけなど、医療政策、福祉政策によって、地域の医療機関間、医療福祉機関間の連携が不可欠となった。そして、2008（平成20）年には、「退院支援加算」の施設基準に、社会福祉士が位置づけられた。1つの病院で完結するとされていた医療体制は、このように地域における病院の機能分化による「地域完結型」へと徐々に形を変え、この政策のなかで、病院と病院・病院と地域をつなぐ連携・協働が必要となり、MSWも、その役割を担うこととなってきている。

さらに、地域包括ケアシステムや8050問題をはじめとする複合的な課題をもつ家族への支援を可能とする重層的支援体制整備事業等により、医療機関は、生活課題をもつ地域住民の支援を担う、地域の一機関として機能することがいっそう求められている。地域の関係機関との連携体制構築への参画は職務として不可欠となっているといえる。

第2節 連携・協働の枠組み

① 直接支援（ミクロレベル）における連携・協働と地域（メゾレベル）における連携・協働

連携・協働については、定着した定義はまだない。本章では構造の違いに着目し、連携・協働を整理しておきたい。対象者への直接支援における連携・協働と、地域におい

て連携体制を構築するという場合では、同じ「連携」という用語を使用していても異なったことを意味している。直接支援においては、個々の支援対象者をめぐりどのようなチームを構築しているか、という点が焦点となる。一方、地域においては、支援を必要とする対象者が現れた際に効果的にチームを組むことができるよう、あらかじめ体制をつくっておくという点が焦点となる。このようなことから、両者の相違点を理解したうえで、MSWとしての理解すべきことを整理しよう。

② 直接支援における連携・協働

1）直接支援における連携・協働の形態

　病院においてMSWが患者から相談を受けた際の支援の進め方を関連職種・関連機関との関係性に視点をおき整理すると、①MSW単独で支援を行う（支援対象者のために関連職種・関連機関が動いているかもしれないがそのことを知らない／知っていても連絡を取り合う必要を認めない）ものがある。また、②関与している関連職種・関連機関が、相互に連絡を取り合いながら独自で動きを取り支援を行うものもある。MSWは、関与する関連職種・関連機関と連絡を取り情報を収集したうえで、MSW単独でアセスメントを行い支援を行うものである。一方、③関与している関連職種・関連機関が、情報共有のみではなく、具体的に目標を共有して支援を行うものがある。この目標の共有は、関与する関連職種・関連機関が一堂に会し、協議することによって行い、さらに目標達成のために役割を分担しながら支援を行うという状態である。このような整理のなか、②は「連携」、③は「協働」と理解することができる。③の協働が②の連携と異なる点は、関連職種・関連機関と、目標を共有し、その目標のために相互に役割を分担しながら支援を行っているという点である。この両者では、関連職種・関連機関間の関係性が異なっている。そして、この協働の典型的な形態が「チーム」である。

　これらの状況を整理したものが**表7-1**である。連携においては、相互の信頼と尊重をもとに見方を自由に意見交換するものであり、支援方針においては関連職種・関連機関の独自性が高いのに対して、協働においては、目標、役割分担を決定するものであり、支援方針の共有性が高いものであるといえる。

　また、連絡を取り合うという点で、連携に含まれる行為として「コンサルテーション」がある。コンサルテーションは、専門的な意見や情報を必要としている人に提供することとされるが、必ずしも支援対象者を共有しているとは限らない点、特定の支援対象者に関する情報の交換ではない点、意見を参考とする程度はコンサルテーションの受け手

表7-1 直接支援における連携・協働の形態

支援の形態	メンバー間のコミュニケーションの形態		支援方針
連携 (linkage)	協議	相互の信頼と尊重をもとに見方を自由に意見交換する。	独自
	(コンサルテーション)	専門的な意見や情報を必要としている人にそれを提供する。意見の取り扱いは受け手の判断による。	↑ ↓
協働 (collaboration)	カンファレンス	目標、役割分担の決定、支援方針の共有	共有

出典：日本社会福祉士会・日本医療社会事業協会編（2009）『改訂 保健医療ソーシャルワーク実践 2』中央法規出版，p.262を一部改変

の判断による点が、協議とは異なる。

　それぞれの形態において、専門職としての動き方が異なってくることを理解し、関連職種・関連機関との体制を構築することが必要である。

2）直接支援における協働の一形態としてのチーム

　前項で、協働の典型的な形態がチームであると示した。チームは、基本的にカンファレンスによって、目標を共有し、その目標のために役割を分担し、ともに取り組みを行っているものである（図7-1）。

　このチーム構築に携わる際には、チームの類型や、チームの発展段階に関する知識が有用である。

① チームの類型：マルティディシプリナリー・チーム、インターディシプリナリー・チーム、トランスディシプリナリー・チーム

　チームの類型を理解する意義は、チームを取り巻く状況をアセスメントしたうえで、適切なチームのあり方について検討できるようになることである。個々のソーシャルワーカーは、"個人として"「望ましい」チームのイメージをもっている。しかし、あるチームのあり方を「望ましい」と考える場合、それ以外のチームを否定的に捉えることにもつながる。しかし、状況によって望ましいチームの形態は異なる。状況に応じて適切なチームの形を判断できるようになることがチームの類型を理解する意義である。

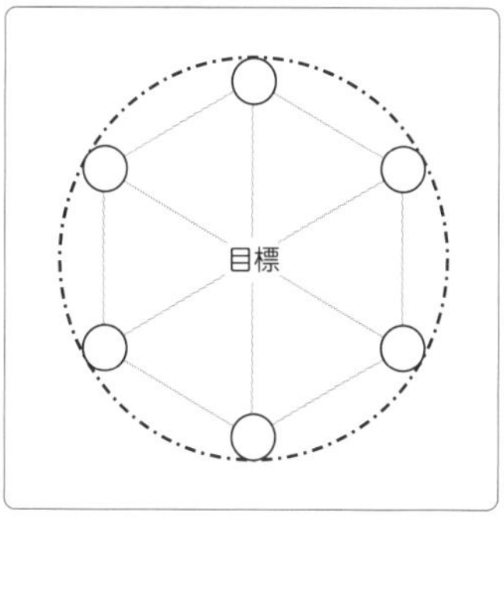

　チームは、課題の担い方の観点から、マルティディ

図7-1 直接支援チーム

表 7-2　マルティディシプリナリー・チーム、インターディシプリナリー・チーム、トランスディシプリナリー・チームの特徴

	マルティ・チーム	インター・チーム	トランス・チーム
課題分担の仕方	課題を分担して各担当者が各自のパートを行う。	課題を共有してメンバーが一緒に仕事を行い、それぞれが異なったスキルで貢献する。	メンバーがそれぞれにお互いのスキルを代替・交換して、一緒に仕事を行う。
専門家のイメージ	固定的な機能をもった専門家	機能と課題において相互依存している専門家	相互に機能と課題の代替・交換が可能な専門家
援助方針の決定方法	リーダーが情報を統合し方針を決定する。	共同で方針を決定する。	共同で方針を決定する。
メンバー間の関係性	役割を割り振るリーダー、監督を行う者が必要	フラットな関係性	フラットな関係性
典型的な分野	ICUチーム、救急チーム：緊急性が高い。臨床的な課題が比較的予想可能で、各専門職のスキルに特徴がある。	在宅ケアチーム：臨床的な課題が予測可能でなく、スキルが突出していない。	在宅認知症ケア・チーム：臨床的な課題が予測可能でなく、情報の共有により、スキルの代替・交替が可能である。

出典：Germain, C., *Social Work Practice in Health Care*, Free Press, p.212, 1984., 菊池和則 (1999)「多職種チームの3つのモデル──チーム研究のための基本的概念整理」『社会福祉学』第 39 巻第 2 号，pp.273-276 をもとに加筆

シプリナリー・チーム（multidisciplinary team）、インターディシプリナリー・チーム（interdisciplinary team）、トランスディシプリナリー・チーム（transdisciplinary team）として理解することができる（以下、それぞれマルティ・チーム、インター・チーム、トランス・チームとする）（表7-2）。

　マルティ・チームは、課題を分担して各担当者が各自のパートを行うチームである。ここでは専門家は、「固定的な機能をもった専門家」とされる。例えば、救急医療のような緊急性が高い場面では、あらかじめ各専門職の機能について相互に決めておき（固定化）、支援対象者が現れたら即座に対応できることが必要となる。緊急性が高い場面では、個々の患者の事情に応じてカンファレンスを開き支援を行うことは、時間を要するため、望ましい支援体制であるとはいえないのである。そして、この類型のチームにおいては、役割を割り振るリーダーが必要となる。マルティ・チームが、チームとして機能するには、あらかじめ支援に関する機能について相互に理解するための仕組みがあることが不可欠である。

　インター・チームは、1つの課題を各担当者が共有し、それぞれが異なったスキルで貢献するものである。例えば、在宅生活において定期的に服薬することが難しい、という課題をもつ人への支援において、薬剤の専門家である薬剤師のみがこの課題に対応するのではなく、ソーシャルワーカー、ホームヘルパー等が、服薬困難な生活上の背景の

理解と支援や具体的な服薬に関する見守り等を行うように、機関や職種がそれぞれの立場から関与することが考えられる。この類型のチームにおいては、ケースごとに異なった状況を理解し、課題に対して目標を設定し、どの専門職・機関がどのように関与できるかを協議し、相互に分担された役割について理解することが不可欠となる。このために、ケースカンファレンスが不可欠となる。

　トランス・チームは、各担当者が課題を共有し、お互いがそれぞれのスキルを代替・交換して、ともに仕事をするものである。在宅生活においては、施設・病院に入所・入院している場合とは異なり、いつでも必要とされる専門職が関与できる体制にはない。しかし、例えば、認知症など状況の判断が困難な人への支援において、時間をおかずにタイムリーに必要な支援を行うことが生活の安定につながる場合がある。このような場合には、法による規定を逸脱しない範囲で、チーム内で専門職種のスキルを互いに伝授し合い、役割を代替・交換することが最適な支援となる。この類型のチームにおいては、事前に、目標の共有に加えてスキルの伝授を行うことが不可欠となる。

　それぞれのチームの利点と限界、前提として求められる仕組みを理解し、支援対象者のアセスメントに基づき、チームを形成することが求められる。

② チームの発展段階

　チームの真髄はそれぞれのチームメンバーが異なった視点をもっていることにある。このことによって、チームは多様な見方を包含した支援を行うことができるようになる。特に、多職種チーム、多機関によるチームにおいては、この点がチームの最大の強みとなる。

　他方で、このことがチームにおいてメンバー間相互に期待する役割に齟齬を生じさせる場合がある。首尾よく機能するのには、経験を重ねることが必要となる。チームは、チームとして実践の経験を積み重ねて共有することにより、発展するものであるといえる。この発展の段階を理解することによって、チーム内で生じている現象を理解し、適切な関与を検討できるようになる。C. ジャーメインは、チームの発展段階を、チームメンバー間の役割理解と関係形成の観点から示した（図 7-2）。

　当初のチームでは、チームメンバーは互いに出会ったばかりであり、お互いの理解は、理論的なものにとどまる。ここでは、専門職の境界が明確な「役割」で、相互の役割が「分離」した状態である（第1段階）。このような理解のなかで支援を進めることによって、相手のもつスキルを「過大評価」することとなり、その結果、期待したとおりの働

図7-2　チームの発展段階

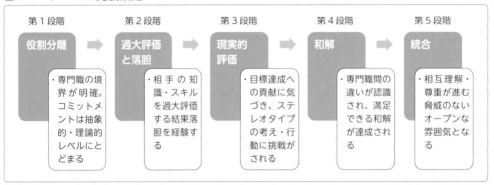

第1段階	第2段階	第3段階	第4段階	第5段階
役割分離	**過大評価と落胆**	**現実的評価**	**和解**	**統合**
・専門職の境界が明確。コミットメントは抽象的・理論的レベルにとどまる	・相手の知識・スキルを過大評価する結果落胆を経験する	・目標達成への貢献に気づき、ステレオタイプの考え・行動に挑戦がされる	・専門職間の違いが認識され、満足できる和解が達成される	・相互理解・尊重が進む脅威のないオープンな雰囲気となる

出典：Germain, C., Collaboration, *Social Work Practice in Health Care*, Free Press, 1984. をもとに筆者作成

きをしないことへの「落胆」を経験する（第2段階）。協働を重ねることにより、このようなステレオタイプの考えや行動から、実際の支援においてどのような貢献がされているかということに気づき、「現実的評価」がされるようになる（第3段階）。このような観点から専門職間の違いが認識されるようになると、メンバー間に満足できる「和解」が達成され、専門職相互に理解が深まり（第4段階）、他の専門職の尊重の雰囲気が生まれ「統合」される（第5段階）。統合の段階で、メンバー間には脅威のないオープンな雰囲気が醸成される。

　チームは、結成当初から首尾よく機能するものと理想的に考えるのではなく、発展の段階があることを理解したうえで、より効果的に機能するよう現状をアセスメントし、関与することが必要である。

③ 地域における連携・協働 ——「ネットワーク」から「連携体制構築」へ

　直接支援が必要となった際に即座に的確な連携・協働体制が組めるための基盤としての体制が、地域にあることは重要である。「ネットワークを広げる」とは、このようなチームを組む前提となる相互理解の「網の目」を広げていくことであるといえる。

　ネットワークが直接支援チームと異なるのは、力動においてであるといえる。ネットワークは、ネットワークを構成する要素（専門職や機関）が独自性をもちつつ、つながりをつくっているものである。この点が、特定の支援対象者をめぐり、それぞれの要素が目標を共有し、そのために役割を分担するチームとの違いである。このような意味で、ネットワークはあいまいな位置にあり、緩やかなものである（図7-3）。

図 7-3　ネットワークとチームの力動の違い

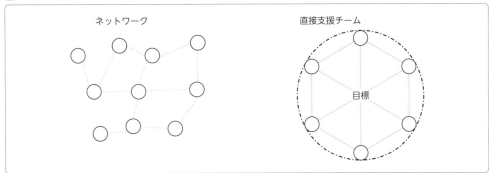

出典：髙山惠理子 (2018)「第 1 章　チームアプローチの目的と意義」「第 2 章　チームの定義」日本認知症ケア学会編『改訂　介護関係者のためのチームアプローチ』ワールドプランニング，pp.3-17 を一部改変

　一方で、近年の地域においては連携体制の構築が求められている。例えば、「地域ケア会議」は、地域におけるネットワークであるとともに、その地域における地域課題に対する取り組みを行うことを可能とする協働体制である。このほかに、「要保護児童対策地域協議会」なども存在する。

　「連携体制の構築」は、地域の関連機関間で会議体を組み、その会議体に所属するメンバー（機関）が一定程度限定されることによってなされている。このような、いわゆる「枠組み」ができることによって、メンバー間の関係が密になり、理念を共有したり、地域課題の発見や取り組みが行いやすい体制が構築できる（**図 7-4**）。

　このような連携体制の特徴を理解したうえで、MSW は地域の一機関である医療機関として会議体に参画すること、さらにソーシャルワーカーとして関係構築の促進に関与することは重要である。

図 7-4　ネットワークと連携体制構築の相違点

チーム運営において、チームの基盤となる了解事項をつくることは重要である。ジャーメインは、①目標の共有、②役割の分担、③手順の共有が重要であるとする。これらを決める仕組みがカンファレンスである。カンファレンスは、メンバーがそれぞれの関連職種・関連機関としてのアセスメントや診断をもち寄り、それらを共有する。そのうえで、チームとしての共通の目標の策定をはじめとする了解事項をつくる場である。このことによって、チームは機能するようになる。特に、手順の共有において、支援に関するモニタリングの時期と方法、また、予測されない事態が生じた際の対応（連絡先、および連絡を受けた者が行うべきことなど）をあらかじめ取り決めておくことは、チーム運営に不可欠である。

おわりに

MSWにとっての連携・協働に関与する意義については、冒頭に述べたとおりである。連携・協働には、チームにおけるダイナミクスや役割葛藤の解決に関する理解等が必要であるが、これらの課題への対応には、MSWがもっているグループワークのスキルが有効である。この点でも、MSWが連携・協働に専門職として積極的に関与する意義を見出すことができるだろう。よりよい支援のために、実践において重要な連携・協働について、さらに理解を深めていくことを期待する。

注

[第1節]

1）日本学術会議（1977）「リハビリテーションに関する教育・研究体制等について（勧告）」

参考文献

・松岡千代（2000）「ヘルスケア領域における専門職間連携──ソーシャルワークの視点からの理論的整理」『社会福祉学』第40巻第2号, pp.17-38

・小原眞知子・高山恵理子・高瀬幸子・山口麻衣（2017）『ソーシャルワーカーによる退院における実践の自己評価』相川書房, pp.103-110

・Germain, C.（1984）Social Work Practice in Health Care, Free Press

第**8**章 　診療報酬と
ソーシャルワーク

第**1**節　診療報酬制度

① 診療報酬制度

　診療報酬制度は、保険医療機関が提供する医療行為の対価として支払われる費用、算定、請求の仕組みである。患者は加入する公的医療保険を利用して保険医療機関の窓口で一部負担金を支払い、残りは保険者から保険医療機関に支払われる。国は診療報酬点数表に基づき、患者に提供される医療技術、サービス、医薬品のそれぞれの報酬区分に応じた診療報酬点数を定めている。診療報酬点数表には「医科診療報酬点数表」「歯科診療報酬点数表」「調剤報酬点数表」がある。診療報酬はどこの保険医療機関であっても同一の公定価格であり、診療報酬点数は全国一律に1点10円である。

② 診療報酬の算定方式

1）出来高払いと包括払い

　診療報酬の算定方式には「出来高払い」と「包括払い」があり、我が国では出来高払いが基本となっている。出来高払いは個々の医療行為の診療報酬点数を積み上げて算定するため、検査や投薬をするほど診療報酬点数が増加する。そのため、過剰な医療行為を招きやすいことが指摘されている。一方、包括払いは、保険医療機関がどのような検査や投薬を行っても、1日の医療費が定額で算定される。そのため、実際の医療行為が見えにくく、適切な医療サービスの評価につながらないことが指摘されている。

2）DPC/PDPS 制度

2003（平成 15）年、特定機能病院の 82 病院を対象に急性期入院医療に「DPC/PDPS 制度（以下、本制度）」が導入された。2022（令和 4）年 4 月、本制度を導入する対象病院は 1,764 病院に拡大されている。対象病院は機能や役割に応じて「大学病院本院群」、大学病院本院に準じた機能を有する「DPC 特定病院群」、その他の急性期病院群の「DPC 標準病院群」の 3 つの医療機関群に分類される。

DPC とは、Diagnosis（診断）、Procedure（治療・処置）、Combination（組み合わせ）の頭文字で「診断群分類」を示し、PDPS は Per-Diem Payment System の略で「1 日あたりの包括払い制度」を示す言葉である。つまり、本制度は傷病名と診療行為の組み合わせにより分類された診断群分類ごとに 1 日あたりの入院医療費を包括的に評価し、入院日数に応じて支払いをする仕組みである。本制度に基づく総報酬額は、入院基本料、検査、投薬、注射等の「包括点数」、手術料、麻酔料、リハビリテーション等の「出来高点数」、「入院時食事療養費等」の組み合わせであり、1 日あたりの包括点数には入院日数と対象病院ごとに定められた医療機関別係数が乗じて算定される。

また、本制度では診断群分類に応じた入院期間が定められている。入院期間は「入院期間 I」「入院期間 II」「入院期間 III」に分類され、入院期間 II は全国の平均在院日数を基準としている。診療報酬は、入院初期を重点評価するため、入院期間 I で最も高く、入院期間 II、入院期間 III になるにつれて段階的に低くなり、入院期間 III を超えた日からは出来高払いとなる。診断群分類ごとに設定される入院日数に応じた段階的な定額点数により、1 日あたりの診療報酬に差がつけられるため、入院日数を短縮させる誘因となる。本制度は、医療費の適正化や病院間の比較による医療サービスの評価に用いられることが期待される。

③ 診療報酬改定の仕組み

診療報酬は、原則 2 年に一度の改定が行われる。診療報酬は、国民医療費の動向や保険医療機関の経営に大きな影響を及ぼすため、はじめに政府が予算編成をする際に診療報酬の改定率を定める。その後、厚生労働省の社会保障審議会でまとめた基本方針に基づき、厚生労働大臣の諮問機関である「中央社会保険医療協議会（以下、中医協）」の答申を経て、厚生労働大臣によって決定される。

中医協は、健康保険、船員保険、国民健康保険の保険者や被保険者、事業主、船舶所有者を代表する「支払側委員」、医師、歯科医師、薬剤師を代表する「診療側委員」、公

益を代表する「公益委員」で構成される。専門の事項を審議する必要がある場合には、日本看護協会やチーム医療推進協議会等を代表する「専門委員」が配置される。

第2節　診療報酬とソーシャルワーク

① 診療報酬改定に向けた要望

　診療報酬改定に向けて、さまざまな専門職団体や学会が厚生労働省に要望書を提出している。医療ソーシャルワーカーの全国組織である「公益社団法人日本医療ソーシャルワーカー協会（以下、当協会）」においても要望書を提出している。保険医療機関において、あまねく適切なソーシャルワークが提供されるために医療ソーシャルワーカー（社会福祉士）の適正な配置を求めることが、診療報酬改定に向けた要望の原点である。要望書では、要望の根拠となるデータを示すとともに、提出する団体が社会的に信頼のおける活動を行っていることが重要となる。

　当協会は、1953（昭和28）年に医療ソーシャルワーカーの全国組織として結成され、我が国におけるソーシャルワーカーの団体として最も古い歴史をもっている。1964（昭和39）年に社団法人、2011（平成23）年に公益社団法人として認可されている。当協会には、内閣府より認定されている公益事業として「保健医療分野の社会福祉及び福祉サービスに係る調査研究事業」があり、医療ソーシャルワーカーの適正配置にかかわる調査研究事業の実施、診療報酬改定や介護報酬改定に向けた要望書の提出や疑義解釈の対応をしている。2021（令和3）年度には、在宅医療における医療ソーシャルワーカーの配置に対する事業、循環器病に関する適切な情報提供・相談支援のための事業、ヤングケアラーの支援に関する事業等、国の医療政策の方向性と一致した取り組みを実施している。また、「社会貢献に関する事業」として、身元保証人問題に関する活動や災害支援活動等にも取り組んでいる。当協会の公益社団法人としての取り組みは、社会的に信頼のおける活動として評価を得ている。

② 診療報酬制度における社会福祉士の評価

　2006（平成18）年度の診療報酬改定において、はじめて診療報酬制度に「社会福祉士」

が明記され、「ウイルス疾患指導料」等の5か所に評価された。同年には、社会福祉士養成課程における実習指定施設に病院や介護老人保健施設等が追加された。これらは、長年、保険医療機関で実践してきた医療ソーシャルワーカーの業務や、その基礎資格は社会福祉士であることが認められた証である。さらには、2008（平成20）年度の診療報酬改定において、「退院調整加算」が新設され、医療ソーシャルワーカーの実際的な業務である退院支援が評価された。

　また、2009（平成21）年度から「保健医療サービス」が社会福祉士国家試験の指定科目に加わり、2020（令和2）年のカリキュラム改正では「保健医療と福祉」に科目名が変更している。診療報酬制度等の保健医療領域に必要な政策、制度、サービスに関する知識や、医療ソーシャルワーカーの役割や支援の実際等について学ぶ科目となっている。

　2022（令和4）年までに、入院早期より退院困難な要因を有する患者を抽出し、入退院支援を実施することを評価した「入退院支援加算」、患者からの相談窓口を設置し、社会福祉士等を専任配置することを評価した「患者サポート体制充実加算」、仕事と治療の両立に向けた社会福祉士等による相談支援を評価した「相談支援加算（療養・就労両立支援指導料）」、虐待等不適切な養育が行われていることが疑われる小児患者に対する必要な支援体制を評価した「養育支援体制加算（小児入院医療管理料）」、そして社会福祉士等と介護支援専門員や相談支援専門員との連携を評価した「介護支援等連携指導料」等、診療報酬制度にさまざまな社会福祉士の配置や取り組みが評価されている。地域社会からの要請やチーム医療の推進とともに社会福祉士への期待は高まり、医療ソーシャルワーカーは保険医療機関で働く社会福祉専門職として定着している。

③ 施設基準と算定要件

　診療報酬制度で評価される内容は、国民の利益になり、国の医療政策と一致している。そのため、保険医療機関では加算の施設基準や算定要件を満たすことで、国民の利益に資する医療サービスを提供することになる。施設基準は、加算を受けるために保険医療機関が一定の人員や設備等を満たす基準であり、地方厚生局に届け出ることで診療報酬を算定することができる。算定要件は、加算を算定するために必要な具体的な取り組みの要件をいう。ここでは、医療ソーシャルワーカーが実際的にかかわることの多い入退院支援について「入退院支援加算1」を例に、その施設基準と算定要件を**表8-1**に示した。多岐にわたる施設基準や算定要件を満たすことで、退院時に1回、入退院支援加算

表 8-1 「入退院支援加算 1（2022（令和 4）年時点）」の施設基準と算定要件

施設基準	算定要件
・入退院支援部門の設置 ・入退院支援部門への入退院支援および地域連携業務に関する十分な経験を有する専従の看護師または専従の社会福祉士の配置 ・入退院支援職員（看護師または社会福祉士）の各病棟への専任配置 ・病棟の廊下等への入退院支援職員と担当業務の掲示 ・25以上の保険医療機関等との年 3 回以上の面会、情報共有等（転院または退院体制等のあらかじめの協議を行う） ・過去 1 年間の介護支援等連携指導料の算定回数と過去 1 年間の相談支援専門員との連携回数の合計回数　　　　　　　　　　　　　　等	・患者の状況の把握と退院困難な要因を有する患者の抽出（入院後原則 3 日以内） ・患者および家族との病状や退院後の生活を含めた話合い（一般病棟入院基本料等の場合は入院後原則 7 日以内） ・関係職種と連携した退院支援計画の作成の着手（入院後 7 日以内） ・病棟看護師、入退院支援職員、入退院支援部門の看護師および社会福祉士等と共同したカンファレンスの実施（入院後 7 日以内） ・退院支援計画書の文書による患者または家族への説明および交付。その内容の診療録等への添付または記載 ・退院支援計画に基づいた支援の実施 ・診療録等への退院先の記載　　　　　　　　　　等

1 を算定することができる。

④ 診療報酬算定に向けた体制の構築

　医療ソーシャルワーカーは、加算を算定するための施設基準や算定要件を理解し、それらを満たすための体制を構築する必要がある。医療ソーシャルワーカーには、算定要件を満たした「証拠」として、診療録への支援内容やカンファレンス内容の記録等が求められる。また、他職種や地域関係機関との連携によって評価される加算も多い。具体的に示されている算定要件を漏らすことなく実施するには、所属する保険医療機関においてマニュアルやフローチャートの整備が必要となる。

　また、診療報酬制度への社会福祉士の位置づけは、保険医療機関への医療ソーシャルワーカーの配置数に影響を与える。診療報酬の算定に向けて医療ソーシャルワーカーを新たに雇用する保険医療機関も増加している。しかし、医療ソーシャルワーカーの配置に関連した診療報酬改定の要望では、実際にその人材を担保することは可能なのかが重要となる。また、医療ソーシャルワーカーを雇用する保険医療機関においては、加算の施設基準を満たすための人員確保の課題も生じている。人材養成の観点からも、病院等におけるソーシャルワーク実習をはじめ、保険医療機関と社会福祉士養成施設との連携は欠かすことができない。

第3節 今後に向けて

　診療報酬制度への社会福祉士の位置づけは、医療ソーシャルワーカーの業務を可視化させ、診療報酬制度により点数評価がなされることで、他職種や他部門、さらには病院組織への医療ソーシャルワーカーの業務の理解を促進させている。一方で、組織や他職種から「ソーシャルワーク業務＝診療報酬で評価されている業務」と認識されることへの懸念もある。医療ソーシャルワーカーの業務は多岐にわたる。保険医療機関におけるソーシャルワークにおいて、診療報酬制度で評価されている業務は一部であり、施設基準や算定要件を満たすだけがソーシャルワークではない。診療報酬の算定を一義的な目的とするのではなく、ソーシャルワークの価値・倫理に基づいた支援が肝要となる。そして、医療ソーシャルワーカーは診療報酬の算定だけを業務の評価指標とするのではなく、保険医療機関に社会福祉専門職である医療ソーシャルワーカーがいる意義やさまざまな取り組みの成果を可視化する評価指標の設定も必要となる。

　また、診療報酬制度による枠組みは、保険医療機関の現場の実態にそぐわないことや、患者や家族が求める支援のあり方と医療ソーシャルワーカーの人員配置の根拠に葛藤を生じさせる。医療ソーシャルワーカーに本来期待される幅広い活動が制限されることも危惧される。そのような葛藤と対峙するためには、組織におけるスーパービジョン体制を構築させ、専門性を保証することが必要となる。そして、既存の診療報酬制度の枠組みだけでソーシャルワークを展開させるのではなく、社会福祉専門職として患者や家族に資する取り組みを診療報酬制度に反映させなければならない。診療報酬改定の要望では、全国の医療ソーシャルワーカーの実践を結集させたソーシャルアクションが必要となる。

参考文献 ⋯⋯⋯⋯⋯⋯⋯⋯⋯⋯⋯⋯⋯⋯⋯⋯⋯⋯⋯⋯⋯⋯⋯⋯⋯⋯⋯⋯⋯⋯⋯⋯⋯⋯⋯⋯

・50周年記念誌編集委員会編（2003）『日本の医療ソーシャルワーク史——日本医療社会事業協会の50年』日本医療社会事業協会
・医学通信社編（2022）『診療点数早見表 2022年4月版——2022年4月現在の診療報酬点数表』医学通信社
・日本医療社会福祉協会編（2015）『保健医療ソーシャルワークの基礎——実践力の構築』相川書房
・日本社会福祉士会・日本医療社会事業協会編（2009）『改訂 保健医療ソーシャルワーク実践 1』中央法規出版

第9章 医療ソーシャルワークで用いられる実践理論とアプローチ

はじめに

　医療ソーシャルワーカー（以下、MSW）の実践に関してその専門性が高いことを明らかにすることは、支援を求めてくる当事者に対して、またそれを認知した社会に対して専門職としての説明責任がある。専門性の構造図（**図9-1**）のなかで、実践理論が占める位置と関係性を確認し、「野生の勘」や「暗黙知」等、説明できないものとして扱いがちな「実践」を、理論に基づいた専門性の高いものとする。

第1節　ソーシャルワーク実践理論の意義

　ソーシャルワーク（以下、SW）の専門性の構造図では、実践が成立する基盤として（A）価値・倫理がある。そしてその上に（B）知識とそれと関連した理論が重なり、さらにその上に見出された（C）技術や方法によって、実践が行われる。そして（B）と（C）は、実践の現実を経て、循環しながら互いにより適切なものに書き替えられていく。そこで使われる実践理論はSWの価値に基づいた知識や技術を伴った実践であることを、社

図9-1　ソーシャルワークの専門性に対する実践理論の位置づけ

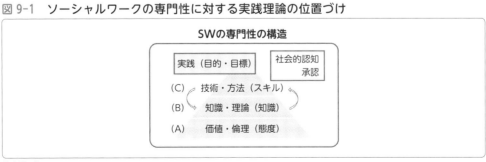

筆者作成

会的認知のもとに証明するものでもある。

第2節 人と環境の交互作用に関する理論

現代の SW 実践の基盤となる状況認識は「人と環境の交互作用」であり、有機的に関連している各要素の集合体であるシステムの循環性や、環境の重層性、仕組みとしてみる全体性、ストレスに対するコーピング等の特徴をもつ。MSW がよく使う代表的実践理論・モデルをあげる。

1 バイオ・サイコ・ソーシャル（BPS）モデル

統合化後の BPS モデルでは「人と環境」を bio-psycho-social の交互作用と捉える。BPS 各要素間の交互作用の具合とその統合的アセスメントとして、生活課題の成り立ちと問題発生の仕組みの全体性をみる。

> **事例**
>
> 小児がんで 10 年にわたる治療生活を送ったのち緩解を迎え、その後年 2 回の検診でフォローしていた百合さんが高校卒業を迎えて、就職活動に意欲が湧かないでいると両親より MSW に相談があり、障害者就業・生活支援センターへ相談送致することにした。その際 BPS モデルに沿って、百合さんの就労意欲と疾病体験との関係、それに影響した学校や学業との関係、友人・人間関係への影響とそれを補うインターネットでの交流等、百合さんの今までの生活や人生の統合的アセスメントを申し送った。

2 システム理論

たえず交互作用を行っている「人と環境」の関係を 1 つの統合体として把握する方法であり、人と環境の適合のあり方に焦点をあて働きかける。システムは相互に作用する要素の集合体であり 3 世代の発展段階を経て、医療福祉分野では、ここで例示する A. ピンカスと A. ミナハンによる 4 つのサブシステムの考え方や家族システム論を多用する。

　精神障害のため入退院を繰り返す母親の世話をしながら、中学生の宏樹さんは生活保護を受けて暮らしている。不登校ぎみで学業も振るわず、母子の今後を心配した学校と福祉事務所が連絡を行った。福祉事務所は未成年後見について権利擁護センターに相談した。センターでは未成年後見を引き受けるチームを編成するため、状況を4つのシステムとして、アセスメントした。宏樹さん母子をクライエントシステム、未成年後見人と権利擁護センターをワーカーシステム、支援目標をクライエントシステムの安定と定めた。また、ターゲットシステムを学校と精神科病院の連携に取り、アクションシステムを未成年後見人と精神保健福祉士、担任教員、福祉事務所ケースワーカーとして、連絡会議を機動させ、介入戦略を立てた。

③ エコロジカルモデル

　人が環境と共存するための能力を対処能力（コーピング）、環境が人のニーズに適応することを応答性（レスポンス）といい、このバランスがくずれると生活ストレスが発生する。エコロジカルモデルでは、生態学の隠喩を用いながら、生活ストレスを生み出すストレッサーを円環的にアセスメントし、改善のためクライエントの能力が高められるように多様なエンパワメント介入を行う。

　90歳代の恵三さんの認知症が進み、一人息子の雄一さん（50歳代）が介護のため実家に戻って2人暮らしになった。雄一さんは当初、契約社員としてオンライン会議による在宅勤務と介護保険を使った在宅介護ができていたが、恵三さんが転倒し骨折したことを契機に介護に専念しなければならなくなった。退院時カンファレンスで、恵三さん雄一さん親子とケアマネジャーを迎え、院内スタッフとともに、2人の新たな在宅生活を支援する体制を検討し話し合った。今後予想される生活上の障害（ストレス）を経済・社会・心身の困難の諸要因とその円環・交互作用状況をエコマップを作りながら検討し、総合的アセスメントにつなげ、特にリスクに対して必要なサービスやサポートを準備できるかを検討した。

医療福祉の現場では、実践理論に基づく実践状況・局面に応じて、よく使うアプローチやその介入の視点を意識することで、より適切なアプローチを選んでいく。

① ケースワークの基盤と展開

ケースワーク実践の理論化の歴史をたどると、診断主義（a）⇔機能主義（b）⇒折衷主義（c）で1つの到達点を迎えたとされる。同一事例で3つのアプローチの違いをみる。

共通事例

事故により突然片足切断に至った高校生の咲子さんが、リハビリテーション訓練にうまく適応できないと理学療法士より MSW に相談があった。咲子さんがリハビリテーションに意欲が向けられるように支援することを目的に面談が行われた。

1）心理社会的アプローチ（診断主義）

診断主義の代表的アプローチで、F.ホリスらによって確立された「状況の中の人」として心理面と社会面の関係に焦点化し、相互の機能不全の解消によりパーソナリティの変容を実現しようとする支援方法であり、6つの介入技法が展開される。

事例

咲子さんのリハビリへの意欲を高めるために MSW は彼女の落ち込みの原因と状況を診断し、①共感的なかかわりのもと、②直接的支持、③浄化法、④全体的関連的反省、⑤パーソナリティのパターン理解、⑥過去と現在の関係性に気づく等の診断と介入を行う。

2）機能的アプローチ（機能主義）

診断主義への診断的査定の強調等の批判に基づき、専門相談機関や専門職のもつ機能・役割の発揮のもと、クライエントが成長しようとする意志や能力を重視しそれを支援する。

3）問題解決アプローチ（折衷主義）

　H. H. パールマンは（a）（b）を統合し、6つの P（Person Place Problem Process Profession Provisions）の各構成要素を押さえたうえで、人が生活すること自体が社会的機能（役割）を遂行することで生じる問題解決のプロセスであることと認識し、クライエント自身の問題解決へ向けて MOC（motivation occasion capability）（動機づけ、機会、能力）による問題解決能力（ワーカビリティ）を高めようとする方法を提唱した。

② 短期処遇・早期介入　時間と計画を問う

　旧来のケースワークがパーソナリティの変容など、長期目標でかつ達成内容があいまいであるという批判や反省があり、短期処遇・早期介入等の効果や効率など時間と計画を問われる多様なアプローチが、開発・導入されてきた。

1）課題中心アプローチ

効果測定に基づく実証主義的な手法を用いて、短期処遇による問題解決と計画性が重視されるアプローチである。解決すべき課題（現在起きている問題に対する行動）をクライエントとともに具体的に計画的に設定し、クライエント自身が主体的に解決していけるように実行可能な短期課題として明確化し、援助計画に基づくスケジュールを立て短期間での解決を目指す。

> **事例**
>
> 説明後、卓司さんから相談の依頼があり面談を行った。「妻は動揺が激しくそれも心配ですが、今回は私の後始末について一緒に確認してくれませんか」との依頼であった。「葬式や墓の手配まで自分でしたいので」とのことで、店の経営の件、不動産の件、遺産整理の件、遺言書の件、葬儀の件、墓の件、親族との関係、友人への告知のことと課題をあげてそれぞれやらなければならないことを確認し、病気の進行具合がわかっている専門家に話して整理したかったとのこと。検討した結果、今までも心掛けていた終活の整理については、窓口をあらためて確認し具体化する時期を手配すればよいことがわかった。葬儀については、コーディネートしてくれる業者をMSWも探し相談をかけること。親族への話については、妻を入れて相談する必要があることと整理し、手順としてまず妻と話し、月末までに相談相手にしたい親族と顔合わせを行う。そこで今後の話し合いの目途を立てることにしたいと結論した。

2）危機介入アプローチ

問題の発生によって心理的恒常性が損なわれ、情緒的に混乱しているクライエントに対して、早期の段階で短期集中的に介入して対処能力を強化し、社会的機能の回復に焦点をあてたものである。早期の社会資源等の具体的積極的介入により、心理的恒常性を回復・維持しようとする機能が働くという危機理論に基づいて支援が考えられている。

> **事例**
>
> 卓司さんの最大の気がかりである妻の奈美さんは、告知後パニックに陥り2時間相談室でMSW相手に激しく泣き続けた。「青天の霹靂」で思いもしない宣告であったこと。今まで夫に対外的なことは任せっぱなしでいたこと。財産や夫の仕事や親族関係にもノータッチであり、今後のことを考えるにも見当がつかない。この事態が信じられないので今後夫への対応にも自信がない等の断片的な強い訴えがあった。MSWは「おつら

いでしょう。卓司さんの整理の進み具合も確認・拝見します。だから奈美さんには明日も明後日も時間を取りますので、お見舞いの帰りに寄っていただいて情報を順々に一緒に整理しましょう」「ご親族で相談相手になってくださる方に会うのが月末なので、それまでに整理できるように卓司さんとも話しましょう」と集中的な面談を計画した。

3）解決志向（ソリューションフォーカスト）アプローチ

解決志向アプローチは、問題解決の過程をクライエントとともに構築し、短期間で具体的解決に導く。クライエントがもつ解決イメージに焦点をあてて、クライエントから教わるという基本姿勢で傾聴する。特有の質問法（表9-1）やソリューショントーク（解決に関する会話）、ウェルフォームド・ゴール（適切な落としどころ）の設定、例外探しなどの手法を用いる。

表9-1　解決志向アプローチの質問（Q）の型

コーピング（サバイバル）Q：今までの問題を闘ってきた対処でのストレングスの気づき
スケーリングQ：主観的抽象的な認識や感情・目途を数字に置き換えて具体化する
ミラクルQ：奇跡が起きて問題が解決したあとの生活やその時の気持ち等の想像を促す
エクセプションQ：例外探し　コーピングQとのペアで使用することが有効
サポーズQ：問題が解決した状況の想像をすることで、未来志向に向けていく質問
関係性のQ：自分の考えに固執し解決の方向性を見失う時重要他者だったらと問う

事例

卓司さんに頼り切りで何もできない自分を責め不安に思っている奈美さんは、レストランの装飾だけは毎月自分がやっていることを問われるままに振り返り話した。それに対し MSW は「何もかかわっていない店のことに、装飾のことはどうしてどのようにかかわれたのですか」（エクセプション Q）を行い、解決の方向性を見つけていく。

③ 行動療法や家族療法からの展開

MSW 実践では特に障害児・者などの療育の分野、精神保健の分野において、医療職や心理職とともに、行動療法などの知見を交えた SW のアプローチが行われている。また地域福祉の分野では、多職種連携による家族支援の必要から、チームの一員として家族療法から展開した SW、家族システムズ・アプローチを実施している。

田中家の一人息子である太郎君(幼児)が療育医療センターで自閉症の診断を受けた。母親の美波さん（20歳代）と父親の優一さん（20歳代）の3人家族で、優一さんの実家の隣が自宅であった。隣には優一さんの両親が住んでおり、彼らは老舗の喫茶店を2人で営んでいる。太郎君の今後の療育計画を立てるためにMSWに依頼があり、付属のデイケアスタッフとともにチームで担当することになった。美波さんと太郎君がデイケアを見学に来た。太郎君の評価をスタッフが行っている間、美波さんとインテーク面接を行った。

1）行動変容アプローチ

望ましい行動を増やし、望ましくない行動を減らすといった行動変容を目標に、学習理論やそれを基盤とする行動療法、特にレスポンデント条件づけ（古典的）とオペラント条件づけ（報酬と罰による変化）、社会的学習理論（モデリング）、認知行動療法等による知見を活かして、SWに統合的に導入され体系化された。観察可能な具体的な行動として、問題を明確化し、行動に影響する諸条件を操作することにより、行動を変容させる手法である。

事例

太郎君の今の一番の問題は多動であり、始終動き回り美波さんが常に手をつなぐなどの身体接触をしていないと外に出て行ってしまう。そこで週5回午前半日の訓練では、安定した環境で1時間動き回らずにいられたら、「褒めて一緒に遊ぶ」報酬を与えることをチームで統一して行うことをカンファレンスで話した。MSWは家族にこの訓練の意味を話し、家族の協力体制を整える役割を担い、家族システムの知見を交えてその伝え方を検討した。

2）家族システムズ・アプローチ

家族への支援は第4章で学ぶ。ここでは家族療法やシステム論を踏まえた支援方法論として家族システムズ・アプローチを説明する。家族を最小単位の1つのシステムと考え、そこで生じた問題解決のための支援を行う方法である。問題状況をめぐるシステム（仕組み）を読み、家族や影響し合っている周辺のシステムに働きかけることで解決に向かおうとする。

　多動な太郎君を1人1日中世話している母親の美波さんとのインテークでは、家族状況と関係・役割について情報を得た。夫婦は若年同士の結婚で、美波さんは19歳で妊娠、結婚、出産したため短大を中退した。夫や両親は手伝おうとせず「せっかく自宅もたててあげたのに、婚家を手伝おうとしない」と美波さんに不満をもっている。夫も仕事と家計や住宅ローンを払うことに熱心で、子ども自体に関心がない。自分は遠方にいて仕事をもっている実の両親に頼ることもせず、1人で子育てをしてきた。保健所の3歳児検診時病院で精査するように保健師から連絡があっても義母が様子を見るといって夫も受診を許可してくれなかった。義父母が宗教仲間に相談しているのはわかっているが、引き込まれるのが嫌で義母の決めたことには夫も美波さんも自然に従うようになっていた。今回やっと受診できたのは宗教仲間の看護師さんが受診するように義母に言ってくれたためとのこと。

　本家族は障害児の子育てを妻1人に過重な負担を強いたなかで、かつ家族システムの境界が固く、外部システムのサポート情報が入りにくい。この家族のルールは外部システムからの公的支援を入れる判断をするのが義母であり、そのインプットの判断に影響するのが宗教仲間システムであり、今回もそのルールに従って療育病院につながることができた。

④ 統合化後の新しいアプローチ

　ケースワークから入ったアプローチは、1960 ～ 70年代で統合化され、さらに多彩になった。また新たな支援職が登場し多職種連携で多彩なアプローチを必要とされるようになった。

1）、2）共通事例

　2年前に若年性認知症の診断を受けた康夫さん（40歳代）が、妻の由美さん（40歳代）とともに相談室を訪れた。診断後会社の管理職を降りて継続して勤務をしてきたが、このたび職場と職種の変更を言われた。やむを得ないこととは思うのだが、今後どのように暮らしていけばよいのか不安が大きくなったので、夫婦で相談に来たとのこと。

1) エンパワメント・アプローチ

　当事者自身が社会的にスティグマ化された状況および集団の一員であること、社会的にパワーレスな状況におかれていることを認識し、かつ自分たちの潜在能力に気づき社会に発言していくプロセスを支援するパワーの概念に留意したストレングスモデルである。また、生態学的視点から集団として社会の主流になっていくことにも言及する。MSWはそのスティグマ化の虞のあるハイリスク集団として、医療に頼る必要のある患者・障害者・高齢者等に対して個人・集団・地域での支援も行う。

> **事例**
>
> 　MSWは今までも会社人事との交渉役として病気のことをわかってもらうための話し合い調整を行ってきた。その環境下で康夫さんも頑張って会社の人間関係も保ってきた。由美さんも子育てをしながら夫を気遣いよくやってきたと3人で振り返った。そのうえで「何があったから頑張れたのか」「今後どのように生きていきたいのか」について、家族のありようも含め意見交換を行った。結果、今まで会社に集中していた気持ちを今後は社会に注目して、家族の立場も含めて発言していきたいとの希望が述べられた。「年が若いと家族の問題も大きいですよね」と由美さんは言葉を添えた。そこでMSWは認知症の患者会主催の「本人会議」で奥さんと一緒に今までのことを話してみないかと提案した。

2) ナラティブ・アプローチ

　「現実は社会的に構成されているものであり、人と人の対話に通じて作られるものである」とする社会構成主義の認識論を基盤としている。伝統的な科学主義・実証主義への批判から、当事者の主観的・実存的世界を対話によって表出し自分の人生の再構築を図るストレングスモデルである。問題が生じているクライエントの物語（ドミナントストーリー）に対して、MSWと対話しながらクライエントにとって好ましい新たな物語（オルタナティブストーリー）に書き換える手法である。そのために、リフレクティブ・インタビューや「問題の外在化」等の方法を用いる。以下、対話を提示する。

> **事例**
>
> 康夫：会社に迷惑をかけている自分が許せない。自分のせいで上司も苦労している。
> MSW：どのような苦労をしていたのですか。　⇒振り返りの説明促し
> 康夫：上司は会社の方針で私の世話をしてくれているのに、部下からも文句が出て突き

上げられている。上司はよくしてくれているのに自分のせいで申し訳ない。

MSW：上司の方が苦労しているのはあなたのせいですか。　⇒外在化に向けた問いかけ

康夫：病気のせいですね。

MSW：病気のせいであなたの周りでどんなことが起こりましたか。　⇒振り返りの説明促し

康夫：会社は受け入れ態勢を整える取り決めに従わなければならなかったですね。

MSW：上司の方は、会社に言われた取り決めのために苦労したのですね。

康夫：上司の苦労は私のせいではなく病気のせいだし、また取り決めのせいなんですね。

MSW：病気に対する取り決めは、復職のためのものでしたね。病気に対して復職の取り決めが図られ、会社や上司が受け入れ態勢を取る必要が出てきて苦労しているのですね。でもその取り決めを使って、康夫さんのように復職する人が増えてくるかもしれませんね。

康夫：私が上司と苦労してきたことが、次に復職する人たちに役立つことになるといいなあ。

3）ケアマネジメント

　アメリカで発達したケースマネジメントは本来ソーシャルワークの1アプローチではなく、複雑で重複した問題・ニーズをもつ利用者が適時に適切な方法で必要とするサービスを利用できるよう保証することを試みるサービス提供の一方法であり、統合的サービス供給のシステムづくりと実践方法を探す行政のプロジェクトを通して定着してきた[1]。日本の介護保険以来のケアマネジメントはそれに相似していると考える。なおイギリスでケアマネジメントの用語が使用されて以降、日本でも高齢者分野を中心にケアマネジメントの用語が使用されるようになった。ソーシャルワークとの関係は様々論議されているが、ここではケアマネジャーと MSW の連携事例で検討する。

事例

　勇さん（60 歳代）の退院時カンファレンスが、夫婦とケアマネジャーを招いて開催された。勇さんは 5 年前に初発し、今回 2 回目の多発性脳梗塞のリハビリ目的の入院であった。MSW は今回担当になるケアマネジャーに対して、入院に至る以前の勇さんの生活／人生の振り返り面接をそこで行った。今回の再発が生活の仕方や家族との関係を再考するきっかけになったこと。今まで介護保険を使わずに、パート勤めをしている妻（60 歳代）と娘（30 歳代）の介護で暮らしてきたが、今回の再発をきっかけに娘を自由

にさせたいとの思いから、介護保険を使ってみようと思っていること。しかし妻は収入が少なく、支払いができるのか心配している。勇さんは今までも自分のことは自分で行うための努力と工夫をしてきた実績から、今回の退院でサービスが必要かは自分で決めたいという思いをもっているので、導入は最低限から始めて今後のことを相談したいという勇さんの思いと今後の抱負を家族と一緒に伝えた。

　ケアマネジャーは介護保険の要介護度の認定前の退院になるので、まず週1回のデイケアでの入浴とベッドのリースで対応することで安全かリスクアセスメントをしたいとのことで、在宅訪問をした理学療法士、作業療法士の情報と今後の医療の受け方についても打ち合わせた。

4）ソーシャルサポート・ネットワーク

　ソーシャルサポート・ネットワークは「相互に連結しあった人々の関係の総体であり、永続的な滋養環境のパターンを提供し、日常生活に生じる出来事に対処していく努力をそれに見合った形で促進する役割を果たすもの」として定義される[2]。MSW が個別支援に限局されずメゾレベルに業務の視点や範囲を展開するには、この概念を実践として入れ込むことが有用である。例えば社会ネットワークをコンボイモデルとして、相互に連結し合った関係性をアセスメントし、その人やその集団にとって固有な滋養環境をつくっていくことを検討することができる。地域連携の司法・医療・福祉・教育などのチームアプローチの分析等にも援用できる。

> **事例**
>
> 　急性期病院の MSW である岩瀬さんの病院では、高齢者の胃瘻造設件数が増えている印象があった。一方で退院フォローアップ調査では、入院して造った胃瘻を使わなくなっていたり、口から食べたがる本人への対応に悩んでいたり、家庭だけでなく特別養護老人ホーム（以下、特養）でもデイケアでも食問題に悩んでいることがわかった。また胃瘻を造ると特養に入りにくいという問題も特養のソーシャルワーカーから指摘された。そうした問題意識を「食支援に関する研究会」の形にしようと地域の他病院のソーシャルワーカーばかりでなく、当事者家族、病院、特養や介護老人保健施設、デイケア等の栄養課職員、ケアマネジャーなどに声をかけ会議を行った。そこでコンボイモデルを援用した社会ネットワーク図に描き、加入を勧誘する社会資源を検討・開拓する等、地域の活動にする計画を練った。

おわりに
──効果的アプローチの活用について

　SW 実践理論の多様なアプローチについて、MSW の実践で多用されているものを事例で説明した。SW 実践が、質の高いものであることを証明するものとなり、介入の次の手を戦略的に捉える一助となる。

　そのためにまず SW 実践状況を踏まえ、人の人生／生活にかかわる SW の枠組み「人と環境」の交互作用そして時間：空間によって、その状況の全体像を統合的にアセスメントする。支援の視点として医療福祉分野では医療職に引っ張られ、医療チームに合わせたスタンスを取りやすい医学モデルから距離をおいて、SW の存在意義として生活モデルによるアセスメントをエコマップ等の多職種が理解しやすい方法をもって説明・介入する。

　そしてアセスメントは病理や欠陥を指摘・診断するのではなく、クライエント独自の暮らし方におけるコーピング戦略や強みやレジリエンシーをクライエントから教わることでストレングスを認識し、その苦難のなか、SW にたどり着いた相手をリスペクトしつつ介入を行う。

　介入は問題状況の全体像から、目的や対象・方法を分解したり部分化したり、短期に優先順位や変化を加えながら、それに合致した適切なアプローチやスキルを選ぶことができる。SW は心理療法とは異なり、得意な見方やアプローチがあってよく、かつ 1 つのアプローチに固執しない。さらに迅速で綿密な生物・心理・社会的（BPS）アセスメントによる ISTT（統合的短期型ソーシャルワーク）が開発された。困難ケースの問題の本質を見抜き、時間と資源の制約のなかで、最適な介入を構築する援助スキルとして普及がなされている。

注 ··

[第3節]
1）中村佐織（2005）「ケアマネジメント」久保紘章・副田あけみ編著『ソーシャルワークの実践モデル ──心理社会的アプローチからナラティブまで』川島書店
2）松岡克尚（2005）「ソーシャルサポート・ネットワーク」久保紘章・副田あけみ編著『ソーシャルワークの実践モデル──心理社会的アプローチからナラティブまで』川島書店

第10章 医療ソーシャルワークにおける面接の方法と技術

第1節 ソーシャルワーク面接とは何か

　面接はクライエントの相談目的である問題を解決するため、ソーシャルワーカーが最も多く用いる援助手段である。

　面接については「「相談面接」とは、「一定の状況下においてワーカー（面接者）とクライエント（被面接者）とが、相談援助の目的をもって実施する相互作用（コミュニケーション）のプロセス」」[1]と岩間は定義している。ソーシャルワーカーとして実施する面接は、マニュアル化したアンケート形式の一問一答による言葉のやり取りではない。また、ソーシャルワーカーが適切であると考える結果に誘導するための面接でもない。

　面接はアセスメントのための大事な情報収集の場であるとともに、ソーシャルワーカーとの出会いによりクライエントが癒され、エンパワメントされるという直接支援の効果も大きい。ワーカー・クライエント間で、短時間に関係構築でき、クライエントから相談者としての信頼を得て専門職としての面接を実施するために、常日頃から準備をすることが重要になる。そしてその面接にかかわる技術の背景には、ソーシャルワーカーとしての価値・倫理が土台となって存在することはいうまでもない。

第2節 面接の前提としての3つの備え

　面接が開始される前に、①自分自身が専門職であることへの備え、②共感の準備・予備的共感を育てる備え、③面接を行う物理的環境への備えについて考える。

① 自分自身が専門職であることへの備え

　専門職として面接を開始することは、初めて出会うクライエントの話を傾聴し全体を理解し内容を深めていくというソーシャルワーカーにとっても集中を求められる緊張した場面となる。そのためには自分自身の体調管理や、精神的状態、ライフサイクルの影響、差し迫った課題のために面接に集中できない状況にないかなどに関心をもち備えておく必要がある。

　また、医療ソーシャルワーカーで兵庫医科大学教授であった杉本照子が伝えるソーシャルワーカーに欠かせない大切な2つの要素と資質についても簡単に説明しておく[1]。

　1つ目は「Authenticity」である。Authenticity の辞書での意味は、本物であること・良質であること、信頼、質の高さ、確実などがあげられる。相対している相手と自然にその考えや気持ちを分かち合える人柄。共感力・温かさ・真摯な人柄が欠かせない。人が生まれてから与えられた環境のなかで育まれ、備わった資質である。援助する対象を肯定的に捉え、よい方向に変容させることにつながる大事な要素である。自分自身にその資質が備わっているかを振り返り、人を受け入れ相談支援の専門職として相手に受け入れられるようにさらに「Authenticity」の資質を伸ばすことが大切である。

　2つ目は「Professional Integrity」である。専門職として必須の価値、倫理、理念を十分に理解して、それらをしっかり身につけ、それに従っていかなる時でも行動し、ふさわしい態度を取ることができるというものである。Integrity は辞書では、高潔、実直、誠実、完全さ、無欠とされている。ソーシャルワーカーとしての専門知識を踏まえてソーシャルワーカーである自分がどれほど Integrity の条件に合致しているかを知ることも「Professional Integrity」である。自分を知らずして他者、集団、社会を援助することもチームを組むこともできないと杉本は語っている。

　ソーシャルワーカーは人の人生に直接的にかかわる職業である。その重みを常に忘れず、ソーシャルワーカーとして「Authenticity」「Professional Integrity」の要素や資質を身につけて面接に臨むことに備えることは大切である。

② 共感の準備・予備的共感を育てる備え

　面接では1人ひとりのクライエントの話を丁寧に傾聴し寄り添いながら進めていく。しかし、人に寄り添う感覚は抽象的であり、習得しにくい技術でもある。面接前の準備としてクライエントに対する共感的理解力を高めるためのトレーニングを常日頃より実

施しておくことが大切である。

C. B. ジャーメインがクライエントに会う前の準備として勧めている「心のストレッチング（Anticipatory Empathy）」という方法がある。次の5つの項目に沿って相手の状況について考えをめぐらし、そのことを文字化するトレーニングである[2]。

❶ 同一化（Identification）

　クライエントのおかれている状況を理解し、自分の体にクライエントが憑依したと仮定し、その時の気持ちや考え、視線の先に何が見え何が聞こえてくるか相手の立場に立って考える。

❷ 取り込み（Incorporation）

　クライエントのおかれている状況が、自分自身に起きたとしたら、どのような状況が起きるか、自分のおかれている環境要因（職場、家族、同僚等）に合わせて考える。

❸ 振り返り（Reverberation）

　今までの自分の生活でクライエントがおかれている状況に近い経験について思い出してみる。

❹ デタッチメント（Detachment）

　一歩距離をおき、離れて問題の全体を俯瞰してみた時に見えてくることを考える。

❺ ❶から❹のステップを行った後に

　最後にクライエントが今ソーシャルワーカーの隣に座っているとしたら支援者として何に気をつけて接するか。また、どのようなことを注意すべき技術として用いるかについて考える。

　❶から❺までのワークを順番に行い、その時の自分の考えを400〜800文字くらいで書き表す。

　このワークはあくまでも想像を働かせるための心のトレーニングであり、クライエントはこういう人に違いないと決めつけ断定するためのものではない。思いを寄せて考える習慣を身に着け、援助者側の理解の視野を広げる準備のためのトレーニングである。

③ 面接を行う物理的環境への備え

❶ 面接室での配慮

　クライエントが個人的な事情を安心して話すことができるために、面接場所の物理的環境について準備しておく必要がある。改善が必要な場合は組織内に対してその必要性を専門職の視点で伝え改善を促すこと。

＊相談内容が外に漏れたり、他者に聞かれることなく、クライエントが集中して話すことのできるプライバシーが守られた場所

＊適度な空調と照明、話に集中できる座りやすいいすが備えられていること

＊複数のクライエントの来所にも対応できるゆとりある空間が確保されていること

＊花やカレンダー、時計など視線を逸らすことのできる調度品などの落ち着きある部屋

　その他近年ソーシャルワーカーが所持する院内連絡用携帯電話を面接場面にもち込む傾向がある。主治医や院内他部署からの電話に即応するためとはいえ、電話に出ることはクライエントとの面接が中断してしまう。業務上の必要があっても、面接場面で話が何度も中断するような状況をつくることはあってはならない。携帯電話への対応も物理的環境への配慮に加え、組織内の対応を統一するなどの検討を要する。

❷　生活場面面接での配慮

　面接室以外の場所、クライエントの自宅、入院病室や病棟の談話室、リハビリ訓練室などの「生活場面面接」においては、クライエントにとって本人のペースで話ができる環境である。しかし、オープンスペースによるプライバシーが守りにくい場合もある。クライエントの緊張が少なく素顔に近い情報を得られる機会を逃さず活用するために、周囲の環境を把握する配慮が必要である。

❸　電話による相談面接での配慮

　匿名による電話相談や、家族や関係機関との連絡など、電話の対応を求められる場面は少なくない。しかし電話は、クライエント・ソーシャルワーカー双方の非言語情報を活用できないため、特に経験の少ないソーシャルワーカーには難しい相談場面になりやすい。相談が長時間にならないよう注意し、事前に電話相談の対応マニュアルなども準備しておく必要がある。

❹　WEB面接などへの配慮

　世界的な新型コロナウイルス感染症流行により、病院や施設では、クライエント・家族・関係機関が直接対面で会うことが禁止される時代を迎えた。相談支援のためのソーシャルワーカーの面接も制限される事態が発生することもある。限られた環境のなかで、できるだけクライエントや家族の希望に沿う相談支援を実施するために、インターネットを利用したWEB面接や会議などの新しい方法を取り入れた環境整備が求められる。所属する組織の対処能力を明らかにし、対応策の検討や準備に取り組むなど変化に応じた面接環境に備えなければならない。

コミュニケーションは相手の考えや要求を理解し、お互いを分かり合うために用いる方法である。言葉を使うことが中心と思われがちだが、言葉だけが大事なのではなく、言葉以外に発信される記号を媒体として情報・思考・感情を伝達し合う方法であり、人間同士の相互作用を高める大事なプロセスである。

① コミュニケーションの3要素

❶ 言語

言葉として表された内容は、あくまでも記号であり、そのことだけですべてを理解することは難しい。例えば「早く退院するように医者に言われました。困ります」は「困ります」という言語だけで理解すれば、退院が困るともとれるし、早く退院するのが困るともとれる。もしくは医者に言われたことに反応しているのかもしれない。表出された言語記号の内容だけではすべてを判断できないことをまずは理解しておくことが大切である。そして言語以外の要素も含めて言葉を理解することの重要性を知る必要がある。

❷ 非言語

コミュニケーションの場面で、行動にかかわる情報が大きいといわれている。面接の予約時間に遅れてくる、座る位置、距離、身振り手振り、表情、視線、服装、化粧、髪型、香りなど言葉ではなく表出される行動レベルの要素のことである。非言語は人それぞれの個別性を加味して表出される大事な伝達要素である。広い視野でかつ注意して観察しなければ理解できないこともある。

❸ 準言語

これは言葉を発する時の声や音声にかかわる質を表す部分である。声の大きさ、話す速さ、声の強さ、弱さ、間の取り方、抑揚、口籠るなどである。

アメリカの心理学者のA.メラビアン博士による「メラビアンの法則」[1]は、人が話の内容を伝える時に何を重要視するかという研究で次のような傾向を報告している。最も強く相手に影響を与えるのは非言語（視覚情報）の表情や視線、身振り手振りである（55％）。準言語（聴覚情報）である話し方の速さや声の調子、口調による影響は

38％、言葉による情報は7％であることがわかった。面接する場合、この「メラビアンの法則」の3要素がいずれも欠けることなくそろってこそ、初めてよい印象を与えることができ、良好なコミュニケーションが成立するといわれている。ソーシャルワーカーがクライエントの信頼を得て面接をする時、自身の発する言葉に関心を寄せやすく必死になりがちだが、言葉が相手に届くためには「言語情報」だけでなく「非言語情報」「準言語情報」の3要素を組み合わせて表現することが重要である。

② 会話と対話の違い

　クライエントと面接をする時に会話と対話のコミュニケーションの違いについて考えたことがあるだろうか。脚本・演出家である平田オリザは次のように説明している。「会話は価値観や生活習慣などが近い、親しい者同士のおしゃべり。これに対して対話は、あまり親しくない人同士の価値観や情報の交換。あるいは、親しい人同士でも価値観が異なるときの意見のすり合わせ。日本では米作り文化を通して、同質性の高い地縁を大切にするコミュニケーションが育まれてきました。人々が文化や知識を広く共有する日本社会は、暗黙の了解や、行間を読むようなコミュニケーションが得意です」[2]。

　つまり日本人は「察すること」や「阿吽の呼吸」など多くを語らず分かり合う文化背景が強いなかで育ったため、コミュニケーション能力が高いわけではない。ソーシャルワーカーが初対面で面接する時、異なる価値観をもつ相談者に対し相手が理解できる文脈で説明し、相手の言動を客観的に理解する「対話力」が求められる。自分の家族、友人、学校教育のなかで対話力がどのように培われてきたかを振り返り、クライエントに沿う対話力を高めてほしい。

第4節　傾聴する力

　傾聴は何気なく話を聞くということではなく、相手の気持ちに沿って積極的に聴く姿勢を示すことである。クライエントは自分の話を真剣に聴いてくれるソーシャルワーカーか、聴いているふりなのか非言語の態度を通して観察している。クライエントの話を積極的に傾聴していることをどのように示すことができるだろうか。聴いているという姿勢を示しながら、相手の話したい事柄を十分聴かせてもらうまではソーシャルワー

カーの印象や感想や要約、言い換えを不用意にしてはならない。クライエントから発せられる言葉に振り回されず、話の「核」をつかむまでじっと耳を傾けて聴くことが大事である。初心者であれば、沈黙を待てずに話を止めてしまったり、少ない知識で助言したり、話の途中で情報提供してしまうこともある。

　積極的傾聴とは、焦らずに話の全体を聴く姿勢を示し、不用意な要約や言い換えをできるだけ行わないようにする。相槌を上手に使って話を引き出しながら共感や同意の言葉を使い、話の内容を的確に傾聴していることを相手と共有できることが大事である。

第5節　面接の流れ

① エンゲージメント

　相談面接の最初の出会いの場面をエンゲージメント＝介入準備面接として意識することが必要である。

　Engagement の本来の意味は、誰かを引きつける、約束、婚約、取り決めなどとなっている。相原・南井によると「出会いは一瞬の勝負だと教えられます。髪型、服装、表情、姿勢、歩き方、靴音、すべてが大切な出会い（engagement）を作る要素なのです。このことはソーシャルワーカーが新しいクライエントと初めて面接を行うときにも同じように重要になります。もちろんその人の専門職的知識、技術、価値は最も重要ですがそれと同じくらい外見・物腰もクライエントの心を engage（惹きつける）ために重要である」[1] と説明している。

　エンゲージメントにおいて、面接の時間的な枠組み、初めに情報収集をさせてもらうこと、その後依頼への返事をする、記録のためにメモを取ることなど面接の全体の流れを伝えることで、クライエントが不安なく面接に参加できる。

　よりよい出会いから始まる面接は、クライエントがストレスなく語ることができることで「心の換気」となり、自分のおかれている状況を客観的に理解し、考え方を整理するなど、クライエントのエンパワメントの効果も高くなる。面接の最初の場面でのエンゲージメントを意識することを忘れないようにしたい。

② 効果的な質問法の習得

　面接を効果的に進めるには、クライエントにとって尋問されているような緊張感のあるやり取りではなく、自分の考えが質問の流れに沿って引き出される話しやすい雰囲気をつくることが求められる。そのための次の3つの方法を説明する。

❶　オープンクエスチョン、クローズドクエスチョン

　クライエントが自由に答えることのできる「開かれた質問」（オープンクエスチョン）は、広く情報を得ることができる。「閉ざされた質問」（クローズドクエスチョン）は確認を取る必要のある内容の事実情報を得ることができる。この2つの質問を織り交ぜて使うようにすることで、情報収集が広がり効果的になる。

❷　いつ・どこで・誰が・何を・どのように（なぜを除いた4W1Hの質問）

　これらは英語のW、Hとしての疑問符を質問に使い、状況をさらに明確に理解するために使う質問法。しかし、なぜ？（Why）という疑問符は詰問されているように感じられる言葉でもあり、できるだけ使わないように工夫することからより面接が丁寧になる。どうしても必要な場合は「どのようにしてそこに至ったのですか」など、できるだけ相手のやり方を聞く質問に変える工夫をする。

❸　Solution Focused Approach（SFA）の質問の型

　SFAはアメリカのウィスコンシン州ミルウォーキーにあるブリーフ・ファミリー・セラピーセンターにおいてI. K. バーグとS. D. シェイザーらにより1980年代前半に形を表してきた心理療法である。解決した時の状態に焦点を合わせ、クライエントのリソースを活用し変化を短期間で効率的に起こすことを可能にしたブリーフセラピーの技法である。

　ソーシャルワーカーがセラピーをするのではなく、SFAの質問の型を使って情報収集をすることが効果的であることから面接のなかに取り入れることを勧めている。質問法として次の7つの質問の型がある。

①アウトカムクエスチョン、②コーピングクエスチョン、③例外を尋ねる質問、④スケーリングクエスチョン、⑤リレーションシップクエスチョン、⑥メインテナンスクエスチョン、⑦ミラクルクエスチョン

　これらの質問の型を使って面接を軌道修正したり、焦点化したり、クライエントのこれまでの人生のやり方や工夫、人や資源とのつながり、他者との関係性、解決像など有効な情報をクライエントから教わることができる。そのことは本人の望むニーズを理

解し今後どのように進めていくかという「解決」について知ることで、問題と原因を追究するよりも有効である。ソーシャルワーカー面接の幅が広がる SFA の質問は、研修の機会があればぜひ自分の面接に取り入れるために学習してほしい技術である。

③ 面接の補助ツール、エコマップとタイムラインの活用

エンゲージメントの時に、話された内容をメモすることをクライエントに説明すると伝えた。その時の記録方法として、エコマップとタイムラインを活用することを勧めたい。この方法は情報の整理だけでなく、ソーシャルワーカーとクライエントの関係構築にも役立ち、クライエントにとっても話した内容をソーシャルワーカーが正確に受けとめてくれていることを実感できるツールである。話の内容全体を俯瞰しながら整理することができるエコマップとタイムラインは次のアセスメントへと続く大切な面接の補助ツールである。

❶　ジェノグラム

クライエントを取り巻く家族の状況を視覚的に捉えることができる。血縁でない同居者なども含み、家族全員を書き表す方法である。アルコール依存症や家族間葛藤が多いケースの場合は 3 世代遡ること、そして年齢を正確に把握することなどで家族のシステムを理解することができる。表記方法のルールが決まっているため、そのルールに沿って書き表す（図 10-1）。

図 10-1　ジェノグラム

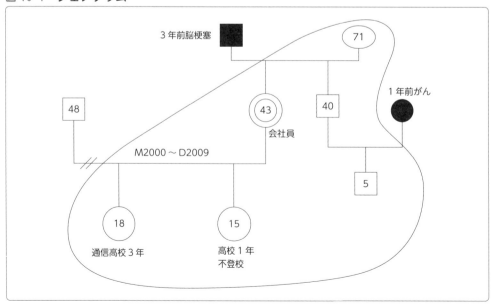

❷　エコマップとタイムラインの活用

　エコマップは、クライエントのおかれている環境情報を含めた、生活全体を俯瞰できるマップ（地図）である。1975 年にアメリカの A. ハートマンが社会福祉の実践用に考案したもので、システム論や生態学のものの見方・考え方を基礎にして作られた。利用者やその家族、その関係性、問題解決のための福祉サービスや制度、すでに介入している関連施設や機関、その名称、公的・私的社会資源、そのつながり具合などを表現することができる。

　書き方の基本ルールはジェノグラムが家族の関係性状況に特化した情報であるのに対し、エコマップは利用者を支える資源やネットワークが一目瞭然に把握することができるように表現する。いくつかの種類の関係線でつなげることにより、家族以外の知人や地域の人、地域の資源や福祉サービスとどのようにつながっているか表すことができる。矢印を使うことで関係の流れが一方通行かまたは双方向から成り立っているかもわかる。筆者が新しい試みとして勧める「吹き出し」の活用により、クライエントの主訴を明確にすることができる。解決を困難にしている家の実態やペットの存在など、面接で得た情報をマップに書き残すことができる。また連携に至っていない潜在的な資源を視覚的にエコマップのなかに表現することで、今後の利用が可能かどうか検討がしやすくなる（図 10-2）。

図 10-2　エコマップとタイムライン

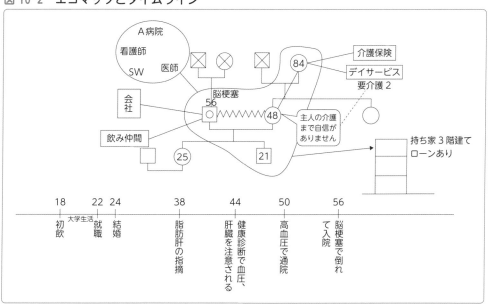

面接のラポール構築の段階でエコマップをクライエントの目の前で作成することで、クライエントが話す内容を正確にソーシャルワーカーが把握できていることをクライエントに伝えることができる。かつクライエントの協力を得ながら進めることができることにより、ワーカー・クライエントの協働関係が自然と強化される。相談記録としても活用範囲が広く、文字による情報提供よりも全体が一目瞭然でわかるため、カンファレンスなどの短時間で他職種との情報共有にも使いやすい。担当者の不在時にもケースの状況を理解しやすい利点がある。また、エコマップを見ながら面接場面で家族関係や資源とのつながり方など、クライエントのもつ独自のシステムや、クライエントの生活環境全体を俯瞰でき、当事者本人をエンパワーすることができる。またそのことは情報収集に深みが増し、アセスメントの根拠にもなる。

　エコマップは現状の情報把握に有効だが、アセスメントに必要な過去から現在に至る経過について表現しにくい難点があった。そこで時系列の情報を、同じマップのなかにタイムラインを表記することでこれまでの経過を1枚のマップに表現することができた。

　タイムラインはエコマップの図の下段に、1本の線を引くことで、クライエントの人生で起きた出来事を左から右に年月とともに記入する。クライエントのこれまでの人生で起きた記憶に残るライフイベント（人生の出来事）を教わること、その出来事への対処方法や乗り越え方、本人家族の対応を知ることができる。

　エコマップとタイムラインを使うことにより、ソーシャルワークプロセスに沿って介入支援を展開するための、根拠あるアセスメントが可能となる。日々の実践で活用し、書き慣れていくことを勧めたい。

第6節　面接技術からのアセスメント、そして介入

　面接は、ソーシャルワークプロセスの一場面であり、面接から得た情報をもとにソーシャルワーカーが専門職としてのアセスメントを立てるという大事な目標がある。面接で得た情報をもとにアセスメントを行い、その内容をクライエントと共有し、次にアセスメントから導き出した支援計画の提案に進み、支援計画が了解されれば、実際に介入となるのである。

　ソーシャルワークのプロセスを踏まずに、面接のなかでソーシャルワーカーの経験知

からくる意見や支援計画を先に伝え、サービスを調整することがソーシャルワーク介入になることは避けたい。ソーシャルワーカーの価値・倫理を基本に据えた、専門職としての支援につなぐための面接技術を身につけ、クライエント1人ひとりに沿う実践をしてほしい。

注

[第1節]

1）岩間伸之（2008）『対人援助のための相談面接技術——逐語で学ぶ21の技法』中央法規出版，p.8

[第2節]

1）杉本照子（2004）「保健医療分野におけるソーシャルワーク」『日本医療ソーシャルワーカー協会専門研修第1回記念講演資料』

2）Germain, C. B.& Gitterman, A.,（1996）*The Life Model of Social Work Practice 2ed*, Columbia University Press
菱川愛訳加筆（2010）「クライエントに会う前にできる共感の準備，心のストレッチング」日本医療社会福祉協会『基幹研修1資料』，pp.63-66

[第3節]

1）Mehrabian, A.（1971）*Silent messages*, Wadsworth Publishing Company, Inc.

2）平田オリザ（2015）『対話のレッスン——日本人のためのコミュニケーション術』講談社

[第5節]

1）相原和子・南井紀子「ことばのこころ」『ケアマネジャー 2002年11月号』中央法規出版

参考文献

・岡本民夫（2004）『社会福祉実践活動におけるエコマップの作り方』同志社大学

・岡本民夫他，ソーシャルワーク研究所編（1992）『ソーシャルワーク研究——社会福祉実践の総合研究誌』第18巻第3号，相川書房

・土居健郎（1992）『方法としての面接——臨床家のために』医学書院

・M. シューベルト，栗田修司（2005）『ソーシャルワークの面接技術——実践者のために』相川書房

・日本医療社会福祉協会（2010）『基幹研修Ⅰ 資料編』

・菱川愛（2004）「ソーシャルワーク実践とソリューション・フォーカスト・アプローチの援用」東京都医療社会事業協会『医療ソーシャルワーク 53号』萌文社

・渡部律子（1996）「援助面接技術のステップアップ——面接・相談の技法」『月刊総合ケア』第6巻第11号，医歯薬出版

・佐原まち子（2012）「連携担当者に身につけてほしいソーシャルワークスキル」『地域連携退院支援』第3・4月号，日総研

・小西加保留・田中千枝子（2010）『よくわかる医療福祉——保健医療ソーシャルワーク』ミネルヴァ書房

第11章 医療ソーシャルワークにおけるアセスメントの理論と方法

第1節 アセスメントの概要

1 アセスメントとは

　医療現場においてソーシャルワークアセスメント（以下、アセスメント）は、援助の質と内容を問うものとして、重要である。医療ソーシャルワーカーによる援助は退院援助、受診受療援助、心理的支援援助、経済的問題解決など多岐にわたっているが、昨今の平均在院日数の短縮化により、ソーシャルワーク援助は、質的保障を含めた効果性・効率性が要求されており、的確なアセスメントは重要である。アセスメント対象は患者や家族だけに限定されない。アルコール依存症、がん患者、糖尿病患者のグループ、認知症高齢者の家族のグループなど、ある課題を共有するグループ、他の医療機関、診療所、保健所、福祉事務所や児童相談所などの福祉関連組織、地域住民などミクロレベルからマクロレベルまでを包含している。アセスメントはその援助の目的によっても領域や視点が異なる。また、患者をアセスメントすることは、単に対象となっている人の理解だけにとどまらず、患者や家族を取り巻く環境を含めた理解をすることは自明の理である。患者自身の生活は、その生活空間、生活時間、生活環境（社会環境）における様々な要素との間で取り交わされ、絶え間ないやり取りの過程で捉える。すなわち、環境との間の関係性（relatedness）に着目し、その相互関係にあるものを理解しようとする視点がアセスメントの特徴である。とりわけ、病気やけがなどを機に生じる生活上の課題は、人と環境の交互作用のなかでの調和が崩れることで生じるものとして捉え、生活ストレス(life stress)が発生すると捉える。この概念を用いてアセスメントを捉えると、続くプランニングの際に、患者と患者を取り巻く環境との相互作用を考慮した支援方法

を検討することがソーシャルワークの独自性であり、専門性でもある。

② 「アセスメント」の意義

さて、アセスメントの定義は研究者によって様々であるが、これはアセスメントの対象、領域、目的・目標、用いる理論などの相違により異なる。周知のとおり1917年に出版された『社会診断』では、ケースワークにおける診断までのプロセスを調査（investigation）として位置づけ、「人が抱えている社会的な問題に関係のある基本的な事実を理解しようとする努力」[1]であるとしている。「社会診断」を調査の延長上とし、展開プロセス上に位置づけ、専門的基準を目指した。システム理論や生態学的視座の導入後は、アセスメント概念は変化し、対象者・問題の捉え方、援助領域の拡大、当事者能力とパートナーシップの活用などにみられている[1)]。すなわち、アセスメントは、「人と環境の適合」を改善し、強化するプロセスにあり、「環境」との不適合から生じる事象のみに着目するのではなく、むしろ環境に能動的に働きかける力や、対処能力の変容と強化を促し、環境に対してもその応答性の強化と開発する視点を含んでいる。また、アセスメントのもつ意味合いは、総合的・包括的な状況認識のプロセスとして捉えられている。アセスメントは当事者の能力や強さに対して積極的に着目している。さらに専門家は問題の解決主体である当事者と協働するパートナーとして位置づけられ、クライエント参加がアセスメントには重要である。

D. H. ヘプワースはアセスメントを「クライエントの直面する困難を理解するために情報収集を行う動的プロセスである」とし、ソーシャルワーク過程のなかで次のステップであるプランニングや支援の実施につながるものとしている。また、アセスメントの目的は、「問題を理解し、その影響を減じる方法を究明すること」とし、さらにアセスメントにはクライエントの積極的な関与を提示している[2)]。また、C. H. メイヤーは問題状況、対象者のニーズ、問題を取り巻く環境を十分にアセスメントせず支援方法を考えて、実行し、その結果として支援が成功したとしてもそれは「まぐれ」（hit or miss）[3)]であり、専門的妥当性のない支援となる危険性を述べている。

1：Richmond, M. E. (1917) Social Diagnosis, p.26, Russell Sage Foundation The free press
　文中の "The effort to get the essential fact bearing upon a man" social difficulties has commonly been called "an investigation" を筆者が訳した。

③ プロセスにおけるアセスメントの位置づけとポイント

　一般的に、ソーシャルワークの援助過程は、ケースの発見、インテーク（エンゲージメント）、アセスメント、プランニング、支援の実施、モニタリング、終結・事後評価、アフターケアなど一連の流れのなかにある。アセスメントは最適な支援方法をクライエントとともに見出していく初期段階にあたり、課題に取り組むための方策を検討する基礎となる。ここでは、アセスメントとは、クライエントの課題を総合的に理解を行うために、情報を収集しそれらを分析・統合することと定義づけ、実施する際のポイントを整理する。

　まず1点目は、インテーク段階からアセスメントは始まっている点である。一般的に公的機関などの相談では、インテーク面接が行われ、相談の受理を判断するが、医療機関では、医師や看護師等から紹介される場合や、院内のポスターや入院パンフレットなどを見てソーシャルワーカーのもとを訪れることもある。初回面接から情報収集、アセスメントが行われ、そのなかで関係づくりを継続的に行っている。例えば、家族療法で用いられるジョインニング（Joining）によって関係づくりを行うこともある。クライエントやその家族のルールに援助者が合わせるアコモデーション（Accommodation）、クライエントやその家族の役割行動に援助者が合わせるトレイシング（Tracing）、クライエントやその家族の用いる情報伝達手段（コミュニケーション）に援助者が合わせるミメシス（Mimesis）などである。この考え方をシステムズアプローチから捉えると、クライエント自身のシステムとワーカー自身のシステムの相互作用から、援助システムを形成していくことになる。これは、クライエントにかかわる情報を収集し、アセスメントするためにも必要となる。

　2点目には、時間のない医療機関でのソーシャルワーク実践には、できるだけ素早いアセスメントが求められる。アセスメントには、オンゴーイングアセスメント（ongoing assessment）や連続的アセスメントがある。すなわち関係性を把握しながら、絶えず進行し、終結まで継続されるアセスメントのことである。短時間で行うための視点として、クライエントの見方に沿った課題の捉え方を尊重すること、さらにはクライエントの課題とその解決に関係する事柄を精査することが求められる。それらを分析するだけではなく、優先順位をつける作業も含まれる。これらの一連のプロセスをクライエントとともに行っていく必要がある。人の課題は、様々な要素の交錯により構成され、人と環境（外界）との相互作用から生じるものを取り扱うことから、多角的・多面的な理解

が求められる。

　3点目には、アセスメントでは、明確で具体的な課題を提示することが求められる。それによってプランニングの段階では、支援の目標設定に連動してくる。クライエントの一番困っている課題は何であるのか、どう解決したいのかを明確にし、ウェル・フォームド・ゴール（well formed goal）やウェル・フォームド・アウトカム（well formed outcome）といわれる実現可能な具体的な目標を設定し、その目標を実現するための方法を見つけ、実践していくことで課題達成を目指すことになる。前述したとおり、基本的に援助プロセスはクライエントと確認しながら行われる協働作業であり、クライエントが受け入れられるようにつくり上げていく。特に、医療現場においては、外的な要請によって、時間の制約がある場合や急を要する場合などがよくある。このような場合、限られた時間内に実現可能な課題解決に導くために、的確なアセスメントが極めて重要である。

　4点目には、クライエントとのパートナーシップ形成のためのスキルの獲得が求められる。クライエントは自分のことを一番知っている専門家であり、自分の課題解決に取り組み、自分にとってよいものを選択する能力をもっているという認識に立つことが必要である。また、クライエントのおかれている状況に対して「共感」すること、「信頼関係を構築するかかわり」が重要であることはいうまでもない。自己紹介をし、クライエントに自分の職務と役割を伝える。自らを名乗り、ワーカーが何をするものなのかの適切な情報を伝えることによって、双方で課題に取り組んでいくコンセンサスを得られるかどうかになる。混乱しているクライエントの場合、必ずしもワーカーの役割を理解したかは定かではない。しかし、クライエントの目の前にいる人物が、自分の敵ではなく、今の自分のつらい気持ちに寄り添ってくれ、話を聞いてくれ、力になってくれそうな人かどうかは感覚的なものとして受け取り、反応するかもしれない。もしくは、この人は私に何をしてくれる人なのだろうかと懐疑的になる場合もある。その反応として、抵抗を示すことや拒否を示す場合もある。ワーカーはクライエントの問題や課題のみを注視するのではなく、クライエントのもっている強みをアセスメントで的確に捉えることによって、クライエント自身が自分が肯定的に捉えられていることを感じられ、自らの尊厳が保持されていることを体感するかもしれない。その結果として、協働関係が強化され、課題達成の促進につながる[4]。

第2節 医療ソーシャルワークアセスメントの視点

① バイオ・サイコ・ソーシャルモデルの視点

　私たちは生まれ、成長し、そして死を迎える。人間という生命機構をもった生物として、その生命体は発生するが、細胞は増殖だけではなく、その死も制御されている。人はやがて衰退して、死を迎えるというプロセスを歩むことになる。この生物である私たち人間は、遺伝子と環境の両方に影響を受けるともいわれている。このように、バイオ（bio）から、ソーシャルワークを捉えてみると、人の成長と発達、そして人の老いのプロセスのなかにおいて、環境との相互作用のなかで生じる課題を捉えることができる。近年、バイオ・サイコ・ソーシャル（bio-psycho-social、以下、BPS）の考え方が、ソーシャルワークのなかにも根づきつつある。これは、医師である G. L. エンゲルが提唱したモデルであるが、従来の生物医学モデルから、医師は心理社会的問題にかかわる必要がないという考え方に対して戒め、「医学モデルは患者、患者の生きる社会的文脈、疾患のもたらす害悪に対処するために社会がつくり出したシステム、すなわち医師とヘルスケアシステムを考慮に入れる必要がある。これにはバイオ・サイコ・ソーシャルモデルが必要である」[1] としている。エンゲルはこれまでの医学観に、心理社会の側面も取り入れた新しい医学観への転換を図り、医学はそれ以外の諸科学の専門領域間との連携は必要であるとの認識に立った。

　医療ソーシャルワークに、エンゲルのモデルをあてはめるとどうであろうか。ソーシャルワークは、人と環境の関係に、一般システム理論と生態学の応用されたエコシステム的視座を援用してきた経緯がある。医療現場でソーシャルワークを行う者は、特に「生物的」の視点から人を理解し、心理的、社会的、文化的、スピリチュアルなど、多面的側面で人をそしてそれを取り巻く環境を捉える。ソーシャルワークの倫理綱領のなかに、「全人的存在」として人を理解することが明記されている。この BPS モデルを活用してアセスメントを実施し、全人的存在として人を理解し、時間の経過とともに変化する課題を捉えていく必要がある。

② ストレングスとコンピテンスを捉える視点と資源の可能性の評価

　医療機関では短期での援助かつ効率性・効果性が求められる。アセスメントのプロセスはクライエントを肯定的に捉えることが前提であり、クライエントの長所に焦点をあてるストレングス志向の姿勢が取られ、解決策を見出すことが肝要である。ヘプワースはアセスメントでストレングスと資源を見出すことにより、クライエントの潜在能力が活性化されるとしている[2]。また、援助介入のために必要な資源を探索するための情報収集と分析が必要になる。さらに、クライエントの能力、ストレングス、レジリエンシー、人を取り巻くシステムがもつ強み、また、資源と支援の利用の可能性とバリアになるもの、リスクになるもの、障壁の存在など環境の強みと困難性、資源の必要性と現実的な利用可能性の適合度あるいはバランスの明確化を図りプランニングにつなげる。

③ 複数のシステムの相互作用から生じる事象を捉える視点

　システム論から捉えると、クライエントの課題は、複数のシステムの相互作用から生じているという考え方に立脚できる。E. ゴールドシュタインらは[3]、アセスメントの視点を個人の理解と社会的環境の双方から捉えることを提唱している。個人の理解は、①遺伝と素質の要因、②身体的な健康と物質依存、③内的能力と対処機制、④発達段階上の課題、⑤ジェンダー・性的指向、⑥民族と文化的背景と多様性、⑦意義とスピリチュアリティから捉えている。また、社会的環境の理解は、①物理的環境、②家族、③近隣とコミュニティにおける社会的ネットワーク、④文化的文脈、⑤社会から捉える[4]。人と環境の相互作用のなかで、システムの機能や不均衡などから課題が生じるが、一方では、人と環境におけるストレングスや強みは、システムにポジティブに働き、システム全体に影響を与えると捉えることができる。サポーティブな環境が個人の抱える課題の緩衝材になることもあり、また個人の強さが、環境的な課題を解決するものにもなり得ることから、クライエントのストレングスと能力をアセスメントすることが肝要となる。

第 3 節　アセスメントの構成と方法

① 情報収集――何がわかるとアセスメントできるのか

　アセスメントに必要な情報は様々な角度から得ることができる。特に医療機関であれば、主治医や担当看護師、セラピストから直接情報を得ることもあれば、カルテや記録から収集することもある。また、クライエント本人が記載したものや、面接から得た情報、家族、友人、関係者からの情報、クライエントをこれまで援助してきていた関係者や専門家からの情報、クライエントに対する心理テストからの情報、クライエントの行動など観察から得た情報、クライエントとの相互関係のなかでソーシャルワーカーが感じ取ることで得られる情報などがあげられる。アセスメントの際には必要な情報を得ることが求められるが、必ずしも多くの情報を得ることが得策とは限らない。質の高い情報を必要な量だけ得るためには、どこから入手するのがよいのか、誰に聞けばよいのか、どの記録を読めばよいのか、情報収集の方法も検討する必要がある。また、認知症や重度の知的障害のあるクライエントの場合は、自らの思いを伝えることができない場合があり、面接などで情報を十分に収集することが困難な場合もある。この場合には本人の意思を代弁できる家族や友人などからの情報収集も必要になるが、クライエント本人と接することで得られる情報、発せられる言葉から読み取る情報、自宅訪問を通じて得られる視覚的な生活に関する情報など、ソーシャルワーカーは五感を駆使してアセスメントにおける情報を得るように努力することが求められる。

② 統合的・包括的アセスメントの視点

　得られた情報から、根拠ある課題や問題を顕在化するためには、用いる理論から何が分析できるかを理解しておく必要がある。そうでないと導き出されるアセスメント結果から次のステップであるプランニングや支援に反映できない。また、得られた情報を分析する際には、様々な研究者が提示しているアセスメントの枠組みがあるので、参考にすることができる。例えば、近藤は、青年のひきこもりの包括的アセスメント指標（Global Assessment for Social Withdrawl：GAW）として BPS モデルから 6 軸を提唱している[1]。6 軸のアセスメントの視点をまとめてみると次のとおりである。第 1 軸は情緒体

験・症状として、抑うつ気分、集中力の低下、希望の喪失、自己への幻滅、無力感、絶望感、意欲低下、思考抑制、興味や喜びの減退、罪業感、自傷や死に関する観念・行為、気力の減退、疲労感、自尊心・自己評価の低下、理想の喪失、自己不全感、空虚感、自己愛的な傷つきなどを評価する。第2軸はパーソナリティと発達の特徴のアセスメントである。パーソナリティは、人格・個性・性格と同義で捉えられる場合もある。遺伝と環境によって決定されることから、そもそもの遺伝要因はあるが、環境に影響を受けることも含めて評価する。第3軸は心理的資質（psychological mind）として、問題認識の的確さ、内省力、洞察力、思いめぐらせ考える能力、言語化する能力、援助者との間で安定した関係を維持できるかを評価する。第4軸は身体的問題として、疾病や障害による社会参加や対人関係、社会生活への影響や、治療を要する疾患であれば適切な治療を受けているのか、放置されてきた身体疾患などを評価する。第5軸は環境要因から影響を受けて生活課題が派生していないかなどの環境要因を評価する。第6軸は、対人関係の特徴、集団、社会的場面への適応など社会的機能水準の評価である。多軸で構成された包括的アセスメントは、精神科医療、地域精神保健福祉、障害者福祉、児童福祉、心理臨床などの領域での実践家が用いる指標である。これを福山和女は、社会福祉全般で活用できるように改変し、BPS モデルのアセスメント指標としている。

　渡部律子は、ヘプワースとラーセンの統合的アセスメントの枠組みを改良し、9つの項目にまとめている。その基盤となる理論はシステム理論、認知行動理論、ライフサイクル（発達心理学）[2)]、自我心理学、ストレスコーピング理論を応用し、統合的・多面的にクライエントを捉えるアセスメントの項目を提示している（**表 11-1**）。

③ アセスメントのためのツール（道具）

　アセスメントのためのツールとは、クライエントのアセスメントにおいて問題の状況やニーズの理解のために用いられる道具である。他の専門職から得られる情報としてバーセルインデックス[2]や機能的自立度評価法[3]から、患者の身体状況が理解できる。また、簡易抑うつ症状尺度[4]、改訂長谷川式認知症スケール[5]、精神疾患の診断・統計マニュアル（DSM）[6]などから、患者の精神状態や疾患を理解できる。ソーシャルワーカー

2：バーセルインデックス（Barthel Index：BI）は ADL の評価表（評価方法）で全10項目を自立・一部介助・全介助の分類で100点満点で採点する。具体的には、日常生活動作を把握するために、食事・移乗・整容・トイレ・入浴・歩行（移動）・階段昇降・更衣・排便・排尿の10項目を各項目の自立度に応じて15点・10点・5点・0点で採点評価をする。

表 11-1　統合的・多面的アセスメントの項目と要点

(1)クライエントの問題意識 　自発的に支援を求めている利用者かどうかを把握する
(2)主訴は何か 　利用者は何が問題と述べているのか、主訴が明確でない場合には誰が何を問題と捉えているか
(3)問題の具体的な特性 　問題は、いつ始まりどのぐらいの期間継続しているのか、問題の起こる頻度、問題が起こる場所や時、誰といる時、問題はクライエントが日常生活を営むのにどれほど障害になっているのか、問題に関係している人・機関は誰（何）か、それらの人（機関）は、問題を改善するのに役立っているか、より問題を深刻化しているか
(4)クライエントの問題の捉え方 　問題に関するクライエントの考え、感情、および行動は何か（クライエントは問題をどのように感じ、考え、それに応じてどのような行動をとっているのか）
(5)クライエントの特性──クライエントはどんな人か 　＊ライフサイクルとの関係：この問題はどのような発達段階や人生周期に起こっているのか 　＊クライエントの生育歴。成長過程で起こった特記事項や家族・近親者との関係は、どのようなものであったかなどを含む） 　＊クライエントのもつ強さ・長所：通常見過ごされたり、マイナスに捉えられたりしている言動のなかに強さ・長所 　＊クライエントのもつ価値観、人生のゴール
(6)クライエントの問題理解に必要な固有の情報 　特にクライエントの問題を理解するのに、医療・健康・精神衛生・認知力・経済状況・学力などの情報を詳細に理解する必要性がある場合
(7)クライエントの問題対処力 　＊クライエントは、これまでどのような問題への取り組みをしようとしたのか 　＊そのような対処の仕方は、これまでのクライエントの他の問題対処と同じようなものか。その結果はどうであったか
(8)問題対処に関係する出来事・人・機関とその結果 　対処に関係するサポーターの存在とその結果はどうか
(9)クライエントのニーズと問題との関連性・今後の問題対処に必要な資源 　＊クライエントのどのようなニーズや欲求が満たされないためにこの問題が起こっているのか 　＊問題を解決するためにクライエントが使える人的・物的資源（クライエントを取り巻く環境）でクライエントの問題解決に有効だと思われるものは何か 　＊どのような外部の資源を必要としているか

出典：『社会福祉学習双書』編集委員会編（2022）『社会福祉学習双書第 10 巻　ソーシャルワークの理論と方法』全国社会福祉協議会，p.46 を一部改変

---

3 ：機能的自立度評価（Functional Independence Measure：FIM）は、運動 13 項目、認知 5 項目を各項目を 1 点～ 7 点の 7 段階で評価する。コミュニケーションや社会的認知などの認知項目を含むため、実際に日常生活で行っている動作を評価する。

4 ：簡易抑うつ症状尺度（Quick Inventory of Depressive Symptomatology：QIDS-J）は、16 項目の自己記入式の評価尺度でうつ病の重症度を評価できる。アメリカ精神医学会の診断基準（DSM-IV）の大うつ病性障害（中核的なうつ病）の診断基準に対応している。

5 ：改訂長谷川式認知症スケール（HDS-R）は年齢、見当識、3 単語の即時記銘と遅延再生、計算、数字の逆唱、物品記銘、言語流暢性の 9 項目からなる 30 点満点の認知機能検査である。

6 ：アメリカ精神医学会が作成する公式の精神疾患診断・統計マニュアル（Diagnostic and Statistical Manual of Mental Disorders）であり、精神科医が精神障害の診断のガイドラインとして用いる診断的分類表である。1952 年に第 1 版（DSM-Ⅰ）が刊行されて以来、第 5 版（DSM-5）まで出版されている（第 5 版の出版は 2013 年）。

がそれらを活用するためには、それぞれのスケールの目的と使い方、採点方法と評価の解釈の方法などの知識が必要になることもあり、また、診断に関連することもあるので、医師やセラピストから専門的意見を聞き、正しい理解を深めることが求められる。ソーシャルワーカーがクライエントや関係者から様々な情報を得たものを言語的な記述では長くなるため視覚的に理解できるツールとして、ジェノグラム、エコマップ、ライフヒストリーグリッドなどがある。ジェノグラムは、M.マクゴールドリックとR.ジャーソン[3]により開発されたもので、少なくとも3世代の家族メンバーについての情報を図表に示すものである。家族や親子関係などの情緒的結びつき、クライエントに重要な影響を及ぼした生活上の出来事なども知ることができ、クライエントやその家族を理解するのに有効である。エコマップは、A.ハートマン[4]により開発されたもので、クライエントと環境上の主要なシステムとの関係を表示することを目的としている。クライエントと関連する人や団体・機関について関係の状況を図に書き込む。また関係の状態を示すことができ、本人や家族への資源やエネルギーの流れる方向も記入ができる。J.アンダーソンとR.ブラウン[5]によるライフヒストリーグリッドと呼ばれる個人の歴史を領域別に年表化したものがある。生年月日から始まる年号、その時の年齢、居住地、家族構成と家族に起こった出来事、健康、クラブ活動や友人とのかかわりなどの活動といった項目をつくり、年表の形で記述する。これにより、クライエントの生育歴や生活歴を捉え、理解を深めることができる。このようなアセスメントツールのメリットとして、情報が整理でき、客観的な評価ができる、クライエントとともにツールを作成することで自身の強みと課題を捉えることができる、カンファレンスなどで提示することにより相互理解が促進される、などがある（詳しくは第10章参照）。

注

[第1節]

1）小原眞知子（2012）『要介護高齢者のアセスメント——退院援助のソーシャルワーク』相川書房

2）ディーン・H・ヘプワースほか，武田信子監，北島英治ほか監訳（2015）『ダイレクト・ソーシャルワークハンドブック——対人支援の理論と技術』明石書店，p.271（Hepworth, Dean H., Rooney, Ronald H., Dewberry Rooney, Glend（2009）Direct Social Work Practice: Theory and Skills 8th ed. Cole Cengage Learning）

3）Meyer, C. H.（1993）Assessment in Social Work Practice, Columbia University Press

4）P. ディヤング・I. K. バーグ，桐田弘江・玉真慎子・住谷祐子訳（2008）『解決のための面接技法——ソリューション・フォーカスト・アプローチの手引き 第3版』金剛出版

[第 2 節]

1 ）Engel, G. L.（1977）The Need for a New Medical Model: A Challenge for Biomedicine, Science, New Series, 196（4286）, pp.129-136.

2 ）ディーン・H・ヘプワースほか，武田信子監，北島英治ほか監訳（2015）『ダイレクト・ソーシャルワークハンドブック——対人支援の理論と技術』明石書店，p.272（Hepworth, Dean H., Rooney, Ronald H., Dewberry Rooney, Glend（2009）Direct Social Work Practice: Theory and Skills 8 th ed. Cole Cengage Learning）

3 ）エダ・ゴールドシュタイン＆メアリーエレン・ヌーナン，福山和女・小原眞知子監訳（2014）『統合的短期型ソーシャルワーク——ISTT の理論と実践』金剛出版，p.64

4 ）前出 3 ）pp.82-83

[第 3 節]

1 ）近藤直司（2017）『青年のひきこもり・その後——包括的アセスメントと支援の方法論』岩崎学術出版社

2 ）E. H. エリクソン，村瀬孝雄・近藤邦夫訳（2001）『ライフサイクル，その完結 増補版』みすず書房

3 ）M. McGoldrick R. Gerson S. Petry（1986）Genograms in Family Assessment, W. W. Norton & Co Inc; 1st edition

4 ）Hartman, A.（1995）Diagrammatic assessment of family relationships, Social Casework, 59（ 8 ）, pp.465-476

5 ）Anderson J. E. & Brown R.A.（1980）Life History Grid for Adolescents, Social Work 25（ 4 ）, pp.321-323

第12章 ソーシャルワーク記録

　ソーシャルワーク記録は、ソーシャルワーク実践に欠かせない、業務の一部である。近年ではソーシャルワーカーに限らず、相談援助職の記録や医療職のカルテに注目が集まっている。その背景として、カルテの電子化が進み、多職種連携が浸透してソーシャルワーカーの記録が様々な専門職の目にふれるようになったこと、情報開示請求の増加によって専門職以外の一般の人の目にもふれるようになったことなどが考えられる。

　本章では、ソーシャルワーク記録の概要とその意義、主な記録の書式、業務分析や評価、技術向上に向けた記録の活用法について見ていこう。

第1節 ソーシャルワーク記録とその意義

　ソーシャルワーク実践が形に残らない、ということは、よくいわれることである。支援の対象となる患者や利用者、家族との出会いに始まり、関係性を構築してニーズを聞き取り、専門職としての判断に基づいて支援を提供するに至るまで、すべての段階はプロセスであり、後になって振り返ることは非常に難しい。そんななか、ソーシャルワーク記録は、ソーシャルワーク業務のうち、形に残す唯一のプロセスだといえる。

　A.カデューシンとD.ハークネスは、記録を、データ収集の技術、診断的技術、介入技術、面接技術に並んで、ソーシャルワークプロセスに必要な技術であるとした。一方で、記録はあくまでやらなければならない、面倒な作業だと、日本だけでなく欧米でも長年、思われてきたのも事実である。しかし、適正な記録作成は、ソーシャルワークの質の向上につながる。文章にするという過程を踏むことで、漠然と考えていたことが整理でき、文字にした記録を目にすることで自分の言動や判断を客観視できるようになるのである。記録は、ソーシャルワーク活動の重要な一部である。

ここではソーシャルワークプロセスに沿って、記録の意義を考えてみよう。

① アセスメントと支援計画

　支援を開始するにあたって、自分が選んだ支援計画と、なぜその計画がよいと判断したかの裏づけになるアセスメントを明確に示して、自分自身のソーシャルワーカーとしてのかかわりが妥当であると説明するのが記録の役割である。

　似たような問題を抱えた患者に対して全く違う介入をする、ということは、ソーシャルワークでは頻繁にみられる。患者の問題をどのように見立て（アセスメント）たのか、なぜその支援計画が適正と判断したのかを第三者に伝えるために、記録を活用したい。

② サービスの提供

　ソーシャルワーカーが提供するサービスは、目に見えないものである。そのため、サービスが提供されたかどうかも、時間が経つと確認できなくなってしまう。さらに、ソーシャルワーカーの専門性であるコミュニケーションや心理的・社会的問題は、本人が問題と思っていないことも多く、支援を受ける人には非常にわかりづらい。

　どのようなサービスが提供されたか、実績を正確に記録して後に伝えなければならない。記録を通して、専門家としての介入を第三者に伝えるようにしよう。

③ 支援の継続性、一貫性

　ソーシャルワークでは、システム理論をもとにした支援を展開する。システム理論では、患者個人に対してだけでなく、その人を取り巻くシステムにも働きかけることで効率的かつ効果的に支援を行う。事業所ごとに考えれば、他の専門職と連携することが想定されるし、他事業所と引き継ぐ必要性がある場合も多い。

　必要十分なケアを、途切れることなく必要な時に提供する、というケアマネジメント（あるいはケースマネジメント）を展開する際に、記録を活用し、関係者と適正に情報共有することで、患者へのケアに継続性や一貫性が生まれる。

④ 教育、スーパービジョン、研究

　ソーシャルワーカーとして事例をどのように理解・判断してアクションを取ったかを明確化し説明するために、文字化した記録を活用すると、学習効果が期待される。

　スーパービジョンでは、ケースの分析には記録が重要な情報源になる。なお、スーパー

ビジョンそのものも、記録することが求められており、特に危機介入や情報開示といった複雑な判断と対応を要求される場合については、記録を残したい。

研究では、蓄積した記録は豊かな素材になり得る。ソーシャルワークの実践研究は、それが目に見えないもののため、データ収集や分析が困難である。しかし記録を活用すると、質的・量的分析が可能になり、科学的研究のベースになり得る。

⑤ 機関の運営管理

ソーシャルワーカーの記録は、個人だけでなく、所属組織の運営管理にも重要なツールである。ソーシャルワークプロセスに沿って残された記録は、ソーシャルワーカーが所属する相談機関が組織としてソーシャルワークを実践したという証明にもなる。

組織内の他職種や上司、同僚からの理解を得るためにも、他職種にもわかりやすい記録を作成することが求められている。

⑥ アカウンタビリティ

アカウンタビリティとは、説明責任と訳される。地域や患者、管轄各所に対してサービスに関する説明ができる状態のこと、あるいは専門職が自身の果たす役割や支援の方法論を公開し、サービスが一定の水準を満たしていると品質を保証することをいう。

記録は、本来はサービスを受ける患者に、そのサービスについて説明するためのツールである。しかし、近年ではその説明の対象は、サービスを受ける患者の家族、弁護士はもちろん、監査機関、裁判官や裁判員にも及ぶようになっている。そのため、専門家としての判断やその根拠、そこから導かれた介入が様々な立場の人に明確に伝えられるような記録が望まれている。記録と説明責任については、ソーシャルワーカーの専門職団体はそれぞれ、明確に倫理綱領や行動規範で言及している。

第2節 ソーシャルワーク記録の書式および記録の内容とその方法・留意点

① 面接前または面接中に作成することが多い記録

一般的に、患者や家族の背景情報は支援の初期段階で聴取され、フェイスシートやイ

ンテークシートと呼ばれる書式にまとめられる。問い合わせなどに迅速に応えるために、フェイスシートには一見して必要な情報がわかるよう、正確に記入する必要がある。

書式は機関によって様々だが、一般的には次のような内容を記載する。

・氏名とふりがな	・職業、職場と連絡先
・住所	・学校または学歴
・電話番号	・利用している保険、福祉制度
・メールアドレス	・紹介元（どこからケースが紹介されたか）
・生年月日と年齢	・主訴や主病名
・既婚／未婚／死別	・収入
・家族構成	・介入しているフォーマルな資源
・緊急連絡先	

また、面接中に患者や家族に見せながら共同作業で作成する書式として、ジェノグラム、エコマップ、タイムラインなどがある。この過程を経ることで、患者や家族は支援が自分事であるという自覚をもち、問題解決に主体的に取り組めることが期待できる。

② 面接後に作成する記録

実際に提供した面接については、内容を振り返りながら終了後に記載する。ほとんどの職場では患者や家族の目の前で記録を書くことはないが、今自分が書いている記録が彼らに読まれても問題ないか、と問いかけながら書くことは非常に重要である。

訴訟の多いアメリカでは、記録を書いている時に、自分の肩越しに患者や家族、彼らが雇った弁護士にのぞき込まれても大丈夫か、という気持ちで書くように、ということが、ソーシャルワーカーにもよくいわれる。そういった姿勢は、実は単なる開示請求対策ではなく、患者を尊重する、アドボカシーの実践にもつながる。

1）プロセス記録（逐次記録）

プロセス記録（逐次記録）は逐語録とも呼ばれ、面接中のすべてのやり取りを、テープ起こしのように記録する方法である。逐語録の作成には膨大な時間と労力がかかるが、記憶に頼るため、その内容は不正確である。さらに多くの場合、逐語録は冗長でポイントがわかりづらいため、近年では支援活動の記録としては適さないとされる。

一方で教育場面や研究のツールとしては、逐語録は有効である。言葉のやり取りに加

えて、支援者が考えたことや感じたことを書き出すことで、なぜその発言に至ったのかという分析ができ、研鑽のツールとしての活用が見込まれる。

2）要約記録

　要約記録はナラティブ記録とも呼ばれる。広く用いられている記録のフォーマットで、面接中のやり取りや介入を、逐語ではなく要約して記録する。N.サイデルは、要約記録には次の要素が含まれることが望ましいとしている。

・面接の目的	・アセスメント
・面接中に起きたこと	・今後の介入プラン
・ソーシャルワーカーが気になった点	

3）関連志向記録：POMR (Problem Oriented Medical Record)

　POMRはL.ウィードによって開発された記録方法で、診療録で用いられている。電子カルテにはPOMRが用いられることが多く、多職種でカルテを共有する際にも多用されている。POMRでは支援の記録（プログレスノート、進捗記録）をSOAPノートで記録する。SOAPノートに対しては、ソーシャルワーカーの間では、支援者の視点偏重になりがちである、とか、相談のプロセスを反映させにくい、といった意見もある。しかし多職種連携をスムーズに進めるためにも、SOAPノートをソーシャルワーク実践にうまくフィットさせて記録を作成し、読まれやすく価値の高いソーシャルワーカーの記録を目指すことが望まれる。SOAPノートはSubjective（主観的情報）、Objective（客観的情報）、Assessment（アセスメント、見立て）、Plan（計画）の4つのパートで構成されていて、それぞれの頭文字を取ってSOAPと呼ばれている。

① Subjective（主観的情報）

　SOAPノートは患者を中心に据えた記録の書き方である。本人が語った情報、いわゆる主訴はSに入る。

　本人の話したことはすべて書いたほうがよい、という意見もあるが、後から本人に「そんなことは言っていない」と言われることもある。記録に書くか書かないかは、事実かどうかではなく、支援の根拠として必要かどうかを基準に決めることが望ましい。

本人の発言をSに書く際は、それが患者の言葉そのままの引用なのか、ソーシャルワーカーによる要約なのか区別できるように、患者の言葉はカギカッコでくくるようにする。虐待やネグレクト、DV、いじめなどの相談で、第三者から確認ができておらず、訴えが事実なのか作話や妄想なのか判別がつかないケースもあり得る。患者自身の発言を正確に記録して、ソーシャルワーカーの解釈と混同しないよう注意が必要である。

② Objective（客観的情報）

SOAPノートでいう客観は、患者にとっての客観である。医師の記録であれば、Oには検査結果などの客観的なデータが入る。ソーシャルワーカーのSOAPノートでは、患者以外から収集した情報が該当する。面接中にソーシャルワーカー自身が見聞きした患者の様子や、他の専門職や家族、地域などからの情報などがOに入る情報である。

家族からの相談の場合、本来のSOAPノートの書き方としては、Sは「なし」としてOに書いたほうが第三者にはわかりやすい。情報源を明確にすることが望ましい。

面接中に見聞きした本人の様子は、MSE（Mental Status Examination（メンタルステータスエグザミネーション）、精神医学的現症）をもとに可視化することができる。面接中の本人の様子を、その日に撮った写真を言語化するイメージで、MSEの要素に沿ってデータ化する。MSEを繰り返し行う場合は、特に変化を言語化することを心がけたい。何か様子が違う、という印象を受ける時には、必ずその根拠がある。その根拠を、MSEを参考にして、具体的で第三者に誤解の余地が少ない表現で言語化しよう。

MSEには、次のような要素が含まれる。

❶ 全般的な見かけや身だしなみ

パッと見がどんな様子か、どんな服装や化粧か、身だしなみは整っているか、それが場面に見合っているか、体臭や酒のにおいがしないか、など観察し、具体的に記述するようにする。その際、自分の解釈になっていないか注意が必要である。

×→汚ならしい服装。	➡ ○→食べ物が衣服についている。
×→衛生が保たれていない。	➡ ○→頭髪が汚れてにおいがする。
×→元気がない。	➡ ○→面接中うつむきがちであった。

❷ 体の動きや運動機能

面接中の姿勢や身振り手振り、歩き方などを記述する。全体的な動きで、精神・身体の健康状態や、薬の副作用など物質性の問題の可能性に関する情報などが得られる。

×→だらだらしている。	➡	○→体の動きがゆっくりである。
×→そわそわする。	➡	○→面接中じっと座っていなかった。

❸　発言の量と質

話すスピードや声の大きさなどを記録する。本人の精神状態や感覚機能に関する情報が得られる。

×→歯切れの悪い口ぶり。	➡	○→●●の質問にはっきりと回答しない。
×→家族の様子をうかがいながら発言。	➡	○→発言の際に家族の顔を確認しながら話していた。

❹　思考過程と内容

考えを筋道立てられるか、そうでないか、また、同じことばかり考えている場合はどんな内容かを記録する。

×→話がちぐはぐ。つじつまが合わない。	➡	○→●●の話を繰り返したが、話すたびに内容が違った。
×→自殺念慮がある。	➡	○→●●で死にたいと考えている。
×→もの盗られ妄想がある。	➡	○→通帳を盗られた、と主張して、そういう事実はないが譲らない。

❺　知覚障害

知覚障害は、自分の体の感覚器が受けた刺激を処理できない障害である。幻視は、せん妄や薬物（処方される薬剤を含む）の離脱症状、中枢神経系の損傷など、器質性に起因する可能性が高い。幻聴は、精神病性障害に多くみられる。幻嗅、幻味は、脳障害など身体性疾患の可能性が高い。幻触は、触覚や表面感覚に関する幻覚で、虫が皮膚の下をのたくっているという幻覚は、薬物使用者に多くみられる。

×→幻視がある。	➡	○→小人が家のなかをうろうろしているのが見えると訴えていた。
×→幻聴がある。	➡	○→（亡くなった）夫が「●●」と話しかけてくる、という訴えがあった。

❻ 感覚 / 意識と見当識

　本人の意識レベルについて、意識が覚醒しているか、清明か、錯乱あるいは混濁していないか、時間、場所、人物、状況を正しく認識しているかを具体的に記録する。

> ×→せん妄状態。　➡　○→病院のベッドでどこにいるかわからない様子で、昼夜逆転しているよう、夜中大きい声を出したと看護師より報告あり。

③ Assessment（アセスメント、見立て）

　アセスメントは、目の前にいる患者がどういう人で、なぜ今支援を必要としているのかを、SとOで得た情報をもとに自分で判断し、言葉にしたものである。医師は、診断という判断を下すので病名を書くが、ソーシャルワーカーの場合はその病気が本人や周囲にどう影響しているか、どんな不便さにつながっているかを言語化する。

　シングルマザー、貧困、といった事柄は、SあるいはOにあげられる事実ではあっても、アセスメントではない。その事実がどういう変化をもたらしたか、問題の全容をアセスメントとして言語化する。

　家族との関係構築が難しく、なかなか協力が得られない場合は、家族についてあれこれ書きがちである。しかし、家族をアセスメントするのではなく、その状況がどう患者の支援に影響すると判断したのか、第三者にわかるよう記録することが求められる。

④ Plan（計画）

　ソーシャルワーカーの記録では、Pには、Aの判断に基づいて、どんな対応をしたか、また、これからしようと思っているか、を記録する。

　支援計画を作成する際に心がけなければならないなのは、目標と手段を混同しない、ということである。例えば「断酒する」というのは、手段ではあっても目標ではない。断酒は、お酒のせいで絶縁してしまった家族とまた付き合いたい、という目標のための手段に過ぎないのである。しかし断酒中の本人は、断酒自体が目的のように思ってしまいがちである。そんな時こそ支援者は、少し引いた目線で全体を眺めて、家族との関係修復という長期目標のために断酒という長期手段に取り組んでいる、という問題整理をする必要がある。この場合、断酒は短期目標にもなり、それを継続するための短期手段として受診やAAへの参加を取り入れた支援計画を策定する。

③ 記録の留意点

1) 支援計画に沿った進捗を記録する

ソーシャルワーカーが患者にかかわる際には、その前に必ず支援計画を策定している。支援計画はソーシャルワーカーが専門職として、「あなたにこういう支援を提供します」と患者と交わしている契約なので、その進捗を記録する必要がある。どの程度問題解決が進んでいるのか、軌道修正が必要なのか、それを記録する。

支援計画を策定した時点ではわからなかった課題が後から明らかになる場合は、その課題を加えて支援計画を修正する。家族の借金や依存、虐待など、新しく支援を必要とする状況が出れば、それを支援計画に加筆して、新しい支援計画に沿って支援記録を書くようにする。日頃の支援記録は支援計画に立ち返って作成することが重要である。

2) リスクマネジメントの実績を記録する

支援計画はアセスメントに基づいて策定されるリスクアセスメントをしっかり行い、リスク要因を支援計画に反映させる。例えば虐待のおそれがある、とアセスメントがされれば、被害者の保護と再発防止が含まれた支援計画が策定され、実際それに沿ってサービスが定期的に提供された、ということを、そのつど記録するようにしたい。

多くの場合、ソーシャルワーカーは意識せずにこれに近いことをやっているが、重要なのは、このような専門職としての判断とアクションを意識して記録に残す、ということである。思い出した時に行き当たりばったりで行う介入は、専門職の介入とはいえない。できれば頻度や期間も含めて支援計画を策定し、それを実践して記録に残したい。

3) 好ましくない、書いてはいけない内容

記録は、修正・改ざんしていない、ということが第三者に伝わるような書き方を心がけたい。具体的には、空欄や余白があると、改ざんできるようにスペースを残している印象を与えてしまうので、インテークフォームやアセスメントシートのような、決まった書式を使って記録する場合は、空欄を残さないようにする。

ソーシャルワーカーの記録はあくまで業務の一環で、個人的なメモや備忘録ではない。自分が不安だから、自信がないから、という理由で記録する、ということは避け、主観や個人的な感想を書くことも避けたい。

① 業務分析と評価に記録を活用する

　専門職が業務にあたるということは、その質が保証されている必要がある。ソーシャルワーカーも例外ではない。ソーシャルワーク業務が一定程度の質であること、つまり、担当者にかかわらず、あたりはずれのないサービスが提供されなければならない。

　しかし、相談援助の仕事は形が残らないので、客観的に内容を確認することは非常に難しい。そこで、業務を文字にする唯一のプロセスである記録を活用することが望まれる。医療ソーシャルワーカー業務指針には、「記録をもとに、業務分析、業務評価を行うこと」[1] と明記されており、記録が品質管理のツールであることが示されている。

　厚生労働省は、保健事業の展開にかかる事業の評価として、ストラクチャー評価（構造）、プロセス評価（過程）、アウトプット評価（事業実施量）、アウトカム評価（結果）の4つをあげている。それぞれ、ソーシャルワーク業務に照らしてみよう。

　第一に、ソーシャルワーク業務における構造とは、同じような困りごとのある人に対して同じように対応できる体制を指す。例えば、十分に人員を配置する、相談室の物理的な環境を整える、タブレットを配る、といった取り組みが該当する。これらは、ソーシャルワーカー個人というより、医療機関などそれぞれの組織が対応するものといえる。

　第二に、ソーシャルワーク業務における過程とは、同じような困りごとのある人に対応する一定の手順を指す。例えば、似たような悩みを抱えている人に同じように面談して傾聴したり、アセスメントしたりすることがこれにあたる。誰かに提供したサービスが他の患者や患者家族にも同じように提供できている、あたりはずれなく決まったプロセスで支援が提供できている、ということが重要である。

　第三に、ソーシャルワーク業務における事業実施量とは、実際に提供されたソーシャルワーク支援の総量を指す。例えば、入退院支援の実施状況や、ソーシャルワーカーの介入実績、依頼への対応状況などがこれにあたる。

　第四に、ソーシャルワーク業務における結果とは、ソーシャルワーカーが介入したことが患者や家族にどのようなインパクトを与えたかを指す。ソーシャルワーカーの支援を得たことで、患者や患者家族が自己実現できる、自分たちで次の問題を解決できるよ

うになる、といった変化がこれにあたる。

これらの評価のなかで、個別のソーシャルワーク記録の活用が最も見込まれるのは、プロセス評価である。ソーシャルワーク実践のなかで具体的にどんな活動がどのように行われたのか、明確に記録することで、客観的な評価が可能になる。

なお、その具体的な評価項目については、全国で統一されていないことが長年の課題であった。日本医療社会福祉協会（現・日本医療ソーシャルワーカー協会）では、データの集約と集計のために、データベースのモデルとして「SWHS ソーシャルワークデータシステム 2010」を開発し、会員に配布している。今後さらにこのシステムなどを活用して全国のソーシャルワークの実践を蓄積し、エビデンスに基づいた支援の根拠として活用することが望まれる。

② 記録の技術を向上させる

ソーシャルワーク記録をスキルアップするポイントは、次のとおりである。

1）わかりやすい文章で書く

ソーシャルワーク実践では、業務の性質上、多くの登場人物とかかわることになるが、文字情報だけで複数の人物を把握することは非常に難しい。登場人物それぞれが誰か、伝わるように明確に書くようにしよう。同じ人物に対して、娘、長女、姉、のように呼び方を変えると、読み手には伝わりづらいので、基本的には支援患者から見た関係性で統一するのがよいだろう。

また、面接の内容を流れのままに順番に書くと、冗長になりがちである。読み手に伝わりやすいよう、いったん整理してから書くようにしよう。

わかりづらい専門用語や略語を安易に使わずに、文字情報から自分の支援を理解してもらえる記録を目指そう。

2）専門職として記録する

ソーシャルワーカーとして記録を残す際には、専門職としての責任と義務を果たす記録作成が求められる。具体的には、専門職としての介入実績を記録する必要がある。

気になる言動がみられた時は、それをどのように理解して（見立て）、どうフォローしたのか、わかるように書くことが必要である。

また家族や関係者との面談や情報共有を行った場合、そこで得た情報がどのように本

人の支援に関係するのか、また自分の専門職としての判断の根拠になったのか、わかるように記録することが望まれる。

専門職としての倫理を意識して、プロにふさわしい表現を使用し、支援患者本人はもちろん、家族や支援関係者についても個人情報をどこまで記載することが必要か、十分に吟味して記録しなければならない。

3）複数の目で記録を見る

自分の書いたものを客観的に評価するのは、至難の業である。特に経験が浅い場合、求められる記録の具体的なイメージをもつことが難しく、何をどう評価すればよいかがわからないこともあるだろう。そこで、まずは自分が書いた記録を可能な範囲で複数の目でチェックしてもらうことが望ましい。

仮に職場にソーシャルワーカーが1人しかいない職場であっても、同僚や上司に記録を確認してもらう意義は十分あると考える。専門職同士ではつい見逃してしまう表現にも、事務方や他職種の同僚や上司であれば違和感を抱くことだろう。記録をソーシャルワーカー以外にも読まれることを想定して作成することを踏まえれば、そのようなフィードバックも非常に有用だといえる。

注 ....

[第3節]
1）厚生労働省（2002）「医療ソーシャルワーカー業務指針」p.5

参考文献 ....

・Barker, Robert L（2014）The Social Work Dictionary 6th edition, NASW Press
・Kadushin, Alfred and Harkness, Daniel（2014）Supervision in Social Work, 5th edition, Columbia University Press
・Sidell, Nancy（2015）Social Work Documentation: a Guide to Strengthening Your Case Recording, 2nd edition, NASW Press
・厚生労働省「国保・後期高齢者ヘルスサポート事業ガイドライン（平成28年1月改訂分）」
　https://www.mhlw.go.jp/file/06-Seisakujouhou-12400000-Hokenkyoku/0000117696.pdf
・日本社会福祉実践理論学会監，米本秀仁・高橋信行・志村健一編著（2004）『事例研究・教育法——理論と実践力の向上を目指して』川島書店
・羽白清（2002）『POSのカルテ——POMRの正しい書き方』金芳堂
・原田とも子（2015）「ソーシャルワークの記録」日本医療社会福祉協会編『保健医療ソーシャルワークの基礎——実践力の構築』相川書房

第13章 医療ソーシャルワーク実践の事例検討の方法

医療ソーシャルワーカーは、福祉専門職として相談面接に求められる力を身につける必要がある。医療機関のなかで働くソーシャルワーカーであっても、クライエントを援助する際に、最も重要なことは人間理解であり、それをワーカー・クライエントの関係性を通じて相手に伝えなければならない。そのためには、自己覚知等「自分を正しく認識する」というソーシャルワーカーとしてのあり様が求められる。

援助者として、クライエントの前に立つソーシャルワーカーは、基本姿勢として、①自分の価値観を認識して、相手にそれを押しつけないこと、②援助職としての倫理観を守ること、③情緒的な客観性を保つこと、が大切だといわれる。

3つ目にあげた情緒的客観性とは、クライエントに接する時に自分自身の抱えている問題や自分の価値観にとらわれず、クライエントのことを見る力のことをいう。ソーシャルワーカーが情緒的客観性を保つためには、自分の私的な生活で起こっていることやその自分への影響について、常に敏感であることが求められる。ちなみに、情緒的客観性が保てると、クライエントに必要以上にのめりこまず、かつ距離を取り過ぎないでクライエントに対応できるようになる。

こうしたソーシャルワーカーに求められる力は、事例検討という学びからも得ることができる。

第1節 医療ソーシャルワーカーに求められる力と事例検討

① ソーシャルワーカーに求められる使命、職業倫理

最近の医療機関では、入院に際して、期間が限定されるため、組織と支援のはざ間で

苦労することが多い。実際、ソーシャルワーカーは利用者よりも知識があり、利用者の意見や考え方を聴くことなく専門家としての判断をすることは可能である。それが過ぎると、自分の判断を受け入れるクライエントと、そうでないクライエントを区別するようになる危険がある。ソーシャルワーカーに求められる姿勢は、クライエントの福利を優先することであり、ソーシャルワーカーにとってよいことや楽なことではなく、クライエントにとって最もよいことを優先することにある。丁寧に話を聴くという姿勢を忘れず、自己決定の原則などの理解を深めること、十分な情報提供とソーシャルワーカーの支持により、最終決定を下す権利はクライエントにあることを理解して支援の実践をしてほしい。

② アセスメントの枠組み理解

ソーシャルワーカーが支援をする際、私たちは、ソーシャルワークの理論などの枠組みを使って仮説を立て、その仮説に基づいてクライエントに対して支援方法を提案する。その際、ソーシャルワーカーは、クライエントとその家族から話を傾聴し、常に頭のなかでは、一見バラバラに見える情報を統合し、分析する。その時に問題の原因や解決に使える選択肢をいくつか見出す、それが仮説である。その仮説を意識すると、自分の立てた仮説の問題点を見直すことは容易になる。しかし、何も意識せずに支援をしてしまうと問題にぶつかった時にその原因を見つけることは困難となる。ソーシャルワーカーが理論を学ぶことは、考える枠組みをもつことにつながる。理論学習をし、枠組みの多様性を理解することで、様々な支援方法が可能となる。

まずは、問題発見・アウトリーチ、アセスメント、援助ゴールの設定、援助計画作成、援助計画実施、援助の進捗状況とその質の確認のためのモニタリング等、一連のソーシャルワークの流れを意識した支援を心がけることが大事になる。

③ 内省学習の必要性

職場におけるソーシャルワーカー自身の支援では、内省支援・精神支援・業務支援が大事といわれる。特に大事な内省支援は、省察ともいわれる。省察とは、単なる反省ではなく、実践の最中に気づかなかった視点や解決方法、実践における自分自身の傾向などに気づき、それらの気づきを次の実践に生かすという行為である。

内省の方法としてG.ギブスのリフレクティブ・サイクル（図13-1）を紹介する。

「描写」は、印象に残った出来事について、何が起こったのかを言葉にして書く作業

図 13-1　Gibbs のリフレクティブ・サイクル（省察の方法）

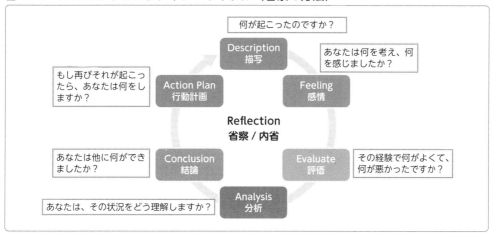

出典：Gibbs,G. (1988) Learning by Doing：A Guide to Teaching and Learning Methods. Furter Education Unit. Oxford Polytechnic（鶴岡浩樹（2019）「第 7 章 育ちと学びと支える」井上由起子・鶴岡浩樹・宮島渡・村田麻起子『現場で役立つ 介護・福祉リーダーのためのチームマネジメント』中央法規出版，p.112)

を指す。記述するという作業は、状況を整理することを可能にする。そして、書くこと＝思考となるためである。

「感情」は、出来事に直面した時に、感じたこと、考えたことを振り返る作業となる。

「評価」は、何がよくて何が悪かったのかを列挙していく作業を指す。

「分析」は、その状況をどう理解すべきかを記述する作業を指す。

「結論」は、この経験で他に何かできなかったかを考える作業を指す。

「行動計画」は、再び同じことが起きたらどうするかを検討する作業を指す。

省察の作業は、1 人ではなかなか難しく、上司や同僚などと対話する、事例検討に出すことで可能となる。

> 何が起こったの？
>
> あなたは、何を考え、何を感じましたか？
>
> その経験で何がよくて、何が悪かったですか？
>
> その状況をどう理解しますか？
>
> あなたは他に何かできましたか？
>
> もし再び、それが起こったら、あなたは何をしますか？

こうした言葉かけを自問自答しながら、省察に結びつけること、同僚や上司から引き出してもらうこと、事例検討の場において省察支援を実践できると、支援の質の向上に

つながっていく。

第2節 事例検討の目的と意義

① 事例検討とは

　ソーシャルワークの質を上げるためには、受け身にとどまらない援助的な面接を促進する能力や、面接時に求められる焦点化、問題理解力などを高めることが大事になる。そのスキルアップの１つの方法として、事例検討がある。

　事例検討とは、取り上げた１事例について、解決すべき問題や課題のある事象を、個別に深く検討することにより、その原因・状況を明らかにして対策を考える研究方法とされる。また、事例検討とケースカンファレンスは同義で用いる場合もある。

② 事例検討の形態

　ケースカンファレンスは、同一機関内の固定チームで継続的な検討が行われることが多い。多職種が参加するため、価値観や視点の違いが学びにつながる。固定チームの場合、それぞれがお互いの価値観や視点を熟知しているため、まとまりやすいが、新たな支援が不足する場合もある。

　機関外で行われる事例検討は、一過性のチームで行われる場合と、ほぼ同一の参加者による定期的開催の形式や、特定の目的をもった場合、毎回参加者が異なる場合などがある。

　事例検討を機能別に考えると、①ケースに対するアセスメントや支援方法を考えるための検討会議、②支援の実際を客観的に見直すための会議、③スーパービジョンを意識した会議等が考えられる。これらの違いに応じて、参加構成員、部屋の構造、事例検討の方法を考える必要がある。

③ 事例検討の目的と意義

　事例検討の目的は、①対象事例を丁寧に振り返ることによって、課題の実現を妨げている要因・原因を明らかにすること、②職員の教育・研修の機会とすること、③関係機

関・専門職種との連携・協力・協働関係を築き上げていくこと、④福祉課題を発見し、地域のネットワークの構築と社会資源の創造に結びつけていくこと、⑤クライエントの豊かな生活、継続的な支援を実現すること、の5つである。

事例検討の意義は、❶担当者が問題・課題を抱え込むことを回避する、❷様々な職種が、課題を全体で共有できる、❸援助・支援の方法が広がり、問題・課題を拾い上げる網の目（セーフティネット）が細かくなる、の3つである。

④ 事例検討の留意点

事例検討を行うためには、ただ単に事例を物語のように読むよりも、記録された事例展開を通じて、仲間同士で議論を行うなど、一度自分の頭の中で思考し、「自分だったらどうするか」と置き換えることが必要となる。つまり、「自分の頭で考えること」が、事例検討を有効に進めるポイントとなる。事例検討に有効な効果をもたらすためには、「どういう問題がどう解決されたのか」を理解することではなく、「援助過程と援助にあたっての考え方」を理解していくことが求められる。特に、事例をソーシャルワーカーの視点で客観的に分析していく態度が大事になる。また、常に複数の視点から様々な可能性を考えて支援していく態度も必要となる。こうした支援の獲得には、グループ討議を用いた事例検討が最適である。

事例検討のよさは、その場で話し合われる内容は疑似体験であり、大きな判断ミスを犯しても、直接クライエントには迷惑をかけないことにある。そのため、こうした事例検討の場では、少し大胆な発言や発想をしてみることも大事である。また、事例検討で気をつけなければならないことは、事例検討には「正解は存在しない」という前提を認識することである。なぜなら、社会福祉の援助の場面では、「これをすれば必ず成功する」という一般論としての正解というものがほとんどないからである。

クライエントとソーシャルワーカーの関係性のなかで、展開される援助は、その介入のタイミング、展開の仕方、援助者の力量などの違いによって、同じやり方で必ずしも成功するわけではない。実際、援助過程で満足に終結を終えた事例や、成功した事例のなかからでも「こうすれば絶対成功する」という正解を見つけることは難しい。そのため、事例研究では、正解探しをするのではなく、①柔軟な思考能力の獲得、②豊かな発想力を身につける、③自分の考えや癖、傾向を自覚する、という3つを意識して参加することが望まれる。

また、次のポイントを意識してほしい。

❶ 「うまくいかない経験を大切にする」という姿勢の共有。

❷ 事例提供者の想いを傾聴し、事例提供者ができる支援のあり方を考える。特に、事例提供者に「できない」ことは、ともに支援にかかわるチームの誰がサポートできるかも考えてほしい。そして、「多数決」や「あるべき」で、支援の方向性を決めることを避けなければならない。

❸ ストレングス視点をもち、クライエント、ソーシャルワーカー、環境のストレングス（強み）を捉え、それをアセスメントやプランニングに生かす。

❹ クライエントを置き去りにしない意識を保つ。現実を振り返り、クライエントに実現可能かどうか、クライエントを主体とするものとなっているかどうかを確認することが大事である。

第3節 事例検討の展開・具体的手順とその留意点

① 事例提供者の事例の選択

事例検討を行うためには、どのような事例を提供すればよいのだろうか。事例検討は「考える訓練である」ため、成功した事例よりも、なんとなく引っかかるところがあった、不全感を残してケースを終了してしまったなどの事例を選んだほうが、事例検討には適しており、考える訓練をしやすい。こうした事例は、どこが引っかかったのか、援助の展開を違った形で考えることができなかったのか、情報収集は十分であったのかなど、検討できるポイントが色々出てくるからである。事例の選択にあたっては、いくつかの判断ができ、具体的な行動を考えられるようなものを選ぶとよい。

② 事例検討の進め方

事例検討の手順としては、1）導入説明および事例の概要把握、2）事例の全体把握、3）個別・グループ討議、4）全体討議、という順で進めるのが一般的である。20人以下のグループでの検討を基本として、所要時間を3時間以内とするのが原則である。

1） 導入説明および事例の概要把握

事例の提供者が事例について、提出理由を述べる。そして、事例の簡単な概要を加えると提出理由がわかりやすい。

2） 事例の全体把握

事例について年齢、性別、病名、障害の状態、家族状況、支援経過等を説明し、検討グループのメンバーが事例の全容を把握できるように資料を配布する。配布資料には、基本情報、生活歴、家族構成、本人や家族の希望、経済状況、住環境、社会資源の有無、生活サイクル、能力評価等、過去の事実や最近の出来事を記述する。資料はＡ４判の用紙で３～４枚程度にまとめるのが望ましい。

3） 討議（個別・グループ）

導入説明を受け、全体把握では、状況を整理、問題を把握、分析し、制約条件、使用可能な資源などについても詳しく把握する。そのうえで、個別・グループ討議を行って、根本的な問題は何かを特定し、その緊急性や重要性を評価して、解決策を模索する。

グループ討議では、４～５人程度のサブ・グループをつくり、メンバー全員が話し合える形態を工夫する。あらかじめ、その場合は、司会者と発表者を決めておくことも重要である。

司会者は以下の点に注意して討議を進める。①メンバー全員が意見を言える雰囲気にすること。②１人のメンバーがその場を独占しないようにすること。③何も話さないメンバーをつくらないようにすること。

事例検討における討議では、傍観者はなく、メンバー全員が意見を言え、グループ全体としての援助方針をまとめることが求められる。

4） 全体討議

各グループの発表者は、討議時の経過、事例の根本的問題点、解決策（当面、短期、中期、長期）などを発表し、質疑応答を行う。

③ 事例の全体把握での注意点

1） 参加者の事例についての質問の仕方

資料として提出された内容と事例提供者の発表をもとに、参加者は頭の中で、事例の

全容をつかんでいく。その過程で、参加者は疑問点が出てくるので、それを「質問」という形で、事例提供者に聞くこととなる。この時の「質問」と「答え」は、具体的であるほうがよいといわれる。例えば、最初から「どんな感じですか?」「どうなんでしょうか?」というような抽象的な質問をすると答える側も抽象的になりがちになり、事例提供者側の「思い」は聞けても、事例の客観的事実の把握は難しくなり、全体把握に時間がかかりすぎてしまう。そのため、全体把握の前半は、情報収集を意識し、具体的な質問をすることが参加メンバーに求められる。具体的質問に具体的に答えるという循環が情報収集としては効率的で、事例の全容が見えてから、事例提供者の思いを聞く質問に移行するよう心がけてほしい。

2) 事例提供者の伝え方

　事例提供者は、事例の説明をする際、客観的事実や出来事を説明する意識をもちたい。事例検討に出すクライエントの多くは、ソーシャルワーカーとして支援に困難性を感じたケースとなるため、クライエントとの間で様々な情緒的体験を繰り返している場合が多い。そうした際に、つい、感情的な思いを語りたくなるので、事実(出来事)から先に話し、事実関係が参加者にわかるよう意識することが大事である。出来事と感情は表裏一体の関係にあるので、事例の全容がわかってきてから、感情を伝えてほしい。

3) 情報の限界性を理解すること

　事例の全体像をつかむために、様々な質問が投げかけられるが、その際に、提供者も参加者も、「事例提供者が把握する情報量には限界がある」ということを意識してほしい。事例の全体像をつかむなかで、情報が不足している部分もわかってくる。大事なのは、どの部分の情報が不足しているのかを明確にすることである。それが、次に対応するケースで新しい展開に結びつけることを可能とする。事例検討のなかで、気づかない部分が明らかになっていくこともソーシャルワーカーのスキルアップにつながっていく。

④ 事例検討を実施するうえでの留意点

1) 守秘義務を徹底する

　事例検討を開催前に必ず事例提供者と参加者全員に守秘義務を確認しておくことである。オンラインでも事例検討が行われるようになり、オンラインにおいても参加者への事前確認は必須である。

2）事例に対して敬意を払う

原則として事例に対して、審判的態度、批判は避ける。これは、事例提供者に対しても同様である。

3）事例提供者に対する支持的な姿勢を保つ

事例提供者は、問題を抱えているケースを検討することが多く、既にクライエントとの関係性で困難を抱えていることが多い。そのため、事例提供そのものに対してもネガティブな感情をもちがちである。そのため、参加者は事例提供者に対して、支持的姿勢を保ち、検討していくことが求められる。

4）参加者同士は平等な立場であることをわきまえる

参加者が、どのような形式、形態で集められるかはその時の状況によって違うが、事例検討においては、経験年数、先輩・後輩などの上下関係はもち出さず、事例の前には平等であり、互いに学びを深める機会であると認識する。

また、ブレーン・ストーミングの原則を理解し、すぐに結論を出そうとせず、自由に発言できるように意識する。

5）事例検討会の開催動機を理解したうえで、時間配分をバランスよく検討する

事例検討の主催者は、開催時に決めた時間をオーバーすることなく、事例検討の方法によって、配分を考えながら、進めることが大事である。

6）記録資料の取り扱い

事例検討に使用する事例は、事前に人数分をコピーし当日配布されるが、その時にナンバリングなどをして、終了時に紛失しないよう回収する工夫が必要である。資料には個人情報が書かれているため、外部に流失しないよう取り扱いは慎重にし、終了後はシュレッダーにかけるなどの廃棄の方法を明らかにしておくことが大事である。

第4節 様々な事例検討の方法

1 事例検討の方法

　事例検討の方法にはいくつかあり、その特徴や事例提供者や参加者のかかわり方、事例検討がもたらす効果にも違いがある。ここでは3つの方法、1）ハーバード方式、2）インシデント・プロセス法[1]、3）気づきの事例検討会[2] を説明する。特徴をわかって事例検討の方法を選択できると、自分に合ったスキルアップを可能にする。

　事例検討の方法を、事例提供者の準備とスーパーバイザーの必要性に分けてみると、それぞれの違いがわかる（図 13-2）。事例提供者の準備とスーパーバイザーの必要性が高い事例検討が、ハーバード方式、事例提供者の準備は低いが、スーパーバイザーの必要性が高いものが、インシデント・プロセス法、事例提供者の準備は高く、スーパーバイザーの必要性が低いものが、気づきの事例検討会である。

1）ハーバード方式

　1920年代のハーバード・ビジネススクールに発祥したとされる「事例研究法」を応用しているとされる。この方法は軍学共同の側面からその研究が大きく推進されたよう

図 13-2　事例検討の準備性とスーパーバイザーの必要性関連図

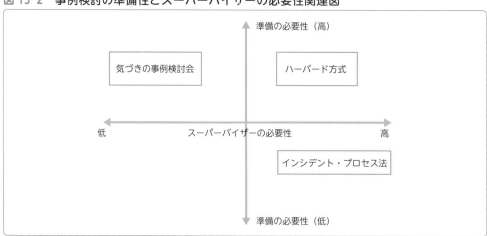

筆者作成

である。ハーバード方式と呼ばれる Historical 方式は時系列にまとめられる事例記録を中心とした事例報告書で、現在でも一般的な「事例検討会」で多く用いられている。

　ハーバード方式は事例のストーリー性も把握しやすいが、長時間の準備を要することなどから改善の必要も指摘され、困ったインシデントが現在発生したことを前提に分析していくインシデント・プロセス法なども開発されている。

　本章第3節の事例検討の進め方はハーバード方式を意識して記述している。

2）インシデント・プロセス法

　ハーバード方式の説明で最後に出てきた、インシデント（出来事）が現在発生したことを前提に分析していく方法が開発されているというのがこれにあたる。1950年にP. ピゴーズが開発した方法である。実際に起きたインシデント（小さな出来事）を簡潔に提示し、参加者からの質問を通して、事例の背景と課題を明らかにし、対応を考え、グループで話し合う。事例提供者は詳細な準備は不要であり、事例を出すために、詳細な資料をつくらない。つくった場合でもＡ４サイズ１枚程度のものである。そのため、インシデント・プロセス法では、参加者の「質問」が重視される。参加者が積極的に質問をしないと、事例がつかめないため、スーパーバイザーによる調整が必要となる。全体討議はしやすく、事例提供者にとって意味のある結論を出すことができる。

　日本では、教育の分野で、短時間でも検討できる手法として発達している。学校内の事例検討の場合は、子どもの状況を多くの教員がわかったうえで検討するので、事実の収集という情報収集の時間が15〜20分と短いのが特徴である。最近では、その短さを福祉の世界に応用しようとする動きも出ているが、ピゴーズの内容を勧める。

3）気づきの事例検討会

　気づきの事例検討会は、渡部の本のサブタイトル「スーパーバイザーがいなくても実践力は高められる」にあるように、支持的なスーパービジョン機能を取り入れたグループ事例検討会である。そのため「事例検討会」だけに終わらず、終わった後からも大切なスキルアップトレーニングのプログラムとなっている。

　人は「間違いを指摘されることによって学習する」のではなく、「自ら納得したとき、応用可能で有用な学習をする。その学習では、自ら思考するそのプロセスを尊重する。このような学習法を用い、学習に対してポジティブな経験をすることで、その学習が自発的に行えるようになる」[3] というスタンスで「内省的学習」を行い実践できる人を目

指すものである。

　気づきの事例検討会を渡部と一緒に開発した、兵庫県介護支援専門員協会は、スーパーバイザーがいなくてもできることを目標に、1年目は、援助者としての基本的な学びを学習する時間にあて、その講習を終えた人が2年目から気づきの事例検討会に参加できるとしている。その準備性がスーパーバイザーが不在でも可能としている理由である。

注

［第4節］

1）Paul and Faith Pigors（1980）THE PIGORS INCIDENT PROCESS OF CASE STUDY., Educational Technology Publications（ポール・ピゴーズ＆フェイス・ピゴーズ，菅祝四郎訳（1981）『インシデント・プロセス事例研究法——管理者のケースマインドを育てる法』産業能率大学出版部

2）渡部律子編著（2007）『基礎から学ぶ 気づきの事例検討会——スーパーバイザーがいなくても実践力は高められる』中央法規出版

3）前出2）．p.3

参考文献

・相澤讓治・津田耕一編（2000）『事例を通して学ぶスーパービジョン』相川書房

・五十島暁子（2014）「病棟でのリフレクション活動——リフレクションシートを活用して」『静岡赤十字病院研究報』第34巻第1号

・井上由紀子・鶴岡浩樹・宮島渡・村田麻起子（2019）『現場で役立つ 介護・福祉リーダーのためのチームマネジメント』中央法規出版

・植田章（2010）「ケースカンファレンスの技術」『新・社会福祉士養成講座8 相談援助の理論と方法Ⅱ 第2版』中央法規出版，pp.206-208

・川村博文（2014）「ソーシャルワーカーの事例検討会に関する考察：何を言語化するか，何を検討するか（社大福祉フォーラム2013報告）（各分科会からの報告）」『社会事業研究』第53号，pp.22-25

・Gibbs, G.（1988）Learning by Doing：A Guide to Teaching and Learning Methods. Furter Education Unit. Oxford Polytechnic

・野中猛・高室成幸・上原久（2007）『ケア会議の技術』中央法規出版

第14章 ソーシャルワークのスーパービジョン

はじめに

　ソーシャルワーカーという専門職として所属機関や施設で業務をしている人々から、「スーパービジョンは受けていない」「スーパービジョンをする自信がない」などとの訴えが多く存在する。一方、ソーシャルワーカーが専門職として自律性を発揮して業務遂行できているのはなぜだろうか。また、部下が辞めていくので、上司・部下のコミュニケーションの仕方を学びたいと望む。本章では、主題として組織的スーパービジョン体制に焦点化し、①意義と理解、②包括的体制の必要性、③構成理論と要素、④様式、形態、課題別対応、⑤スーパーバイザーの12の職務、⑥活用できる道具、の6節で概説する。

第1節　組織内外スーパービジョン体制の理解

① ソーシャルワーカーに求められる機能

　2017（平成29）年の厚生労働省ホームページの「今後ますます求められるソーシャルワークの機能」には、包括的組織体制の機能として13項目、住民主体の地域課題解決体制として10項目がある。これは地域を基盤としたソーシャルワークの新展開とされている。ただし、現場で業務を遂行してきた者にとっては、すでに取り組んできた機能である。

例：医療機関が、地域住民のための計画を立案・企画すること。それぞれの所属機関の近隣の町づくりに参画することの要請を受けて、ソーシャルワーカーは町内会への出席、日曜日にボランティアとして、町内の清掃手伝いをする。

だが、ソーシャルワーカーが、担当の患者や家族を「地域住民」あるいは「地域」と認識すれば、病院内で十分な地域を基盤にしたソーシャルワークの展開をしていると捉えられる。その機能がなくては、ソーシャルワーク業務は成立しない。

② 保健・医療・福祉の実践システムと生態学的組織内外のスーパービジョン体制

ソーシャルワーク実践は、人を取り巻く環境のあらゆるシステムから影響を受けて成り立つ（図 14-1）。

このシステムにおいてソーシャルワーク業務を遂行するためには、組織内外のスー

図 14-1　保健・医療・福祉の実践システム

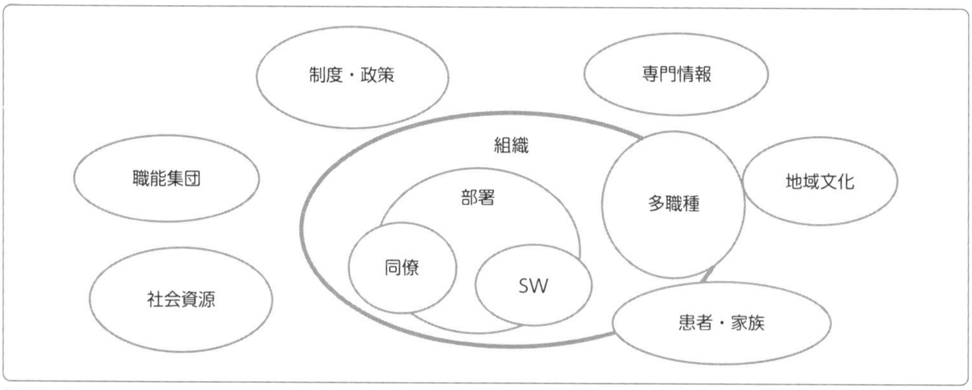

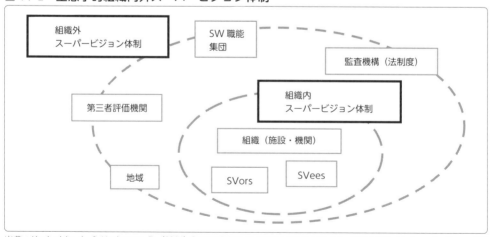

筆者作成

図 14-2　生態学的組織内外スーパービジョン体制

出典：Kadushin, A. & Harkness, D. (2014) Supervision in social work 5th ed., Columbia University Press（アルフレッド・カデューシン&ダニエル・ハークネス共著，福山和女監，萬歳芙美子・荻野ひろみ監訳，田中千枝子責任編集（2016）『スーパービジョン イン ソーシャルワーク 第5版』中央法規出版）より筆者作成

パービジョン体制が稼働することが求められる。これを生態学的組織内外スーパービジョン体制と呼ぶ（**図 14-2**）。

　スーパービジョン体制は、施設や機関が創設され、業務を開始した時点から稼働し、その展開は、スーパーバイザーとスーパーバイジーとのコミュニケーションや、書類による情報交換で行われている。スタッフや職員がソーシャルワーク業務の遂行ができるのは、このスーパービジョン体制により業務を保証されているからである。組織からの確認がなされて、リスクマネジメントや、実践評価もなされている。

第2節　スーパービジョンの包括的体制の稼働

① スーパービジョン体制の包括性

　スーパービジョン体制において、スーパーバイザーとは、組織の思念や方針に沿った業務の遂行を促進するために、スタッフの力を活用して育てる責任を引き受ける人である。そして、スーパーバイジーとは、職場内の業務遂行上、上司・ベテランの助言や指導、サポートを得たいと考える職員である[1]。スーパービジョンは、施設や機関において、この二者の間で行われるフォーマルな活動であり業務である。

　ただし、スーパービジョンというと、経験の浅い職員だけが対象だと考えられがちだが、ベテラン職員にも管理運営を担う人にも必要である。実際に、ベテラン職員は上司である管理者によって、管理者は組織運営責任を担う理事会等によって、そして機関も、設置根拠を与えて監査機能を果たす法制度によって、それぞれ見守られ指針を与えられている。このように、スーパービジョンは、すべての実践者において組織内外で重層的に保証されている。スーパービジョンを包括的体制として稼働させるためには、スーパービジョンをスーパーバイザーとスーパーバイジーの二者による閉じた関係で完結するものではなく、生態学的な広がりをもって組織内外の諸要素にかかわる体制と捉える必要がある。

② スーパービジョン体制の基盤

　スーパービジョン体制の基盤にあるのは、人の尊厳である。包括的なスーパービジョ

ン体制では、クライエントのみならず、スーパーバイジーであるスタッフ、スーパーバイザー自身、所属部署や組織を構成している他職種、機関を利用する市民等すべての人に及ぶ。ソーシャルワークのグローバル定義に謳われているように社会正義、人権、集団的責任、および多様性尊重の諸原理はスーパービジョン体制においても中核をなすものである。

その意味で、ストレングスの視点は非常に重要である。ソーシャルワークの発展過程では、クライエントを脆弱な存在と捉える期間が長く続いた。しかし、ソーシャルワークのグローバル定義に謳われているように、クライエントは生活課題（life challenge）に取り組む人々であり、それぞれの福利（ウェルビーイング）を高める術を自身で選択する権利をもっている。この考え方は、スーパービジョンにも適用されるもので、スーパーバイジーはクライエントへの支援をはじめとするソーシャルワーク実践の課題に日々取り組む人である。スーパーバイザーは、スーパーバイジーが経験してきたことや内容を認め、保証することが重要となる。

③ スーパービジョン体制の機能

包括的スーパービジョン体制は、ソーシャルワーク業務を行っている専門職の専門性を保証するために、管理機能、教育機能、支持機能の3つの機能を果たす。まず、管理機能は、組織において、代位責任および管理者責任の原則の下、スタッフの行為に責任をもつことである。次に、教育機能とは、スタッフが業務を行うために知っておく必要がある事項を教えること、そしてその学習を助けることに関するものである。そして、支持機能とは、スタッフが業務のストレスに対応する手助けをするものであり、最高の業務遂行のための態度や感情を育てることである[2]。

これら3つの機能は、それぞれ独立的に発揮されるものではなく、混合的、複合的である。例えば、教育機能の遂行においては支持機能の発揮が重要となる。また、優れた管理機能が発揮される時、それは必ず支持的である[3]。このように、スーパービジョンの機能が発揮されることを通して、専門的知識、技術、価値の活用が促進され、ソーシャルワークの専門性が醸成される。そして、効果の科学的実証の自覚、経験知・科学知の包括的構築の意識化を通してソーシャルワークひいては社会福祉学の進化・発展に寄与するものとなる。

① スーパービジョン体制の理論

　スーパービジョン体制の包括性は、クライエント、スーパーバイジー、スーパーバイザー、組織・機関、地域社会、法制度といった構成要素によって成り立つシステムを念頭に、それらの交互作用を視野に入れていることに由来する。その理論的根拠は、生物学・生態学、心理学、社会学を基盤とするバイオ・サイコ・ソーシャルモデル（Bio-Psycho-Social Model）である。このモデルは、ソーシャルワークの創始以来、とりわけ医療ソーシャルワーカーにとっては馴染み深いものであるが、学術的にはアメリカの精神科医である G. エンゲルが提唱したとされている。エンゲルは、心臓発作で亡くなった双子の兄の命日前日に失神した経験から、身体と精神の機能の相互関係を研究し、その後、生物・心理・社会モデル（アプローチ）を発表した。それが福祉やソーシャルワークに再導入され評価されている。

　このバイオ・サイコ・ソーシャルモデルを構成しているのは、システム理論、自我心理学、危機理論、役割理論、生物・生態学である。なかでも、システム理論は、人と環境との交互作用を説明するものであり、スーパービジョン体制の包括性を特徴づけるものである。システム理論では、各構成要素間の相互作用や相互制御に基づく全体性、それらと外的諸条件との相互作用によって生じる維持機能などによって、人間や組織といった有機体の特徴が説明される。スーパービジョン体制は、まさにスーパービジョンに関与する諸要素によるシステムであると考えられる。そして、ここから、スーパービジョンが多世代にわたる伝承システムであること、スーパーバイザーとスーパーバイジーとクライエントという三者が形成する「三角形」のダイナミクスは他の要素間でもみられること、スーパービジョン体制の部分で生じている現象は全体のなかのどこかでも生じているアイソモーフィズムであることといった理解が導き出される。

② スーパービジョンの発達段階モデル

　近年、福祉や医療においては人材育成体制の構築が課題とされ、職位と業務内容を結びつけた業務分掌やキャリアアップの道筋を示すキャリアラダーなどが開発されてい

図 14-3　発達段階的課題検討モデルに基づくスーパービジョンの検討課題

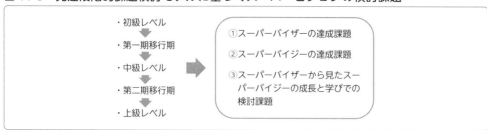

出典：Lee, R. E. & Everett, C. A. (2004) The Intergrative Family Therapy Supervisor：A Primer, Taylor & Francis Book. Inc.（ロバート・E. リー＆クレッグ・A. エベレット，福山和女・石井千賀子監訳，日本家族研究・家族療法学会評議員会訳（2011）『家族療法のスーパーヴィジョン──統合的モデル』金剛出版より筆者作成，pp.77-83

る。しかし、ソーシャルワーカーなど実践者が専門性を高めて発達していく過程は、ずっと複雑である。

　これを表したのが発達段階的課題検討モデルで、R. E. リーと C. A. エヴェレットによって家族療法の領域で提唱された。これは、個人が、ある能力のレベルから次のレベルに進む時、それまでの知的あるいは行動的方法については、既に効果がないという理由で手放さざるを得ない時があり、スーパーバイジーは、不安な初心者から経験を積んだソーシャルワーカー（原文：セラピスト）へと葛藤をもちながら成長するなかで「移行期」を経験するというもので、発達段階は一連続線上に付置され、途切れのないプロセスをたどる[1]（図 14-3）。

　スーパービジョンにおいて、スーパーバイザーは、スーパーバイジーの発達段階や軌道を見極め、指導、教育、批判、刺激、賞賛をタイミングよく組み込む役割をもつことになる。言い換えるなら、スーパーバイジーは、発達段階での達成課題について取り組むためのスーパービジョンを受け、スーパーバイザーは、効果的に獲得されるスーパーバイジーの能力に基づく発達段階論的見解を検討することになる[2]。また、発達段階はスーパーバイザーにも適用されるので、スーパービジョン体制においては、スーパーバイザーの達成課題とスーパーバイジーの達成課題が検討されることになる。

第4節　スーパービジョン体制の様式・形態・課題

　スーパーバイジーが思いつきや相談したいといって実施されたものは、効果が出ない。

多忙な現場において、スーパービジョンを効果的に実施するためには、スーパービジョンで取り扱われる課題について双方で明確にしたうえで、合意を得ておくことが求められる。また、所属する組織体制の特性や諸条件を加味して、スーパービジョンの様式や形態を意図的に選定する必要がある。

　スーパービジョンの取り扱う課題には、いくつかあるがここでは主なものを提示する。例えば、①スーパーバイジーが提示してきた担当事例そのものに焦点化、②スーパーバイジーである担当者と事例の関係に焦点化、③スーパーバイジー自身の課題として、専門家としてのアイデンティティ、能力、専門家としての取り組みに焦点化、④組織内の同僚、上司との関係や業務上の課題などスーパーバイジーが捉えている職場内の課題に焦点化、⑤スーパーバイザーとスーパーバイジーの関係に焦点をあてて話し合うことに焦点化などがある。スーパービジョンで取り扱う課題を双方で明確にしておき、目標を設定することが望ましい。スーパービジョンの形態を表14-1に示す。スーパービジョンの形態の決定については、スーパービジョンの課題、スーパービジョンに対する組織内体制の成熟度、効果性などを十分に考慮し、その選定した形態の妥当性を提示する必要がある。

第5節　組織におけるスーパービジョン体制の意義（12の職務）

　組織の人材育成が認識されているものの、組織内で、スーパービジョン体制がないと認識される場合がある。また、スーパービジョンの効果は、個人的成長から、業務遂行のバックアップへの焦点化など多岐にわたっている。しかし、スーパービジョン体制とは、職場の業務の確認作業体制であり、スタッフのバックアップ体制を図ることは本章第1節で述べたとおりである。実際に行われている訓練や指導がスーパービジョンであると意識化することから始まり、組織内にそれを定着させることが必要になる。これに関して、A.カデューシンとD.ハークネスは、組織内でのスーパービジョンの機能を高めるために、表14-2に示すようなスーパーバイザーの12の職務と役割を明示している。

表 14-1　スーパービジョンの形態とその特徴

スーパービジョンの形態	形態の説明	特徴
個別スーパービジョン	スーパーバイジーとスーパーバイザーが1対1で定期的に、または、スーパーバイジーの必要に応じて行う。	定期的に行われる場合、その目的、目標、双方の役割、頻度、場所、時間などを確認して合意を得ておく。新人のソーシャルワーカー、中堅やベテランのソーシャルワーカーにとっても、成長段階に合わせた個別的な対応が可能である。
グループスーパービジョン	1人のスーパーバイザーが複数のスーパーバイジーに対して、スーパービジョンを実施する形態。単なる事例検討とは異なる。	グループのなかで、1人のスーパーバイジーの抱えている課題をグループで確認するプロセスを通して、参画しているスーパーバイジー全員の成長を図るように進めることが求められる。これは、職場全体の成長を図るうえでも有効である。
ピアスーパービジョン	参画しているスーパーバイジー同士がお互いに「ピア」すなわち、仲間として、同じ立場でスーパービジョンを行う。	スーパーバイジーが不在のため、スーパービジョンが進行するように、積極的な参画が求められる。ソーシャルワーカーとしてのアイデンティティの確認や業務に対しての士気を高める。同じ目線で業務などの確認ができるが、それが的確であるかどうかがその場で確認できないという限界もある。話し合った結果を上長に報告すること。
セルフスーパービジョン	事前に業務計画をするなど、自己で行うスーパービジョンである。専門家であれば、自らの業務や援助を行うだけではなく、客観的に科学的に検討する。	援助記録をもとに行うことも可能であろうし、面接の録音テープの逐語録をもとに分析することも可能であろう。これは自己評価や自己点検であるが、専門家として常に意識し、行うことができる。
ライブスーパービジョン	利用者の面前でスーパービジョンを実施する。スーパーバイザーが、クライエントの支援モデルをスーパーバイジーに示すことによって学ぶ機会を得る。	スーパーバイザーはスーパービジョンを行いつつ、クライエントの直接援助を行う。新人のソーシャルワーカーの訓練や実習生の指導の際に活用される。スーパーバイジーには、スーパービジョンの目的、目標、視点を明確にし、観察した後にフォローアップすることまでをそのプロセスとして計画しておく必要がある。
ユニットスーパービジョン	複数のスーパーバイザーが同席し、課題を確認していくプロセスである。具体的には、フロア会議や朝のミーティング、カンファレンスなどに相当する。	プロセスに同席している職員がスーパーバイジーの課題を通して、自らの業務の確認ができ、専門性の向上につながる。この場合、スーパーバイザーが複数の職種と職位にまたがることもあり得る。

第6節　スーパービジョン体制のための道具——業務行動プログラミング

① 道具としての業務行動プログラミング

　スーパービジョン体制を稼働させるための道具のひとつである業務行動プログラミングについて解説する。業務遂行には、まず、職員が専門職としての自律性をもって、自

表14-2 スーパーバイザーの職務と役割

スーパーバイザーの職務	内容
スタッフの募集と選考	採用に関して職場内の合意を得ることや、機関で働くソーシャルワーカーの採用の基準を決定する。
スタッフの就任と部署配属	組織の枠組みのなかで自分の役割を理解させ、機関の対人関係のネットワークを確認できるようにする。スタッフが職場と同一化のプロセスを確認し、新人に必要な事項を説明する。
スーパービジョンの説明	スーパーバイジーとしての役割を担えるようにするために、スーパービジョンについての説明が必要。スーパーバイザーは実践に法的責任を負う立場であるため、スーパーバイジーにルールや規制の説明、専門職の行動規範を取り入れる。
業務のプランニング	担当する職員集団が決定から実行までの生産的な業務の流れを維持できるように責任をもつ。管理的責任をもち、短期的な計画・長期的な計画を立てる責任がある。
業務配分	部署全体の業務に関するプランを作成するために、個々のスタッフの能力を正確に把握し、適切な業務配分を行う。
業務の委譲	業務配分では、達成すべき業務を示し、業務を委託する場合は、その達成方法を示す。直接委託した業務について、明確な指示を出す責任がある。
業務のモニタリング、点検、評価	モニタリング・業務点検する責任がある。時間内で行われているか、機関手続きに従う方法で業務が行われているか、業務量をこなしているかも確認する。
業務の調整	業務の調整は総業務内容を部分ごとに構築し、組織的な目標の効果的な達成を考える。そのために、分解された業務を調整・統合に割り振る。
コミュニケーション機能	業務にはほぼすべて、コミュニケーションのスキルがかかわり、機関業務の効果的な調整を可能にする。コミュニケーションの内容、質、量は社会的な機関における多様性の程度によって変化する。
権利擁護の担い手としてのスーパーバイザー	運営管理側や他の部署、地域機関とともにスタッフを擁護する必要がある。スーパーバイジーをしっかりと代弁し護る。
管理運営の緩衝としてのスーパーバイザー	機関のクライエントに対し、緩衝装置の役割を果たすことを認識し、不満を抱えたクライエントに対応する役割を果たすことから、スタッフらに方針を伝え、従うよう促す。
変化の仲介者と地域連携の要としてのスーパーバイザー	組織の安定を維持することの機能として、クライエントや地域のニーズを知り、機関の組織的な変革を促進するために管理的な責任緩衝としての役割を果たす。機関の方針の策定や見直しに積極的に関与する。

出典：Kadushin, A. & Harkness, D. (2014) Supervision in social work 5th ed., Columbia University Press（アルフレッド・カデューシン&ダニエル・ハークネス共著，福山和女監，萬歳芙美子・荻野ひろみ監訳，田中千枝子責任編集（2016）『スーパービジョン イン ソーシャルワーク 第5版』中央法規出版）より筆者作成

己の業務行動プログラミングを作成する。これをセルフスーパービジョンと呼ぶ。なお、スーパービジョン体制とは、職員がソーシャルワーク業務を遂行するための事前の確認体制であると捉える。

　職員が遂行するソーシャルワーク業務は非常に多様であるが、ここでは7つに分類する。それらは、①相談面接業務、②同僚へのサポート業務、③管理業務および労務業務（カンファレンス・ミーティング出席、企画書作成など）、④スーパービジョン業務（後輩に対する指導）、⑤コンサルテーション業務（同僚に対する助言など）、⑥ネットワー

表14-3　業務行動プログラミングの例示

業務行動名(例示)	枠組み	目的	目標	実施項目	想定リスク	リスク対応策	想定限界(%)
相談面接業務	30分クライエントとの個別面接	緊急状況の把握	対応策をクライエントとともに練る	諸課題の優先順位の決定	クライエントが混乱していてまとまらない	事前に入手したクライエントの情報の精査と仮優先順位の決定	難しい状況であるため30%達成でよいと考える

筆者作成

表14-4　業務行動プログラミングの作成手順（セルフスーパービジョンで行う）

・業務行動名：ソーシャルワーク業務の分類から選ぶ。例：相談面接業務
・枠組みには、時間、対象人数などを記入する。例：30分、クライエントとの個別面接
・目的にはその業務の意図を記入する。例：緊急状況の把握
・目標には、その業務遂行で達成できる事柄を記入する。例：対応策をクライエントとともに練る
・実施項目には、対象者に対する具体的質問などを記入する。例：諸課題の優先順位の決定
・想定リスクには、その枠組みのなかで生じる支障を考えておく（リスクマネジメント）。例：クライエントが混乱していてまとまらない
・リスク対応策としては、できるだけその工夫や準備をしておく。例：事前に入手したクライエントの情報の精査と仮優先順位の決定
・想定限界（％）としては、その業務の限界などを考慮し、想定した成果を％で表す。例：難しい状況であるため30％達成でよいと考える

キング業務（連携・協働・連絡等）、⑦宣伝・普及業務（職務や責任の明示）である。職員はこれらの業務行動を遂行するために、事前にセルフスーパービジョンを行い、その業務に向き合う。プログラミングの作成には少なくとも8項目を準備しておく（**表14-3、表14-4**）。業務行動プログラミングに、この表を提示して、上長からのスーパービジョンを受け、確認を取る。

② ソーシャルワーカーの自律性

　ソーシャルワーカーが専門職として自律性を発揮し、上長からの確認を得て、ソーシャルワーカーとしての自立性を確立する。これには、スーパーバイザーとスーパーバイジー関係の発達段階モデルを適用することで、ソーシャルワーカーの自立への発達プロセスをたどることができる。発達段階モデルについては、第15章の人材養成開発事業を参照のこと。

　自律度の高い専門職であることのやりがいを感じることで、充実感を覚え、成長するエネルギーを得ると考える。

おわりに

　組織レベルのスーパービジョン体制について、その意義から構成要素、活用の仕方に

至るまで網羅して概説したが、この体制を稼働させるための専門職としての視点、理論、方法、技術の精査が必要である。今後の実践家の発展には、このスーパービジョン体制の成果に関する評価、さらなる開発・研究に取り組むこと、また、社会福祉学のみならず多様な専門領域の学問間の協働作業実践が求められるだろう。この方向にソーシャルワーカーが進化していくことを期待したい。

注

[第2節]

1）福山和女編著（2005）『ソーシャルワークのスーパービジョン――人の理解の探究』ミネルヴァ書房

2）Kadushin, A. & Harkness, D.（2014）Supervision in social work 5th ed., Columbia University Press（アルフレッド・カデューシン＆ダニエル・ハークネス共著，福山和女監，萬歳芙美子・荻野ひろみ監訳，田中千枝子責任編集（2016）『スーパービジョン イン ソーシャルワーク 第5版』中央法規出版）

3）前出2）

[第3節]

1）Lee, R. E. & Everett, C. A.（2004）The Intergrative Family Therapy Supervisor：A Primer, Taylor & Francis Book. Inc.（ロバート・E. リー＆クレッグ・A. エベレット，福山和女・石井千賀子監訳，日本家族研究・家族療法学会評議員会訳（2011）『家族療法のスーパーヴィジョン――統合的モデル』金剛出版，p.72

2）前出2），pp.69-70

参考文献

・Engel, L. George（1980）The Clinical Application of the Biopsychosocial Model, American journal of Psychiatry, 137（5），pp.535-544

・福山和女編著・監（2000）『スーパービジョンとコンサルテーション――理論と実際（改訂版）』FK研究グループ

・福山和女編著（2005）『ソーシャルワークのスーパービジョン――人の理解の探究』ミネルヴァ書房

・Kadushin, A. & Harkness, D.（2014）Supervision in social work 5th ed., Columbia University Press（アルフレッド・カデューシン＆ダニエル・ハークネス共著，福山和女監，萬歳芙美子・荻野ひろみ監訳，田中千枝子責任編集（2016）『スーパービジョン イン ソーシャルワーク 第5版』中央法規出版）

・厚生労働省（2017）第9回社会保障審議会福祉部会福祉人材確保専門委員会資料1「ソーシャルワークに対する期待について」（2017年2月7日）
https://www.mhlw.go.jp/file/05-Shingikai-12601000-Seisakutoukatsukan-Sanjikanshitsu_Shakaihoshoutantou/0000150799.pdf（最終アクセス2022年11月18日）

・Lee, R. E. & Everett, C. A.（2004）The Intergrative Family Therapy Supervisor：A Primer, Taylor & Francis Book. Inc.（ロバート・E. リー＆クレッグ・A. エベレット，福山和女・石井千賀子監訳，日本家族研究・家族療法学会評議員会訳（2011）『家族療法のスーパーヴィジョン――統合的モデル』金剛出版

第15章

医療ソーシャルワークの業務改善マネジメント

人材養成開発事業を中心に

はじめに

　保健医療分野のソーシャルワーカー（以下、MSW）は、組織の部署において、地域の多職種他機関との協働実践で、規定の業務や事業をメゾレベルのソーシャルワーク（以下、SW）で展開する。ミクロ支援中心のMSWにとって、組織や地域に向け、組織人・専門職としてSW業務事業の展開は困難である。本章では業務改善を主としてSW専門職の取り組み、マネジメントを検討する。人材養成開発事業の実習指導、新人・新任業務指導等が中心である。

人材養成開発体制の意義と概念枠組み

① 社会的背景、人材養成開発体制の意義と主体

　介護・医療・保健・福祉領域等の社会環境での人材不足の課題は3つに大別できる。施設・機関レベル：スタッフの確保・育成困難、中間層のスタッフの離職、新スタッフの育成者の不足、専門職から誰もができるに変換。専門職集団レベル：非常勤職の増加、業務遂行責任の個別化、私的化、苦情対応責任をスタッフ個人に委譲、組織レベルの業務認識不足、多職種集団での専門職性の認識弱化。スタッフのミクロレベル：個人的な仕事、業務行動の認識の希薄化、指示等に従わない。業務遂行の困難は、スタッフ自身の自立性の未熟さと考え、スタッフが孤立しがちである。

　人材を育成することの意義は何か、人材開発体制の4つの主体は、スタッフ自身、管理者やリーダー、組織、地域、であるが、ここでは、管理者・リーダーに限定し、実習生、新人、新任への育成を考える。

② 人材養成開発体制の枠組み

人材養成開発体制は人材養成、育成が主だが、人材育成の達成地点はどこか。スタッフとして活躍できれば育成完了か。SW理論や技術の習得には、プロセスが必要である。ソーシャルワーカーは専門職として観察、理解、分析、応用、理論化の能力を発揮するが、理論化能力とは、開発、工夫力であり、業務開発につながる。

人材養成開発体制の枠組みには、目的、目標、適用概念や範囲などがある。この事業では、組織が展開するための人材を確保し、組織が機能を発揮するために人材が協働体制を形成し、養成開発の方法論を適用し新しい理論を開拓し、組織内外の資源の活用を評価し、その妥当性の確立を目指す。

人材養成開発体制には、3つの軸がある。第1軸は、プロフェッション・開発レベル（同化体験、分化体験、統合体験）、第2軸は、人材の時系列的レベル、第3軸は、人材養成開発レベル。各レベルには3機能（業務マネジメント、スーパービジョン体制、プログラミング）がある（人材養成開発体制グリッド：図15-1）。人材を実習生・ボランティア、新人、新任に分け、その養成開発のプロセスを中心に概説する。

図15-1　人材養成開発体制グリッド

プロフェッション・開発レベル（第1軸）／人材の時系列的レベル（第2軸）	同化体験 活用レベル	分化体験 養成レベル	統合体験 育成レベル
新任・ベテラン		M　P　S →	
新人	M　S　P →		
実習生・ボランティア	P　M　S →		

＊第3軸：人材養成開発レベル（3機能：業務マネジメントM、スーパービジョンS、業務行動プログラミングP）

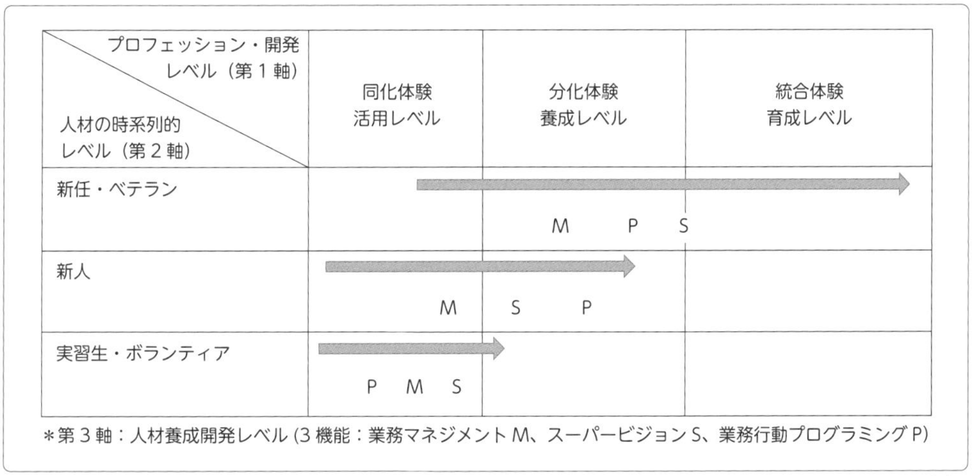

出典：福山和女・田中千枝子責任編集，日本医療社会福祉協会監（2016）『介護・福祉の支援人材養成開発論——尊厳・自律・リーダーシップの原則』勁草書房，pp.5-6

③ 人材養成開発体制の用語解説

1）人材養成開発レベルの3機能：業務マネジメント、スーパービジョン体制、プログラミング

　業務マネジメントとは、管理者や上司が部署全体の業務に関するプランを作成。その後スタッフに業務を配分、業務の委譲を行う。組織、部署、同僚など諸要素に配慮する。スーパービジョン体制では、組織体制での、スタッフの業務へのスーパービジョン計画の立案により、スタッフの業務保証をする。これらの機能の遂行にはプログラミングが必要である。これらの3機能が交互作用して、組織全体の人材養成開発事業の効果を出す。

2）プロフェッション・開発レベルの3つの体験：同化体験・活用レベル、分化体験・養成レベル、統合体験・育成レベル

　プロフェッション・開発レベルは、ADIサイクルのプロセスから成り立っている。同化体験（assimilative experience）・活用レベルでは、心理学者のJ.ピアジェの同化概念である、職場環境や専門的知識を自己の構造に取り入れる過程を体験する。分化体験・養成レベルでは家族療法家のM.ボーエンの一体性と個体性の概念適用から個としての振る舞いと他と群がる存在としての振る舞いとをバランスよく体験する。また、統合体験・育成レベルでは家族システムズ論のいう分化度の確立、自立・自律への過程を体験する。

④ 人材養成開発体制とSV発達段階モデル

　SV発達段階モデルは、スーパーバイジーも、スーパーバイザーも、人間であり、専門職としての自立に向かって発達段階過程をたどる。これは、家族療法家に適用される発達段階モデルである[1]。初級レベル→第1移行期→中級レベル→第2移行期→上級レベルの5段階のそれぞれでは、スーパーバイザーもスーパーバイジーも達成課題をもち、その両者の成長ぶりが可視化できる。特に、第1移行期、第2移行期では、次の段階に移行するためのエネルギーを充電する段階にあって、ネガティブな抵抗、不安などが表出されることが多い。このモデルの詳細は、**表15-1**を参照。

表 15-1　SV 発達段階モデルに基づくスーパービジョンの検討課題（初級レベル→第 1 移行期→中級レベル→第 2 移行期→上級レベル）

<初級レベル>
1）スーパーバイザー（SVor）の達成課題
・スーパーバイジー（SVee）のトレーニング歴の理解
・自己の資質と欠点の把握（コミュニケーションや相互作用のスキル）
・SVeeと協働同盟を結ぶ
・面接や相互作用の基本的スキルを教える
・システム論の概念とともにSVeeの観察内容の統合
・アセスメントの基本的スキル
2）SVeeの達成課題
・協働同盟を発展させる
・専門職としてのアイデンティティを発達させ、専門的役割と技術を使い、再定義をする
・害を与えないこと
3）SVorから見たSVeeの成長と学びの検討課題
・学びや行為遂行に関する不安の存在
・自己愛的なとらわれ
・自己防衛機制の自覚
・自己のニーズをクライエントのそれよりも優先させていないか
・過度の知性化
・家族などの機能遂行プロセスに巻き込まれていないか
・役に立ったという自分の気持ちで、記録などに歪曲を生じさせていないか
<第 1 移行期>
1）SVorの達成課題
・忍耐強くあること
・発達段階のより広い視点で考える
・育てる姿勢
・明確で、しっかりした、より柔軟な構造を提供する
・成功体験を祝う
・固執し前進できないときには個人セラピーを勧める
2）SVeeの達成課題
・専門職としての役割を分化する
・専門職のアイデンティティに自信
・専門職のスキルに自信
・家族支援の専門職として、制御力や存在感を育てること
3）SVorから見たSVeeの成長と学びの検討課題
・不機嫌さと抑うつ状態
・自己制御力を失った幻想
・SVorとの融合
・ハウツーにこだわり構造上の限界を責めたり、行動化する
・支配と距離おきのアンビバレント
<中級レベル>
1）SVorの達成課題
・自立を支持しSV頻度を減らす
・専門職としての自律性を支持
・SVeeに自己アセスメントを開発させる
・臨床上のダイナミクスを捉える能力
・介入モデルの選定（上級に向かわせる）
・選定の根拠を説明させる
・客観的内省的評価のスキル習得

2）SVeeの達成課題
・アイデンティティの強化
・実践的な指導に対する信頼感
・実践での介入に自信をもつ
・介入と評価について効果と限界を把握する
3）SVorから見たSVeeの成長と学びの検討課題
・表面化しない不安
・落ち着いた存在感をもつ
・率直さと透明性の確保
・抵抗が少なくなる
・Svorを喜ばせたいというニーズをくみ取る
・記録上に見られる曲解した解説
・ケースやSvorとの境界線が不明確になる
・グループスーパービジョンなどで、Svorのように振る舞う
<第 2 移行期>
1）SVorの達成課題
・育成的態度から自律性を高める支援
・スキルの発達を強化
・創造性を奨励
・個別化、巣立つことの許可
2）SVeeの達成課題
・専門家としての自律性の獲得
・スキルや役割の自信のなさを克服
・巣立ち計画を立て始める
3）SVorから見たSVeeの成長と学びの検討課題
・時折みられる不機嫌さ
・分離不安
・自信喪失
・業務からの情動的ひきこもり
・SVの限界への試し
・スキルへのこだわり
・自立を試そうとする
・SVに対する自立が他の次元での自立に反映される
<上級レベル>
1）SVorの達成課題
・サポートを強化するためのコンサルテーションの活用
・分離と自律性をサポート
・将来の援助者としての役割を見出す
・SVの終結と取り組む
・分離と巣立ちのSVeeの達成課題に留意
2）SVeeの達成課題
・新しいレベルの自信の認識
・よりいっそうの自律の感覚を育成
・トレーニングやコンサルテーションの必要の理解
・適切な分離、自立、終結の必要性の認識
3）SVorから見たSVeeの成長と学びの検討課題
・大きな責任を要求する能力
・ケースと自己との境界線を明確に
・SVにおける自己の境界線を明確に
・役割や自信についてのアンビバレンスを減少させる
・コンサルテーションへの移行を勧める
・将来の専門職としての役割を明確に
・自立に向かい終結の準備ができていること
・SVorから分離の不安、不完全な分離

出典：ロバート・E. リー＆クレッグ・A. エベレット，福山和女・石井千賀子監訳，日本家族研究・家族療法学会評議員会訳（2011）『家族療法のスーパーヴィジョン——統合的モデル』金剛出版，pp.77-83

医療組織にとって医療職の人材養成業務は喫緊の課題でありそのために実習を受けることには積極的である。一方 MSW の実習指導では、MSW 部門が実習を受ける必要性やその専門性の高さを組織や地域に具体的な業務として認定を受け、行動として指し示す必要がある。そのためには大学と組織との交渉契約手続きを経て実習事業を受託契約し、MSW が実習指導を業務として行うためには、院内や地域の協力を得て環境や体制を整えることが重要となる。以下の柱による業務実践に留意する。詳細は、福山和女・田中千枝子責任編集、日本医療社会福祉協会監（2016）『介護・福祉の支援人材養成開発論——尊厳・自律・リーダーシップの原則』勁草書房の項目参照のこと。

① 実習指導におけるマネジメント体制

❶　実習指導業務のマネジメント構造の特徴は、教育機関と医療機関の 2 つの機関間契約のうえで、実習生を含め 2 機関との三者協働体制から実習体制がつくられることである[1]。

❷　実習指導体制を機能させるために、三者の間で 5 種類の実習計画書・業務企画書がつくられ、それぞれの組織内・間会議やスーパービジョンによって、すり合わせが行われる[2]。

❸　実習指導に生じる可能性のあるリスクに対して、SW 部門として事前のリスクマネジメントを十分に検討し、組織の規程の対策を踏まえて対処を想定した準備を行う。また問題が現実に発生した場合の対策まで前もって配慮しておく[3]。

② 実習指導におけるスーパービジョン体制

実習指導事業には、学生が実習レディネスを整える 3 種の事前トレーニング体制によるスーパービジョンが必要である[4]。

❶　学生として教育機関で行われる専門職のための基礎知識や技術を学ぶトレーニング
実習入門や実習指導の授業時間等で実習機関や組織の歴史や制度政策上の位置づけ、基礎用語、支援対象者の特徴や支援の課題等に関する基礎的知識や技術が教授され、その学習成果の蓄積を経て実習が実施される。

❷　実習生として、実践現場での振る舞い方のレディネスに対するトレーニング

　　実習現場では様々な問題に悩む人たちが訪れ、そこでの状況に対して、実習生は今までの自己の体験を超えたストレス状況を体験する。実習指導者は想定される状況に応じて実習生がどのような反応や行動を取るのかを予測し、振る舞い方を前もってトレーニングする。

❸　実習先組織の職員としてのアイデンティティに関するレディネスのトレーニング

　　実習生は一時的に実習先の組織の職員としての行動を求められる。実習生は招かれた客ではなく、またクライエントでもなく、一時的にも組織のなかのスタッフとしての自覚と職員規程に基づく倫理的配慮等についての認識を深め、トレーニングをする。

③　実習指導のプログラミング

　　実習指導事業においては様々なプログラミングが行われている。そのなかで実習計画書と実習指導計画書の作成過程に関する3つのプログラミングについて述べる。

1）実習生養成における人材養成プログラミングと学習理論

　　実習生を養成するプログラミングシステムの理論的背景には学習理論がある。その1つ、D.コルブの学習プロセスでは経験から学ぶプロセスとして、「具体的経験」を通して→「内省的観察」でじっくり振り返り→「抽象的概念化」として得られた教訓を抽象的な概念に落とし込み→「能動的実験」で新たな状況下で積極的経験を積む。このサイクルのなかで養成プログラムが組まれる[5]。

2）実習指導計画書におけるプログラミングと実習ガイドライン

　　実習指導計画書の作成には、厚生労働省通知による実習ガイドラインに沿った業務内容の可視化が行われる。そのうえで部署での検討が行われ実習のねらいや含むべき項目を中心に、実践現場に合致したプログラムが作成される[6]。

3）2つの計画書をはさんだ実習スーパービジョンのやり取りと会議

　　実習生と教育機関が作成した実習計画書と実践機関・部署で作成された実習指導計画書は事前のスーパービジョンのやり取りと会議によって、お互いの立てた実習目的と目標を中心に、実習計画のすり合わせが行われる。また事後のスーパービジョンのやり取

りや会議では目的と目標の達成具合を中心にすり合わせが行われる[7]。

第3節　新人のための人材養成開発

　新人は、プロフェッション・開発レベルの同化・分化体験、活用・養成レベルに該当する。新卒後、入職1年未満から3年未満を指す。組織での業務遂行の役割を担い、組織の保証を得る。ここでは専門的知識・技術・価値を適用した実践過程での業務マネジメント、スーパービジョン体制、プログラミングについて解説する。

① 業務マネジメント

　人材養成開発方法の3機能のうち、新人は、業務マネジメントが6割以上を占める。新人は、プロフェッション・開発レベルでの、同化体験・活用レベルから開始する。新人は職場環境や専門的知識を自己の構造のなかに取り入れるプロセスを体験する。その後に、分化体験・養成レベルへと進む。

　新人への人材養成開発業務の展開には、組織方針、組織体制、マネジメントの方法論などを考慮して、組織体制が重要な役割を果たすことを認識する必要がある。組織内外のバックアップ体制を整えることで、新人が安心して業務を実施できるようになる[1]。

　発達段階の初級レベルと第1移行期との体験では、的確な指導を上司が行ったとしても、移行期に入れば、新人は自分がこの仕事に向いているだろうかと具体的に悩むことがある。しかし、このような新人の業務と取り組む姿を指導者側から見ると、危なっかしく見える。その意味ではリスクマネジメント[2]を的確に行うことが指導者に求められる。指導者は、この段階を的確に把握すれば、新人の次の段階への躍進期待を理解できるであろう。

② スーパービジョン体制

　人材養成開発方法における3機能のうち、スーパービジョン体制の占める割合は、3割以上で、新人のためのスーパービジョン体制の稼働がとても重要である。新人が着任したその日に、この組織でのスーパービジョン体制の存在の意義とその働きを説明する。新人の行動は、そのスーパービジョン体制の保証の下で行う。新人は業務上スーパーバ

イザーや組織に守られていることを確認する。

　新人の確認項目には、職務等・組織の機能、業務計画、専門性、新人養成開発事業の効果予測があり、スーパーバイザーは管理、教育、支持機能を駆使して新人の業務を保証する。スーパービジョンのための道具にはFKグリッド（福山和女開発）がある。新人が業務に、観察、理解、分析・評価、応用、理論化（開発・工夫）の能力を活用し、現場の11個のシステムを理解することで新人の自己の視点や方法を可視化できる[3]。詳しくは文献を参考にしてほしい。

③ プログラミング

　人材養成開発方法の3機能のうち、プログラミングが占める割合は、2割以上である。新人の養成開発事業の効果を出すには、プログラミングを的確に計画する必要がある。そのプロセスをコルブの学習理論を適用して計画することもできる。特に、経験学習サイクルには、具体的経験、内省的観察、抽象的概念化、能動的実験がある。新人のプログラミングの目的には、焦点となるテーマを選定し、具体的な目標を設定させる。指導者は、その計画案を保証する。新人が自律性をもって組み立てていく。

　また、このプログラミングの効果を可視化する道具として、バランス・スコアカード（RSC）がある[4]。詳しくは文献を参考にしてほしい。

第4節　新任・ベテランのための人材養成開発

　人材養成開発事業のもう1つの対象として、新任・ベテランスタッフについて考える。新任（同じ領域の現場で長年の経験があり、当該の組織に入職してきた人）、また、ベテランスタッフ（当該職場に長年勤務している人）への対応はとても重要である。他の職場での経験者を採用した場合、即戦力としての活躍を望むなら、新任やベテランの立場や責任を明確に設定しておくことが大切である。

　プロフェッション・開発レベルでの新任・ベテランには、新人と同様に同化体験・活用レベルから開始する。環境に順応させ、自己をその環境に馴染ませる。新任の場合はこの段階を、非常に素早く通過させる。特に新任は、その環境と前の職場とを比べて、前の環境のものをもち込もうとする。その点、指導者は新任の同化体験についてのフィー

ドバックを常に報告させ、新任が現組織の一員であることを再認識させる。

　その後、分化体験・養成レベルに移行し、1人のスタッフとして業務をすることの必要性、チームで業務をすることの重要性について、新任には、常に自覚させる。どちらも利点と限界があることを理解してもらう。その後に、統合体験・育成レベルへと到達させる。これは、発達段階モデルの上級レベルに該当する。新任にはその前の段階である第2移行期を十分に体験しておくことが求められる。専門職として自立していくためにもそのための目標や課題を自分で設定できることが必要である。

① 業務マネジメント

　業務マネジメントは、新任・ベテランに対する人材養成開発事業のなかで実践される3機能のうち、6割以上を占めるものである。新任やベテランは、既に統合体験・育成レベルに達しているが、組織ではリーダーシップを取ることが求められる。それは部署内だけでなく、部署間での責任者として、協働実践を行う。組織人として部署の方針を提示する立場にあることを認識することである。部署間、組織内外の諸会議に出席することが訓練でもあり、SWのメゾ・マクロレベルが業務対象となり、業務マネジメントの範囲を拡張させることの自覚が必要であろう[1]

　自立して自律性の発揮が、新任やベテランの役割であり、自己や組織の責任範囲を認識し、リスクマネジメントのもと、多職種との連携や協働作業の計画を提案していくことも主要機能である[2]。

② スーパービジョン体制

　スーパービジョン体制での指導者からの確認は、新任・ベテランの場合、緊急時や困難なケース以外には必要ではない。セルフスーパービジョンが主では、指導者への提案や報告だけに終始する。個別支援だけでなく、グループ活動や地域へのアウトリーチを企画し、その限界と効用の証明が求められる[3]。

③ プログラミング

　新任やベテランにとって、プログラミングは業務マネジメントと同様主たる機能になる。特に、ミクロ実践のプログラミングよりも、組織レベル、地域レベルのSW実践を展開するためのメゾ・マクロレベルのプログラミングである。理論としては、実習指導、新人指導にも適用したコルブの学習理論がある。特に、経験学習サイクルのなかの、

抽象的概念化、能動的実験がこのプログラミングには必要である。計画案に基づき、専門職としての幅広い実践を具現化する[4]。

第5節 評価

　実施した事業や業務を評価の側面でみると、SW 業務が適切で専門性の高いことを直接証明する事業評価となり、その結果は次の業務改善につながるものとなる。通常評価（evaluation）とは事後の評価と捉えられることが多い。しかし人材養成事業を実施していく過程での SW 業務評価は、専門性を明確化・可視化することにつながり、人材養成・開発のねらいを体現するものとなる。バランス・スコアシート（BSC）など病院ごとに事業評価を導入している場合もあるが[1]、ここでは SW 部門で開発することを主眼とする。MSW 部門の人材養成・開発事業における実習指導業務の評価は、計画したプログラム評価によって具体的に次年度への業務改善をもたらすこととなる。

① 対人サービス評価（ドナベディアンモデル）の3側面

　ドナベディアンモデルは医療の質を「ストラクチャー（構造）」「プロセス（過程）」「アウトカム（結果）」という3要素から評価するものである。1980 年にアメリカの A. ドナベディアンが提唱した。現在は医療だけでなく福祉や介護など多様な対人サービスの分野でも用いられる[2]。

❶　ストラクチャー評価

　ストラクチャーとはサービスを提供する際、「どのような構造・状態で提供されたのか」という体制を構成する前提条件である。施設や環境はどのようだったか、SW の担当ケース数、業務時間、物的資源、人的資源、組織体制、チーム編成なども含まれる。メゾレベルの体制を問う SW 実践がさらに重要となる。

❷　プロセス評価

　プロセスとは医療では「診断や治療やリハビリテーションなどのサービスが「どのように提供されたのかという過程」」を評価することである。SW では支援がどのように提供されたか、その過程を評価することとなり、支援プロセスを大事にする SW としては重要な評価である。

❸ アウトカム評価

　テストの結果や成績評価、人事考査など、アウトカムの評価は提供されたサービスが「結果としてどうだったのか」について示すものである。一般にアウトカムを出すものは単純でわかりやすく、点数やランクが出てくるため客観的で正しいように処理されやすい。また押さえるべき要点がわかる意味でも、評価枠組みとして定着している。

② 評価の全体性と循環性

　評価は PDCA サイクルとして計画の全体性や循環性をもつ[3]。計画・実施・点検・改善の結果、次年度の業務改善に向けた課題が設定される。例えばその年1年の実習指導業務を、①ストラクチャー、②プロセス、③アウトカムの側面で、評価項目を設定する。❶受任した実習生数やそのために指導した時間数・会議の時間数・巻き込んだチームメンバーや地域機関など、❷実習契約から事前指導・実習中・帰校日対応・リスクアセスメント対策検討などのプロセス分析、❸実習生の学びの評価・大学の評価・患者の評価など、前もって評価したい項目をあげて評価する。

③ 評価による SW 業務への波及効果

　実習指導業務を評価することによって、他の SW 業務へも波及効果があるように組むことができる。例えば評価の主体をいつもは評価される側の実習生にして、実習体験を報告会で開催することで、実習プログラムを評価することになる。またその発表を実習に協力した院内職員に発表することで、次回の実習プログラムへの改善協議につながり、さらに報告会を地域の大学や地域住民に開放することで、SW 部門の存在を地域にアピールする機会となる。その効果を、❶エンパワメント、❷チームアプローチ、❸地域啓発・開発の3点で示す。

❶ エンパワメント

　パワーの弱い当事者自身が評価のプロセスにかかわることによって、発言や行動を起こしていくエンパワメント評価という方法があるように、評価によって当事者や周辺環境のエンパワメントを進ませることができる[4]。

❷ チームアプローチ

　評価をチームで行うことで、メンバーの多面的な視点から総合的評価が可能となる。またその改善に向けてもチームによるディスカッションや会議による課題設定によっ

て、チームによる業務改善が図られる。

❸ 地域啓発・開発

実習指導業務のみならずSWが関与する各種事業において、地域に対してSWの専門性を伝え、SW業務として具体的な評価が伝わるように波及させることができる[5]。

おわりに

本章では、人材養成開発事業体制の意義と概念規定、方法論、機能について述べた。特に、スタッフ人材を実習生・ボランティア、新人、新任・ベテランに分け、その養成開発方法を、プロセスに沿って具体的な根拠に基づき解説した。人材養成開発事業では指導者には業務マネジメント、スーパービジョン、プログラミング機能を遂行し、目的・目標を具体的にかつ現実的に企画し、実践に移すこと、また、人材養成開発のプロセスをともに歩み、専門職として自立性・自律性を発揮して、協働実践を展開することが求められる。

また、評価が業務を推進し改善する原動力となり、その枠組みや影響力の展開にあわせて、組織や地域に専門性の認識を浸透させることこそが実践を可能ならしめると考える。

注 ....

[第1節]

1）ロバート・E.リー＆クレッグ・A.エベレット，福山和女・石井千賀子監訳，日本家族研究・家族療法学会評議員会訳（2011）『家族療法のスーパーヴィジョン──統合的モデル』金剛出版，pp.77-83

[第2節]

1）福山和女・田中千枝子責任編集，日本医療社会福祉協会監（2016）『介護・福祉の支援人材養成開発論──尊厳・自律・リーダーシップの原則』勁草書房，p.21

2）前出1），pp.42-50

3）前出1），pp.34-39

4）前出1），pp.73-76

5）前出1），pp.51-53

6）前出1），pp.61-71

7）前出1），pp.54-57

[第3節]

1）福山和女・田中千枝子責任編集，日本医療社会福祉協会監（2016）『介護・福祉の支援人材養成開発論──尊厳・自律・リーダーシップの原則』勁草書房，pp.97-114

2）前出1），pp.104-108

3）前出 1 ），pp.129-143

4）前出 1 ），pp.115-128

[第 4 節]

1）福山和女・田中千枝子責任編集，日本医療社会福祉協会監（2016）『介護・福祉の支援人材養成開発論
　　──尊厳・自律・リーダーシップの原則』勁草書房，pp.153-171

2）前出 1 ），pp.161-164

3）前出 1 ），pp.187-199

4）前出 1 ），pp.173-186

[第 5 節]

1）福山和女・田中千枝子責任編集，日本医療社会福祉協会監（2016）『介護・福祉の支援人材養成開発論
　　──尊厳・自律・リーダーシップの原則』勁草書房，p.58

2）前出 1 ），pp.80-81

3）前出 1 ），p.59

4）前出 1 ），p.91

5）前出 1 ），p.93

参考文献

・Kadushin, A. & Harkness, D.（2014）Supervision in social work 5th ed., Columbia University Press（ア
ルフレッド・カデューシン＆ダニエル・ハークネス共著，福山和女監，萬歳芙美子・荻野ひろみ監訳，
田中千枝子責任編集（2016）『スーパービジョン イン ソーシャルワーク 第 5 版』中央法規出版）

・ロバート・E. リー＆クレッグ・A. エベレット，福山和女・石井千賀子監訳，日本家族研究・家族療法学
会評議員会訳（2011）『家族療法のスーパーヴィジョン──統合的モデル』金剛出版

・福山和女・渡部律子・小原眞知子・浅野正嗣・佐原まち子編著（2018）『保健・医療・福祉専門職のため
のスーパービジョン──支援の質を高める手法の理論と実際』ミネルヴァ書房

・福山和女・田中千枝子責任編集，日本医療社会福祉協会監（2016）『介護・福祉の支援人材養成開発論
──尊厳・自律・リーダーシップの原則』勁草書房

・Kolb, D. A.（2014）EXPERIENCIAL LEARNING Experience as the Source of Learning and
Development, Second Edition, Pearson FT Press

第16章 ソーシャルワーク・リサーチ

第1節 ソーシャルワーク・リサーチとは何か

1 クライエント・システムのための援助技術としての ソーシャルワーク・リサーチ

　ソーシャル・ケースワークやソーシャル・グループワークが直接援助技術であるのに対し、ソーシャルワーク・リサーチは間接援助技術の1つに分類される。間接援助技術は、直接援助技術を円滑に展開させ、促進するなどの功を奏する技術である。ソーシャルワーク・リサーチは、文字どおりソーシャルワークの1つの技術として古くから発展してきたが、近年ソーシャルワークとは異なる技術として捉えられている傾向がある。それは、2007（平成19）年の社会福祉士養成課程カリキュラムの改正により、それまで社会福祉援助技術のなかで教授されていたこの技術が、「社会調査の基礎」として別立ての科目として新設されたこと、その内容には統計学的手法を用いた解析等があり文系出身者に少なからず抵抗感を生じさせたこと、さらには社会福祉系大学院が増加し、学位取得のためにこの技術を用いることが多くなったことなどが影響しているのかもしれない。そのため、ソーシャルワーク・リサーチは、「自分たちの専門性を多職種に示したい」「学会などで観衆を魅了する発表をしたい」「高度な研究をして、その成果を評価してほしい」などといったソーシャルワーカー側のメリットが優先して捉えられがちである。

　保健医療分野の最初のソーシャルワーカーは、1895年にイギリスのロンドンの王室施療院（Royal Free Hospital）に採用されたレディー・アーモナー（Lady Almoner）であった。アーモナーとして採用されたM. スチュアートが行った最初の業務は、治療

を求めて訪れる患者の経済状態を把握することであり、それによりほとんどの患者が無料診療を必要とする悲惨な生活状況にあったことを明らかにした[1]。このように、保健医療分野でソーシャルワーカーが最初に用いた援助技術はソーシャルワーク・リサーチであった。今日においても患者やその家族の生活課題や問題を把握することは重要であり、保健医療分野において大いに活用されるべき援助技術といえる。

② ソーシャルワーク・リサーチの2つの技術

ソーシャルワーク・リサーチのリサーチ（research）という言葉には、「調査」と「研究」の2つの意味があることから、「ソーシャルワークとしての調査」と「ソーシャルワークとしての研究」に分けられる。

1）ソーシャルワークとしての調査

「ソーシャルワークとしての調査」とは、生活問題・課題をもつ当事者集団のニーズに対して科学的に接近し、集合的に捉えることによって集団に共通するニーズと固有のニーズを抽出し、集団が充足されるべきニーズの種類と量を明確にする技術である[2]。クライエント・システムには、固有のニーズのみならず共通のニーズが存在する。調査によって共通のニーズを可視化することができれば、それをコーズ（クラス）・アドボカシーの実践に活かすことが可能となる。他方、集団に共通するニーズが明らかとなれば、直接援助技術の行使の際に共通のニーズの有無と程度を確認し、クライエント・システムの固有のニーズを評価することが可能となる。つまり、共通のニーズを把握しているからこそ固有のニーズを評価できるということである。F. バイステックは個別性を重要視する一方で、人間には共通の特質等があるとも述べている[3]。このことは、先述した間接援助技術が直接援助技術の促進技術であるという所以でもある。

2）ソーシャルワークとしての研究

「ソーシャルワークとしての研究」とは、ソーシャルワーカーの実践やクライエント・システムに起きている現象を対象とし、援助関係や援助方法、援助の展開過程等が適切であるか、適切でないなら何が原因なのか等を一定の手続きに従って観察し、合理的な説明や批判を試みようとする一連の作業をいう[4]。具体的には、理論や倫理綱領などに照らし、根拠に基づく実践（Evidence Based Practice）がなされているか否かを確認する。スーパービジョンにも近似しているが、その特徴は、ソーシャルワーカーの実践

やクライエント・システムに起きている現象を広い文脈のなかで捉え直すことを試みるところにある。つまり、木を意識しながら森を観ようとし、森を理解することにより木に起きている現象を探求するのである。これは、1人のクライエント（木）に生じている生活課題・問題は氷山の一角であり、実際には多くのクライエント（クライエント層：森）が潜在化しているという考え方である。水面下を観ることによりクライエント層が明らかになり、それにより顕在化した1人のクライエントの状況がより理解できるのである。

3）ソーシャルワーク・リサーチとソーシャルワーク実践の関係

　近年の社会情勢等の変化に伴い、クライエント・システムが抱える生活課題や問題は複雑かつ多様化してきている。それゆえに既存の理論や倫理綱領などでは説明できない特異例（今までに例のない事例）が増えており、ソーシャルワーカーは照らし確認する理論等がなく、援助困難に至ることが少なくない[5]。そのため、「ソーシャルワークとしての研究」は「ソーシャルワークとしての調査」と相互に関係を深めながら新たな理論生成に努めること、ソーシャルワーク実践（直接援助技術）との継続的な対話によりクライエント・システムが抱える生活課題や問題を認識・理解する必要性が高まってきている。

　特異例の増加から、ソーシャルワーク実践はソーシャルワーク・リサーチに修正・変容を要請し、それを受けてソーシャルワーク・リサーチは実践に役立つ新たな理論の開発あるいは既存の理論の修正を行うための調査・研究を実施し、新たな理論を既存の理論に照らし確認しながら、その成果を実践の根拠としてソーシャルワーク実践へフィードバックする（図16-1）。このような「実践」と「調査・研究」の繰り返しにより、真に優れた理論は現実をよく表すようになるのである[6]。なお、「調査」と「研究」は近い概念であることから、後述では用語を「研究」に統一して述べていくことにする。

第2節　ソーシャルワーク・リサーチの展開過程

　ソーシャルワーク実践とソーシャルワーク・リサーチの展開過程は、近似していることから、以下、両者を対比させながら述べることとする（図16-2）。

図 16-1　ソーシャルワーク・リサーチとソーシャルワーク実践の関係

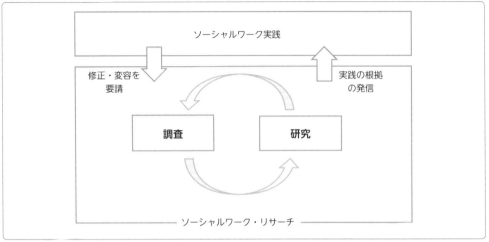

出典：杉山京・竹本与志人編著（2022）『ソーシャルワーク実践のための量的研究法』大学教育出版，p.6 の図 1-4 を一部改変

図 16-2　ソーシャルワーク・リサーチとソーシャルワーク実践の展開過程

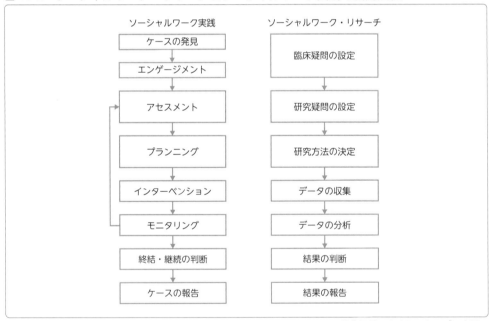

出典：平山尚・呉栽喜・李政元・ほか共著（2003）『ソーシャルワーカーのための社会福祉調査法』ミネルヴァ書房，p.55 の図 4-1，杉山京・竹本与志人編著（2022）『ソーシャルワーク実践のための量的研究法』大学教育出版，p.9 の図 2-1 を参考に修正

① 臨床疑問の設定

　臨床疑問（Clinical Question）とは、クライエント・システムが抱える生活問題・課

題に気づき、それを「何とかしなければ」と考える、ソーシャルワーカーの憤りと使命感によって高揚した問いである[1]。ソーシャルワーカーは、クライエント・システムが抱える生活問題・課題に出会った時、様々な解決困難な現象に憤りを感じ、何とか解決できないかという専門職ならではの使命感に駆られることがある。このような熱い思いを文言で表現したのが臨床疑問であり、ソーシャルワーク実践の展開過程でいう「ケースの発見」「エンゲージメント」の場面に相当する。

　臨床疑問は、事実（臨床現場で起きていること）を認識（起きていることに対する切実な思い）することにより生成される。生成では，J. ブラッドショーが唱えた4つのソーシャルニード[2]のうち、ノーマティブ・ニード（normative need：専門職や研究者などが判断するニード）やフェルト・ニード（felt need：クライエント自身が自覚したニード）を政策動向や社会情勢などに照らして（2つのニードが解消されにくい社会環境の有無と程度の確認）、切実な現状を確認・表現する。

② 研究疑問の設定[3][4]

　研究疑問とは、臨床疑問を手がかりに先行研究も踏まえながら、研究すべき現象を演繹的あるいは帰納的に構築した仮説をいう。いわゆる研究目的であり、かつ研究タイトルにもなる。具体的には、臨床疑問で示した現象（クライエント・システムに起きている課題や問題）が既存の理論で説明できるか（演繹的仮説）、あるいは既存の理論で説明が困難であるため新たなモデル生成が必要か(帰納的仮説)等の判断を行うのである。これらの判断のためには、社会福祉学にとどまらない、広範かつ学際的な情報が必要となるため、臨床疑問に関連する先行研究（文献）の収集と精査が求められる。これらの一連の過程は、ソーシャルワーク実践の展開過程の「アセスメント」に相当する。「先行研究の収集」は「アセスメントのための情報収集」であり、「先行研究の精査」は収集した先行研究を手がかりに、ソーシャルワーク・リサーチのターゲット（支援標的）にすべき要因と構造（要因間の関係性）を探索する行為に相当する。

　情報収集の方法はいくつかあるが、A. E. スタックら[5]のシステマティック・リタラチャー・リヴュー（Systematic Literature Review）という方法が簡便である。この方法では、まず研究論文を集約したデータベースを使い、検索用語（研究対象者の特徴を表す用語や従属変数（変化あるいは改善させたい要因）など）を設定して先行研究を収集する。そして、設定した組み入れ基準（例えば原著論文であること、複数の施設よりデータが収集されている等）に従って、質の高い論文を選定していく。具体的な選定手

順・過程は、竹本[6]や仲井[7]、倉本[7]などの研究が参考になる。このような過程を経て、明らかにしたいクライエント・システムの世界等が何らかの既存の理論を援用することで可視化できると判断したならば、演繹的仮説を立てる。また、新しいニーズをもった特異例あるいは今まで明らかにされていなかった現象を明らかにするなど、既存の理論が参考にならない場合には、帰納的仮説を立てることとなる。こうして研究疑問が設定されることになるが、ソーシャルワーク実践におけるターゲット（支援標的）に短期目標と長期目標があるように、ソーシャルワーク・リサーチにおいても長期目標（例：住み慣れた地域で安心した療養生活が営めること）を定め、それを見据えた短期目標（例：在宅療養への移行に必要なアセスメントの実践状況を確認すること）を設定する。長期目標を達成するためには段階を踏む必要があることから、研究疑問には短期目標を採用する。

③ 研究方法の決定

1）演繹的仮説の検証のための研究方法

　演繹的仮説の場合は、理論検証型（研究対象者に起きている現象を既存の理論に照らして確認するタイプ）の研究となるため、まず研究モデルを構築して質的研究法あるいは量的研究法を用いることとなる。

　研究モデルとは、要因間の因果の世界を表した絵面である。人間の精神や行動、取り巻く社会環境等は非常に複雑であり、それらの法則性をすべて明らかにすることは現実的に困難である。そのため研究モデルは、独立変数と従属変数などに着目するなど、より本質的な部分（要因間の関係が強い、あるいはモデルの検討後に介入の指標になるなど）に限定したモデル（単純化したモデル）を構築する[8]。

2）帰納的仮説の検証のための研究方法

　帰納的仮説の場合、一般的には理論生成型（研究対象者に起きている現象が既存の理論で説明できないため、法則を発見・生成するタイプ）の研究では質的研究法を、探索的研究（実際に観察することが困難な現象を因子分析によって探索し、構造を可視化するなど）では量的研究法あるいは質的研究法を用いる。

3）研究可能性の確認

　切実性のある素晴らしい研究疑問であっても実施可能性（研究に必要な予算や交渉可

能な研究対象者、研究規模のあった設備などが前提）が低ければ計画する意味がない。また、既に科学的に信頼性・妥当性の高い結果が得られないことが明らかな研究は、その行為そのものが非倫理的と判断される場合もある。さらに、倫理的に問題がないこと（研究対象者への侵襲性や倫理審査委員会の承認など）も要求される[9]。これらの研究可能性の如何を十分に検討しておくことが求められる。

4）研究方法の決定における注意点

研究方法の決定の段階は、前段階である研究疑問をどのような方法で明らかにしていくかという計画立案になるため、ソーシャルワーク実践の「プランニング」の場面に相当する。ソーシャルワーク・リサーチの実施例を概観すると、研究実施者が質的研究法あるいは量的研究法に関心をもっている、あるいは専門としていることを理由に、これらの手法を先に定めて（または、この手法で検証可能な仮説の設定をして）開始していると思われる事例がしばしば見受けられる。これは、ソーシャルワーク実践に照らせば、エンゲージメントやアセスメントより前にプランニングを行うのと同様である。それゆえ、適切な方法とはいえないため避けるべきである。

④ データの収集、データの分析

ソーシャルワーク実践に照らすと、データの収集は「インターベンション」、データの分析は「モニタリング」に相当する。データの収集と分析は、質的研究法と量的研究法では大きく異なる。質的研究法は、質的データ（事例や文献・資料、インタビューで得られた語りなど）を収集し、現象の記述や仮説生成などを目的とする方法である。研究の方法とデータの分析方法には、事例研究やエスノグラフィー、TEM（Trajectory Equifinality Model）、グラウンデッドセオリー・アプローチ（Grounded Theory Approach）などがあり、データの収集方法は参与観察法や非参与観察法、半構造化面接、フォーカス・グループ・インタビュー（Focus Group Interview）などがある[10]。

一方、量的研究法は多くのデータの分析により研究対象群に生じている現象を解明する方法である[11]。データの収集の規模（範囲）には全数調査や標本調査、データの収集方法には横断的調査と縦断的調査、二次データの使用（行政機関などが収集した既存のデータなど）がある。データの分析は、研究目的により群間比較や因果関係の検討など多様であり、その分析方法は多岐に渡っている[12]。

これらのデータの収集と方法、分析には、前述のとおり様々な方法や手順などがあり、

詳細をここで述べるのは困難である。質的研究法は田中ら[13]、量的研究法は杉山ら[14]、両研究法を用いた具体的な研究事例は竹本[15][16]の図書などが参考になる。質的研究法と量的研究法はいずれも容易な方法ではないことから、それぞれの手法の専門家（研究者）の協力を得て進めることが望ましい。

⑤ 結果の判断

結果の判断は、ソーシャルワーク実践に照らすと「終結・継続の判断」に相当する。ここでは、前段階のデータの分析の結果について、先行研究を踏まえながら解釈と考察を行うことになる。その際に注視しておかなければならないのは、研究には限界があるということである。例えば、質的研究法のデメリットは分析するデータ数が少ないことに加え、分析を行うのが研究実施者であるがゆえに分析者が変われば結果が変わる。一方、量的研究法のデメリットは、統計ソフトが客観的な結果を出力することから研究実施者が変わってもデータが同じであれば結果は不変であるが、分析するデータ数の規模によって差があるのに統計学的に有意でない、あるいは差がないのに統計学的に有意であるといった結果が算出される可能性が否めない。このような研究上の困難性に対して、質的研究法では熟練した研究者からスーパービジョンを受ける[17]、量的研究法については p 値（有意確率）に加えて効果量の算出などを講じるが[18]、このほかにも選択バイアスや測定バイアスが多く存在し、すべてのバイアスを取り除くことは困難である。そのため、結果の判断では研究の限界や課題を示すことが欠かせない。これは、完璧なソーシャルワーク実践が存在しないこと（実践には内省すべき点が必ずあること）と同様である。

⑥ 結果の報告

結果の報告は、ソーシャルワーク実践の「ケースの報告」に相当する。ソーシャルワーク・リサーチの最大の目的と意義は、成果を臨床現場や社会に還元することである[19]。そのため、結果の報告では、当該研究の結果をどのような場で報告するかを十分に検討しておくことが求められる。患者等の当事者から得たデータの分析結果であれば、当事者に還元する場合は当事者団体での報告会の開催、彼らの援助を行っているソーシャルワーカー等の専門職に伝える必要があれば職能団体が主催する研修会あるいは関連学会、医師などの専門職に当事者の切実な現状を代弁する必要があれば関連の医学会となる。口頭での報告のほかにもポスター発表や報告書、学会誌掲載、図書の出版などによ

り発信する方法もある。「結果の報告」の方法は、臨床疑問や研究疑問の設定時に想定されるべきであることから、以上述べた各段階は、「結果の報告」先を見据えたものでなければならない。

注 ‥‥‥

[第1節]

1）中島さつき（1975）『医療ソーシャルワーク』誠信書房，pp.28-31

2）福祉士養成講座編集委員会編（2007）『新版 社会福祉士養成講座9 社会福祉援助技術論Ⅱ 第4版』中央法規出版，pp.144-147

3）Biestek F. P. (1957) The Casework Relationship, George Allen and Unwin（F. P. バイステック，尾崎新・福田俊子・原田和幸訳（2006）『ケースワークの原則［新訳改訂版］──援助関係を形成する技法』誠信書房，pp.36-37

4）岩田正美・小林良二・中谷陽明・稲葉昭英編（2006）『社会福祉研究法──現実世界に迫る14レッスン』有斐閣，pp.4-7

5）杉山京・竹本与志人編著（2022）『ソーシャルワーク実践のための量的研究法』大学教育出版，pp.5-6

6）Lewin K. (1951) Field Theory in Social Science, Cartwright D. ed., Selected Theoretical Papers, Harper & Row

[第2節]

1）杉山京・竹本与志人編著（2022）『ソーシャルワーク実践のための量的研究法』大学教育出版，pp.8-9

2）Bradshaw J. (1972) The Concept of Social Need, New Society, 30, pp.640-643

3）前出1），pp.10-16

4）竹本与志人（2019）「量的研究の理論と方法──質問紙調査を中心として」『日本在宅ケア学会誌』第23巻第1号，pp.35-41

5）Stuck A. E. & Walthert J. M. & Nikolaus T. et al. (1999) Risk Factors for Functional Status Decline in Community-Living Elderly People；A Systematic Literature Review, Social Science & Medicine, 48（4）pp.445-469

5）竹本与志人（2010）「血液透析患者の精神的健康に関する要因の文献的検討」『日本在宅ケア学会誌』第13巻第2号，pp.17-25

6）仲井達哉（2013）「パーキンソン病患者の家族介護者における介護負担感に関する要因の文献的検討」『日本在宅ケア学会誌』第17巻第1号，pp.33-40

7）倉本亜優未（2019）「保健医療福祉領域の専門職における離転職に関する要因の文献的検討──医療ソーシャルワーカーの離転職に関する研究に向けて」『医療社会福祉研究』第27巻，pp.65-80

8）古谷野亘・長田久雄（1992）『実証研究の手引き──調査と実験の進め方・まとめ方』ワールドプランニング，pp.9-22

9）福原俊一（2013）『臨床研究の道標──7つのステップで学ぶ研究デザイン』特定非営利活動法人健康医療評価研究機構，pp.25-26

10）一般社団法人日本ソーシャルワーク教育学校連盟編（2021）『最新 社会福祉士養成講座 精神保健福祉士養成講座5 社会福祉調査の基礎』中央法規出版，pp.129-197

11）前出4），pp.35-41

12）前出 10），pp.55-128

13）田中千枝子編集代表，日本福祉大学大学院質的研究会編（2013）『社会福祉・介護福祉の質的研究法
——実践者のための現場研究』中央法規出版

14）前出 1 ）

15）竹本与志人（2022）『認知症のある人への経済支援——介護支援専門員への期待』法律文化社

16）竹本与志人編著（2023）『認知症が疑われる人に対する鑑別診断前後の受診・受療援助の実践モデルに
関する研究』大学教育出版

17）前出 13）

18）前出 14）

19）前出 9 ），p.253

編集担当・執筆者一覧

■編集担当（◎印は編集代表者）

野口　百香（のぐち　ゆか）　公益社団法人日本医療ソーシャルワーカー協会会長

◎小原眞知子（おはらまちこ）　日本社会事業大学社会福祉学部福祉援助学科教授

大塚　文（おおつか　あや）　広島文化学園大学人間健康学部スポーツ健康福祉学科教授

■執筆者（五十音順）

石垣　泰則（いしがき　やすのり）　コーラルクリニック院長 ················· 第6章第1節4

石川　時子（いしかわ　ときこ）　関東学院大学社会学部現代社会学科准教授 ·············· 第3章

上田まゆら（うえだ）　医療法人社団青い鳥会上田クリニック在宅総合相談室医療ソーシャルワーカー
··· 第6章第1節7

大塚　文（おおつか　あや）　広島文化学園大学人間健康学部スポーツ健康福祉学科教授 ·············· 第5章

小野沢　滋（おのざわ　しげる）　みその生活支援クリニック院長 ············· 第6章第1節5

小原眞知子（おはらまちこ）　日本社会事業大学社会福祉学部福祉援助学科教授 ············ 第11章／第14章

桑島　規夫（くわしま　のりお）　聖マリアンナ医科大学横浜市西部病院患者支援センター医療ソーシャルワーカー
··· 第6章第1節6

今野　広紀（こんの　ひろき）　日本大学経済学部経済学科教授 ························ 第1章

笹岡　眞弓（ささおか　まゆみ）　日本医療大学総合福祉学部ソーシャルワーク学科教授 ·············· 第2章

佐原まち子（さはら）　一般社団法人WITH医療福祉実践研究所代表理事 ·············· 第10章

塩路　直子（しおじ　なおこ）　順天堂大学医学部附属浦安病院医療福祉相談室ソーシャルワーカー ······ 第6章第3節2・3

篠原　純史（しのはら　あつし）　文京学院大学人間学部人間福祉学科准教授 ················· 第8章

髙山惠理子（たかやまえりこ）　上智大学総合人間科学部社会福祉学科教授 ················· 第7章

竹本与志人（たけもとよしひと）　岡山県立大学保健福祉学部現代福祉学科教授 ················· 第16章

田中千枝子（たなかちえこ）　日本福祉大学客員教授 ·············· 第9章／第15章

丹野眞紀子　大妻女子大学人間関係学部人間福祉学科教授 ………………………………… 第13章

西田　俊朗　地域医療機能推進機構大阪病院院長 …………………………………… 第6章第2節1

稗田　里香　武蔵野大学人間科学部社会福祉学科教授 …………………… 第6章第4節5〜10

平原佐斗司　東京ふれあい医療生活協同組合オレンジほっとクリニック

　　　　　　地域連携型認知症疾患医療センター長 ………………………………… 第6章第3節1

福山　和女　ルーテル学院大学名誉教授 ………………………… 第4章／第14章／第15章

堀越由紀子　星槎大学共生科学部教授 ……………………………………………………… 第14章

真栄里　仁　独立行政法人国立病院機構琉球病院副院長 …………………… 第6章第4節はじめに・1〜4

谷亀　光則　医療法人社団松和会望星大根クリニック ……………………… 第6章第1節1・2

八木亜紀子　福島県立医科大学放射線医学県民健康管理センター特任准教授 ………………… 第12章

山﨑まどか　公益社団法人日本医療ソーシャルワーカー協会事務局長 ………………… 第6章第2節2〜4

弓野　大　医療法人社団ゆみの理事長 …………………………………………… 第6章第1節3

保健医療ソーシャルワークの知識と技術
キャリアアップのための実践力の構築

2023 年　6 月 25 日発行

編　集	公益社団法人 日本医療ソーシャルワーカー協会
発行者	荘村明彦
発行所	中央法規出版株式会社
	〒 110-0016　東京都台東区台東 3-29-1　中央法規ビル
	Tel 03(6387)3196
	https://www.chuohoki.co.jp/
印刷・製本	株式会社太洋社
装丁・本文デザイン	ジャパンマテリアル

定価はカバーに表示してあります。
ISBN978-4-8058-8886-5

本書の内容に関するご質問については、下記 URL から「お問い合わせフォーム」にご入力いただきますようお願いいたします。
https://chuohoki.co.jp/contact/